知的障害教育における「学びをつなぐ」キャリアデザイン

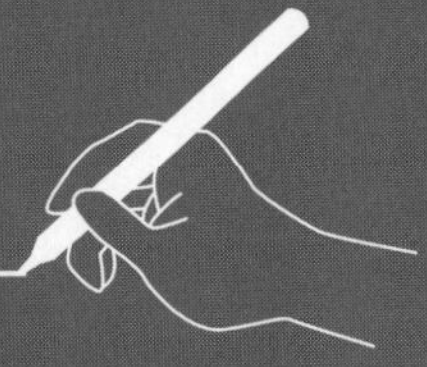

本人の「思い」や「願い」を踏まえた
「深い学び」の実現に向けて

■監修　菊地　一文
■編著　全国特別支援学校知的障害教育校長会

ジアース教育新社

は じ め に

全国特別支援学校知的障害教育校長会では、毎年特別支援教育の動向を見据え、全国の特別支援学校で実践している先進的な事例をまとめ、広く普及するため出版活動を行っている。令和２年度は、『知的障害特別支援学校における「深い学び」の実現～指導と評価の一体化　事例18』（東洋館出版社）を発刊し好評を得ている。

今回は、将来の社会参加・自立に向けた「キャリア教育」に視点を当てて、『知的障害教育における「学びをつなぐ」キャリアデザイン－本人の「思い」や「願い」を踏まえた「深い学び」の実現に向けて－』の出版を計画した。平成21年３月に特別支援学校学習指導要領及びその解説が公示され、特別支援学校高等部学習指導要領総則に「キャリア教育」の推進が位置付けられてから12年が経過する。この間、本会では平成21年度『特別支援教育のためのキャリア教育の手引き』『キャリアトレーニング事例集Ⅲ（接客サービス編）』、平成22年度『キャリア教育トレーニング事例集Ⅳ（福祉サービス編）』、平成23年度『知的障害特別支援学校のキャリア教育の手引き 実践編』（以上、ジアース教育新社）、平成28年度『「日常生活の指導」の実践（キャリア発達の視点から）』（東洋館出版社）を出版してきた。また、本会が毎年行っている全国実態調査では、「キャリア教育」を学校の課題として挙げている学校は、平成21年度では30校程度であったが、平成24年度には約150校に上った。令和２年度では、キャリア教育を学校経営上の課題として挙げている学校は324校（40.4％）、さらに学校経営として推進している学校は491校（61.2％）に上っている。

以上の状況を踏まえたとき、知的障害特別支援学校におけるキャリア教育の指導の基本を確認し、全国で展開している実践を具体的に示すことは、当該教育におけるキャリア教育の充実に資するのみならず、小・中・高等学校の特別支援教育への的確な情報提供にも貢献することができるものと考える。

上記のような視点から、全国の特別支援学校等に投稿を呼び掛けたところ、42の実践事例が寄せられ、その中から、小学部・小学校７事例、中学部・中学校６事例、高等部８事例、合計21事例を第２部に掲載した。全国から多くの投稿をいただき、推薦してくださった校長先生方に心から感謝申し上げたい。

本書では、弘前大学大学院教育学研究科教授 菊地一文先生に監修をお願いした。また、第１部の理論編について、全面的にご執筆いただいた。キャリア教育に関する今日的な理論の集大成として、示唆に富む内容となっている。お忙しいところ、監修、執筆にご尽力いただき心から感謝申し上げたい。

本書が、今後の知的障害特別支援学校のキャリア教育の充実に向けた各教科や自立活動等の指導及び支援に役立つとともに、特別な支援を必要とする幼児児童生徒の自立に向けた授業づくりの一助となることを期待してやまない。

令和３年10月

全国特別支援学校知的障害教育校長会会長
山本　和彦

目　次

第2部　実践編

第3章　高等部

第1部

理論編

第1章 特別支援学校における キャリア教育の進展

1 新学習指導要領におけるキャリア教育の位置付け

（1）新学習指導要領と４つのキーワード

2017（平成29）年に公示された新学習指導要領等は、その後の移行期間を踏まえ、2020（令和２）年度から小学校及び特別支援学校小学部が、そして2021（令和３）年度から中学校・特別支援学校中学部が完全実施となった。以降、高等学校及び特別支援学校高等部において年次進行で進められていくこととなっている。

今回の改訂では、生産年齢人口の減少、グローバル化や技術革新等による社会構造や雇用環境の急速かつ大きな変化など、今後、予測困難な時代になっていくことを踏まえ、これからの時代に求められる資質・能力を育む「社会に開かれた教育課程」を実現することの重要性が前文に示された。また、併せて「育成を目指す資質・能力」の３つの柱として「知識・技能」「思考力・判断力・表現力等」「学びに向かう力・人間性等」が示され、コンテ

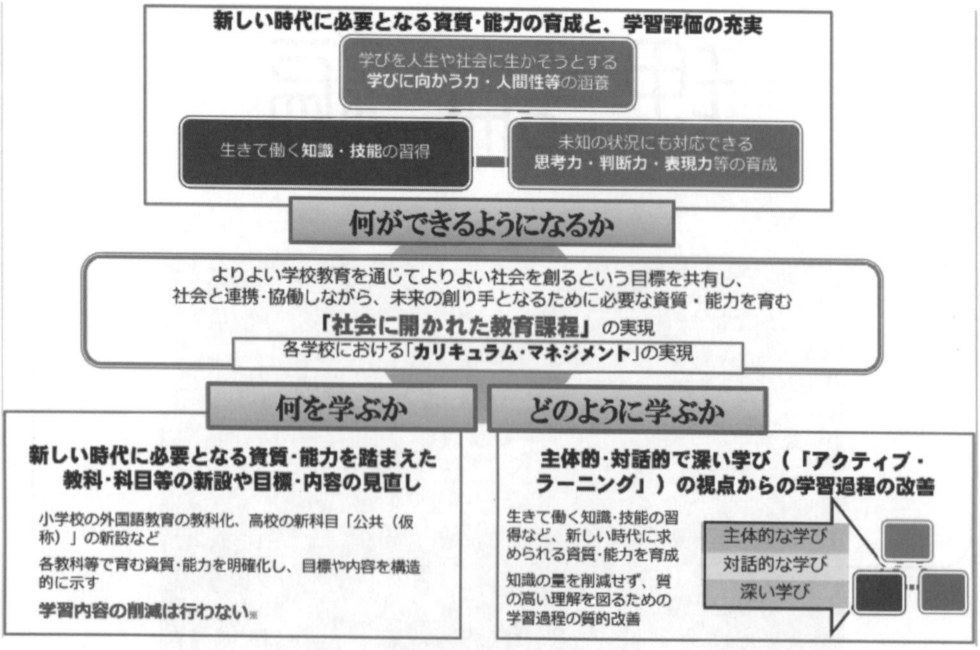

図１　学習指導要領改訂の方向性

ンツ（内容）ベースからコンピテンシー（資質・能力）ベースの教育への転換がより求められることとなった。

これらのことを受け、知的障害者である児童生徒に対する教育を行う特別支援学校の各教科（以下、知的障害教育の各教科）についても、インクルーシブ教育システムにおける「連続した多様な学びの場」の１つであることや「十分な教育」の視点を踏まえ、小・中学校等の各教科と同様に上述した３つの柱に基づいて各教科の目標及び内容が整理され、拡充が図られた。さらには、すべての教育活動をとおして資質・能力を育成していくことを踏まえ、学習の主体者である児童生徒の「学び」に着目し、「主体的・対話的で深い学び」の視点に基づいて授業等の改善を図るほか、教育課程に基づき、実施される授業等の評価を踏まえて、組織的かつ計画的に各学校の教育活動の質の向上を図る「カリキュラム・マネジメント」の実現が求められている。

以上のことを踏まえ、学校現場においては、新たに示された「社会に開かれた教育課程」「育成を目指す資質・能力」「主体的・対話的で深い学び」「カリキュラム・マネジメント」の４つのキーワードを踏まえた実践研究等に精力的に取り組んでいる状況にある。

なお、新学習指導要領の前文に示された急激な社会の変化は、すでにこれまでの10年間にも生じている状況にあり、児童生徒を取り巻く状況は大きく変化してきているという認識が必要である。そのような状況を鑑み、諸問題の解決に向けて、キャリア教育の充実や道徳の教科化、インクルーシブ教育システムの推進等の対応がより求められているのである。

（２）総則への位置付け

新学習指導要領の総則は、図２に示す６つの柱を踏まえて構成された。これらの柱の１つに「児童生徒一人一人の発達をどのように支援するか（児童生徒の調和的な発達を支える指導）」があり、キャリア教育はここに位置付けられた。

この柱は、小・中学校等の通常の学級から特別支援学校までのあらゆる学びの場において、障害のある児童生徒をはじめ、日本語に困難のある児童生徒や不登校の状態にある児童生徒など、多様な実態の児童生徒が在籍すること、さらにはこれらの状態に該当しなくとも、そもそもすべての児童生徒には多様なニーズがあるということを前提に、一人一人の発達を踏まえた指導及び支援の必要性を明示している。このことにより「キャリア教育」は高等学校や特別支援学校高等部だけでなく、すべての学校種別及び学校・学部段階において位置付けられ、その充実が求められることとなった。

キャリア教育は、すべての教育活動が、障害の有無や状態、そして学校・学部段階にかかわらず、児童生徒一人一人の「学び」をはじめとする様々な役割や物事との向き合い方に影響を与えるものであることを示唆し、その支援に努めるとともに、教育活動全体を見直し改善する理念と方向性を示すものである。新学習指導要領におけるキャリア教育の位置付けは、まさにキャリア教育の本質を踏まえた位置付けであると言えよう。

特別支援学校小学部・中学部学習指導要領では、第１章総則第５節「児童又は生徒の調和的な発達の支援」１児童又は生徒の調和的な発達を支える指導の充実が、小・中学校で

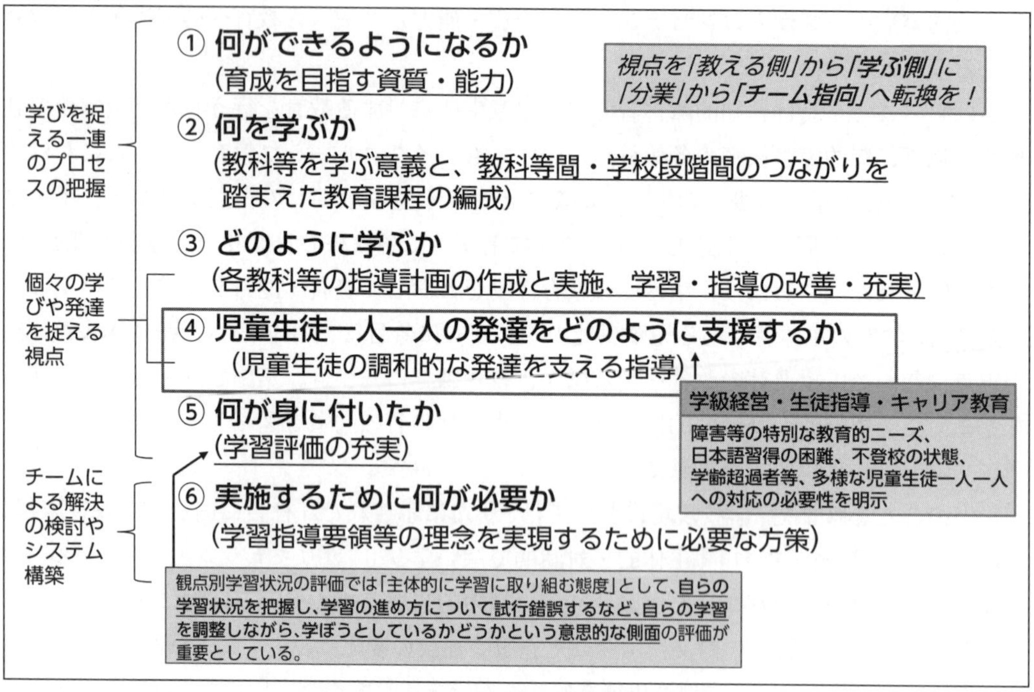

図２　新学習指導要領の総則の６つの柱

は、第１章第４節「児童（生徒）の発達の支援」１児童（生徒）の発達を支える指導の充実が当該箇所となる。ここでは、（1）に「学級（ホームルーム）経営、児童生徒（生徒）の発達の支援」が、（2）に「生徒指導の充実」が、（3）に「キャリア教育の充実」が位置付けられている。なお、小・中学校及び高等学校、特別支援学校高等部においても概ね同様の位置付け、記載内容となっている。

（3）の「キャリア教育の充実」には、「児童又は生徒が、学ぶことと自己の将来とのつながりを見通しながら、社会的・職業的自立に向けて必要な基盤となる資質・能力を身に付けていくことができるよう、特別活動を要としつつ、各教科等の特質に応じてキャリア教育の充実を図ること。その中で、中学部においては、生徒が自らの生き方を考え主体的に進路を選択することができるよう、学校の教育活動全体を通じ、組織的かつ計画的な進路指導を行うこと。（下線は筆者）」と記載されている（図３）。

この記述は、中央教育審議会（2011）が示した我が国におけるキャリア教育の定義である「一人一人の①社会的・職業的自立に向け、必要な②基盤となる能力や態度を育てることを通して、③キャリア発達を促す教育」（下線と番号は筆者による）を土台としたものであることが確認できる。本定義は①～③の文言が示すように、キャリア教育はすべての学校段階の教育活動を対象とし、将来に向けて必要とされる様々な能力や態度の育成をとおして「キャリア発達を促す」教育であることを明確に示している。その上でまず着目したい点は「学ぶことと自己の将来とのつながり」の箇所である。ここでは児童生徒にとっての「なぜ・なんのため」学ぶのかを踏まえる必要性を示しており、卒業後のみならず、

特別支援学校小学部・中学部学習指導要領（平成２９年４月）
第１章総則第５節児童又は生徒の調和的な発達の支援

1　児童又は生徒の調和的な発達を支える指導の充実

(3) 児童又は生徒が，学ぶことと自己の将来とのつながりを見通しながら，社会的・職業的自立に向けて必要な基盤となる資質・能力を身に付けていくことができるよう，特別活動を要としつつ各教科等の特質に応じて，キャリア教育の充実を図ること。その中で，中学部においては，生徒が自らの生き方を考え主体的に進路を選択することができるよう，学校の教育活動全体を通じ，組織的かつ計画的な進路指導を行うこと。

いまの学びと将来をつなぐ「対話」の時間を設定することによる効果

※下線は筆者による

「キャリアデザイン相談会」横浜市立若葉台特別支援学校／「朝の会」「帰りの会」千葉県立夷隅特別支援学校

図３　総則の「キャリア教育の充実」

いまから先のすべてを意味する「将来」において、児童生徒が「なりたい」姿や「ありたい」姿を自分なりに認識するとともに、現在学んでいることの意味を見いだし、学びの必然性がもてるよう、環境を整えていく必要があることに留意する必要がある。

また、次に着目したいのは「特別活動を要としつつ」の箇所である。ここに示す特別活動とは、産業現場等における実習などの自立と社会参加に向けた実際的な体験活動を意味するのではなく、学級活動やホームルーム活動を意味する。児童生徒にとってのホームグラウンドとなる学級やホームルームにおいて「学ぶことと自己の将来とのつながり」を見通すための対話の重要性を示していることに留意する必要がある。

物事への向き合い方は教え込める性質のものではなく、まさに「キャリア発達」とも言えるプロセスが重要である。児童生徒自身が多様な人・こと・ものとのかかわりや「対話」をとおして感じ、自分なりに理解し、意味付けられるように支援していくことが肝要である。そのため教師は、学習活動において児童生徒が行っていることの背景にある「思い」やその結果に対する受け止めなどの理解に努め、共感的にかかわることが求められる。また、児童生徒の言語化・文字化を援助するなどして本人の気付きを引き出したり、「できた・できなかった」という結果のみにとらわれず、児童生徒の行為そのものや「姿勢」や「思い」に対して、自身や他の児童生徒の言語化や文字化によって価値付けたりしていくなどの「対話力」が求められるのである。

なお、知的障害教育においては、教育課程上に「日常生活の指導」の時間を位置付けるなどして、児童生徒が１日の見通しやそれぞれの学習における意欲を高め、目標意識をもつための「朝の会」や、１日を振り返ってお互いを認め合い、次への目標意識を高める「帰りの会」等をとおして日々の対話がなされてきている。このことについても単にルーティンとしての活動と捉えるのではなく、キャリア発達を促す「要」という意識をもち各教科等の学びをつないでいくという意識をもつことにより、上述した「キャリア教育の充実」における趣旨につながっていくものと考える。

（３）教科「職業・家庭」「職業」への位置付け

これまでキャリア教育は進路選択の１つである就労という文脈や職業教育という文脈で語られることが少なくなかった。それは後述する前学習指導要領におけるキャリア教育の意味付けの影響や、一般的に学校教育卒業後の生活の大半の時間やエネルギーを要するものが「職業人」としての役割であることが背景にあるためと推察される。そしてこのことが、キャリア教育に対して「就職のための指導」「職業教育の別称」というような誤解をもたらせてきた要因の１つになっていたと考えられる。しかしながら、現在では文部科学省によるキャリア教育に関する理解啓発資料等による周知によって、Super（1980 他）が示した「ライフキャリアの虹」等を踏まえて、キャリアとは、「職業人」としての役割だけでなく、「余暇人」「家族」「市民」等、多様な「役割」をとおして形成されるものであることが理

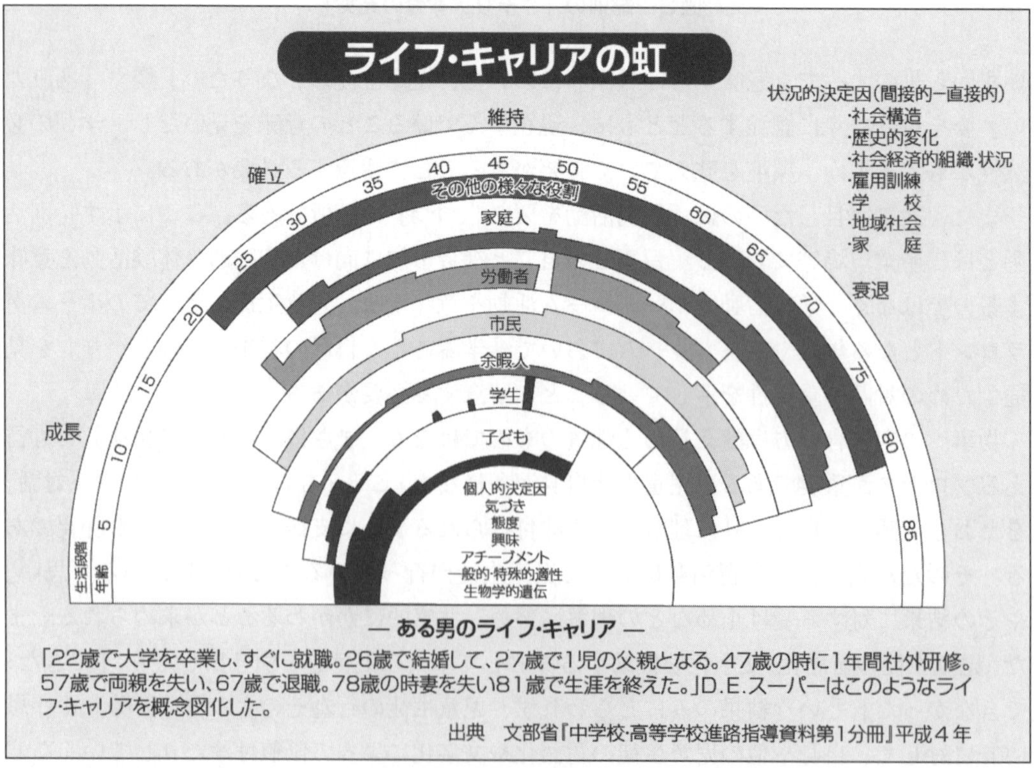

— ある男のライフ・キャリア —

「22歳で大学を卒業し、すぐに就職。26歳で結婚して、27歳で1児の父親となる。47歳の時に1年間社外研修。57歳で両親を失い、67歳で退職。78歳の時妻を失い81歳で生涯を終えた。」D.E.スーパーはこのようなライフ·キャリアを概念図化した。

出典　文部省『中学校·高等学校進路指導資料第1分冊』平成４年

図４　ライフキャリアの虹

解され、学校教育段階においては「学生」という「学ぶ」役割が重要であることが認識されてきている。

上述したように、新学習指導要領ではすべての学校種別の総則において「キャリア教育の充実」が位置付けられたほか、特別支援学校では、知的障害教育の各教科である中学部の職業・家庭科や高等部の職業科においても、図５に示すように「指導計画の作成と内容の取扱い」の箇所に「キャリア発達」という文言が明示されている。ここではまず一人一人の「キャリア発達を促していくことを踏まえ」という文言に注目したい。

作業学習を中心とした職業教育においては、作業そのものの遂行にあたって必要な知識・技能等のスキルや、作業活動に伴って必要とされる「報告・連絡・相談」等の作業的スキルの習得や向上が重視されがちである。これらが大事であることは違いないが、ともすれば工程分担するなどして同じことを繰り返し行う活動に対して、生徒本人が「なぜ・なんのため」という目的意識がもてないまま、取り組まされているような状態も起こりうる。

「キャリア発達」は、「社会の中で自分の役割を果たしながら、自分らしい生き方を実現していく過程」（中央教育審議会, 2011）と定義されている。キャリア発達は「本人のなかで起こる（意味付け）」ものであるということや「他者との関係性（価値付け）」をとおして大事なことに気付いていくというポイントを示唆している。また、「できる・できない」といった表面に現れるスキルだけでなく、「できるようになりたい」「いまはできないけれ

特別支援学校小・中学部学習指導要領（平成29年4月）
第2章 各教科　第2節 中学部　第2款 知的障害者である生徒に対する教育を行う特別支援学校　第1 各教科の目標及び内容

職業・家庭

3　指導計画の作成と内容の取扱い
（1）指導計画の作成に当たっては，次の事項に配慮するものとする
ウ　生徒一人一人のキャリア発達を促していくことを踏まえ，発達の段階に応じて望ましい勤労観や職業観を身に付け，自らの生き方を考えて進路を主体的に選択することができるよう，将来の生き方等についても扱うなど，組織的かつ計画的に指導を行うこと。

製品やサービスを媒介としたかかわりや非作業活動にも着目　※朱書き、下線は筆者による

「作業学習」「生活単元学習」愛媛大学教育学部附属特別支援学校／北海道札幌高等養護学校

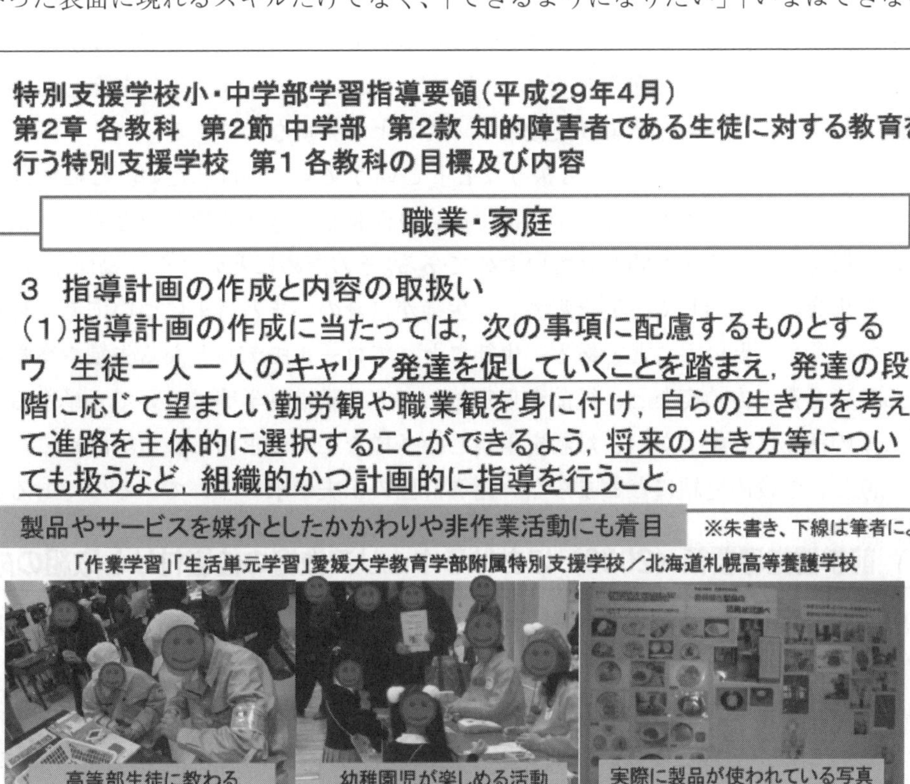

図５　中学部の各教科「職業・家庭」の一部

ど、他のできることを頑張りたい」「できたことを○○に活かしてみたい」といった「思いの変化」や「内面の育ち」がキャリア発達といえる。定量的には捉えにくい側面があるが、時間の流れを踏まえ、対話という相互作用に着目し定性的に捉えるなど、複数による丁寧な見取りが求められるものである。

「キャリア発達」を促すとは、例えば自分が役割として為していることに対して、他者から認められるなどして、何らかの意味付けをし「やりがい」を見いだせるようになっていくことなどが挙げられる。例えば作業学習等におけるキャリア発達を促す支援として考えられることは、「製品作り」において、作った製品がどのように使われているかを調査したり、顧客にインタビューして感想を聞いたりすることなどにより、他者の役に立っているという実感をもち、作業そのものへの目的意識や自己有用感がもてるようにすることが考えられる。また、プロの職人の技術指導を受けたり、講話を聞いたりすることにより、目標意識を高めたり、留意すべきことを理解し、よりよくしようという姿勢をもてるようにすることなどが考えられる。さらには、自分たちが取り組んできたことによって得た知識や技能を活かして、誰かに伝えたり、教えたりすることをとおして楽しんでもらったり、喜んでもらったりすることにより、その意義や留意すべきことについて気付けるようにすることなども考えられる。

いずれにしてもここで踏まえなければならないことは、キャリア発達とは「教え込み」やただ単に繰り返し活動するだけでは育ちにくいものであるということである。繰り返しになるが、生徒の「思い」の理解に努め、「対話」をとおして「気付き」を促していくことや活動への意味付けができるよう支援していくことが大切なのである。

次に、「将来の生き方等についても扱うなど」という文言に注目したい。ここでは、単に作業活動を繰り返すだけでなく、まさに生徒自身が将来を考える機会をどのように指導計画上に位置付けていくかが問われているのである。そのためにどのような場面を設定し、どのような出会いをとおして生徒を刺激し、生徒が自身のいまと将来について考えられるようにしていくか、ということである。生徒にとってロールモデルとなる先輩や卒業生の姿、あるいは企業の方の姿など、従前から実施してきた職場見学等についても単なるイベントとしての活動に終始しない、対話を重視した多様な工夫が求められる。改めて従前の取組を見直し、学校内完結にとどまらない指導計画の工夫が求められているのである。

2 前学習指導要領（2009）におけるキャリア教育の位置付けと取組の成果

2009（平成21）年に公示された高等学校及び特別支援学校高等部学習指導要領（以下、前学習指導要領）等では、今回の改訂で示された「キャリア教育の充実」に先だって、「進路指導」及び「職業教育」に関する箇所に初めて「キャリア教育の推進」という文言が示された。このことが契機となり、特別支援学校においてキャリア教育への注目が高まり、「キャリア発達」を促す視点から教育活動を見直し、改善を図る取組が進められてきた。その主な成果としては次の３点が挙げられる。

１点目の成果は、地域リソースを活用した協働活動やそれを一歩進めた貢献活動（以下、地域協働活動）の推進による職業教育等の充実である。このことは産業構造の変化に対応した「ビルメンテナンス」「接客サービス」「流通サービス」「PC 入力」等の作業種目の充実と指導における専門性の向上に寄与し、「特別支援学校技能検定」（以下、技能検定）といった産業界とのコラボレーションにもつながった。現在、技能検定は全国各地で展開され、生徒にとって同世代が学校を越えてチャレンジする、いまの学びと自己の将来をつなぐ重要な機会（菊地，2020b）となっており、知的障害特別支援学校高等部においては教育課程の見直しと改善に影響を与えるもの（藤川・菊地，2020）となっている。

地域協働活動は、活動そのものに着目しがちであるが、児童生徒が豊かな体験を振り返り、「対話」することによって、確かな「経験」につなげていくことが肝要である。これらの取組では、職業技能等の向上や目的意識の醸成だけでなく「振り返り」をとおして相手の身に立って考えることや、誰かの役に立つ喜びを実感すること等の他者意識や人間関係の形成を重視するようになってきている。なお、このような場の共有は、かかわる側にとっても障害等への理解促進が図られ、見方や意識が変容するなど、双方のキャリア発達の促進につながり、共生社会の形成に資するものとなってきている。

さらに地域協働活動は、職業教育のみならず、生徒にとっての「なぜ・なんのため」といった学びの必然性を踏まえていくことにより、各教科等をとおして培う知識・技能等の向上も期待され、新学習指導要領が示す「社会に開かれた教育課程」につながる成果であると捉えられる。なお、地域協働活動は「社会に開かれた教育課程」のみならず、中央教育審議会による答申（2016）によって示され、新学習指導要領に反映された「育成を目指す資質・能力」「主体的・対話的で深い学び」「カリキュラム・マネジメント」の各解説にも関連する記述があるということにも留意したい（図６）。

２点目の成果は、「育てたい力」に基づいた授業及び教育課程の改善と充実である。４領域８能力（国立教育政策研究所生徒指導研究センター，2004）や基礎的・汎用的能力（中央教育審議会，2011）をはじめ、国立特別支援教育総合研究所（2010）による「知的障害のある児童生徒のキャリアプランニング・マトリックス（試案）」等、それぞれの自治体や学校において、指導目標や指導内容の一貫性・系統性の見直しを図るための枠組みが検討され、そして授業等の見直しの視点として活用されてきた。知的障害教育においては、従前から多様な児童生徒の実態や学び方に応じた柔軟かつ実際的・具体的な学習活動を大切にし、各教科等を合わせた指導を中心に展開し成果を挙げてきた一方で、個に応じた学習の妥当性をより高め、指導目標や指導内容の一貫性・系統性を見直す必要性から、教育課程への課題意識が高まり、その解決のための視点としてこれらが着目されてきた経緯がある。このような背景を踏まえ、知的障害特別支援学校では「育てたい力」やその「枠組み」の活用によって、各学校や学部間といった時間軸を踏まえた「縦のつながり」や各教科等間といった空間軸を踏まえた「横のつながり」を明確化し、教育課程改善につなげた事例が多数見られてきた。このことは新学習指導要領が示す「育成を目指す資質・能力」や「カ

地域協働活動と４つのキーワード

・地域において「必要とされる学校、必要とされる生徒」を目指すことが協働の視点
・感謝や期待の声をかけられることをとおして「必要とされる実感」を感じ取る経験が最も大切なねらい
・「支援される・する」という関係とは違う「新たな価値」を互いに生み出すもの

1 社会に開かれた教育課程
→ 地域の人的・物的資源を活用したり、放課後や土曜日等を活用した社会教育との連携を図ったりし、学校教育の目指すところを社会と共有・連携しながら実現させること

2 育成を目指す資質・能力
→どのように社会・世界と関わり、よりよい人生を送るか**「学びに向かう力・人間性等」**

3 主体的・対話的で深い学び（アクティブ・ラーニングの視点）
→子供同士の協働、教職員や地域の人との対話、先哲の考え方を手掛かりに考えること等を通じ、自己の考えを広げ深める「対話的な学び」が実現できているか。

4 カリキュラム・マネジメント
→教育内容と、教育活動に必要な人的・物的資源等を、地域等の外部の資源も含めて活用しながら効果的に組み合わせること

⇒ ４つのキーワードは相互に関連しており、キャリア教育の推進において積極的に取り組まれてきた「地域協働活動」と密接に関連している

図６　地域協働活動と４つのキーワードのつながり

（中央教育審議会（2016）より抽出，筆者作成）

リキュラム・マネジメント」の方策につながる成果や知見と捉えられる。

３点目の成果は、本人の思いや対話を大切にした教育活動、すなわち「キャリア発達」に関する組織的理解と指導・支援の充実である。

当初、学校現場では「キャリア教育」「キャリア発達」への理解が十分とは言えず、「就労に向けた職業スキル向上のための指導」や「○○能力等の『育てたい力』の育成」がキャリア教育であるという理解が散見されていた。特に前者については、障害の状態が重度といわれる児童生徒や小学部段階の児童生徒に対して「キャリア教育は難しく、関係のないこと」と捉えられてしまったり、「実態から一般就労は難しいため、生活スキルや余暇スキルを身に付けることがキャリア教育」と捉えてしまったりするなどの状況が散見されていた。

しかしながら、１点目の「地域協働活動」や２点目の「育てたい力」による成果より遅れてではあったものの、授業実践を踏まえた児童生徒を中心とした丁寧な振り返りにより、諸活動における児童生徒の「思い」を複数の目をとおして捉えようとしたり、対話をとおして理解に努めたりすることにつながったと推察される。具体的には地域協働活動等の体験的な活動を中心とした取組について、児童生徒の振り返りや対話を大切にしていくことによって、児童生徒本人の「思い」や「願い」に着目した実践や「キャリア発達」を重視

した取組につながっていったと考えられる。

また、その知見の積み重ねにより、徐々に「キャリア発達」への理解が深まり、結果だけでなくプロセスを含めた本人の物事への向き合い方といった、見えにくい「内面の育ち」を重視するなどの、本質的理解が進んでいると捉えられる。

現時点ではまだ十分とはいえないかもしれないが、筆者は特別支援学校における一番の成果及び課題は「キャリア発達」への理解と組織的取組の推進と捉えている。キャリア発達を捉えるためには、教師側がより児童生徒理解に努めることが求められる。障害による学習上又は生活上の困難がある児童生徒の学びや育ちに目を向けてきたからこそ、戸惑いながらも接近してこれたと捉えている。今後、小中学校等における特別支援教育の充実を図る上でも、特別支援学校によるキャリア教育の知見の発信が必要と考える。

3 キャリア教育の推進状況と課題

（1）中央教育審議会が指摘したキャリア教育の課題

学習指導要領の改訂に向けて答申した中央教育審議会（2016）による「幼稚園、小学校、中学校、高等学校及び特別支援学校の学習指導要領等の改善及び必要な方策等について（答申）」（以下、本答申）では、「キャリア発達を促すキャリア教育」の視点の重要性に言及するとともに、キャリア教育の理念が浸透してきている一方で、「職場体験活動のみをもってキャリア教育を行ったものとしていること」「社会への接続を考慮せず次の学校段階への進学のみを見据えた指導となっていること」「職業を通じて未来の社会を創り上げていくという視点の乏しさ」等の課題が指摘された。

また、これらの課題を乗り越えてキャリア教育を効果的に展開していくために、「教育課程全体を通じて必要な資質・能力の育成を図っていく取組」の重要性を挙げ、特別活動における学級活動やホームルーム活動を中核とした教育課程全体をとおした取組を進める必要性や、各教科等において自己のキャリア形成に関連付けながら見通しをもったり振り返ったりしながら学ぶ「主体的・対話的で深い学び」を実現する必要性が指摘された。なお、この中で小・中・高等学校を見通した充実を図るため、キャリア教育の中核となる特別活動の役割を一層明確にするとともに、後述する「キャリア・パスポート」の活用についても言及している。

さらには、キャリア教育は「子供たちに社会や職業との関連性を意識させる学習」であることから、その実施にあたっては「地域との連携」が不可欠であることや、教員間の連携など組織的な取組の必要性についても言及するなど、関係者の連携・協働を進めることによる「社会に開かれた教育課程」や「カリキュラム・マネジメント」の重要性を示唆し、問題提起をしている。

（2）特別支援学校におけるキャリア教育の推進状況と課題

前学習指導要領等の公示後の2011（平成23）年に実施した、特別支援学校におけるキャリア教育に関する推進状況に関する悉皆調査の結果（菊地，2013）及びその追調査として

新学習指導要領等が公示された2019（平成31）年に実施した菊地・加瀬（2020）による抽出調査（以下、2019年調査）の結果を比較し、特別支援学校におけるキャリア教育の推進状況と課題について概説する。

①　調査対象及び調査方法

2019年調査では、全国の特別支援学校のうち221校を抽出し、質問紙法による調査を実施した。対象は、平成30年度版全国特別支援学校校長会一覧から学校課題の項目に「キャリア（教育）」「個別の（教育）支援計画」を明記している学校191校を抽出し、全日本特別支援教育研究連盟機関誌「特別支援教育研究」の過去10年分のキャリア教育実践に関する特集記事に掲載された実践校30校（一部は抽出校と重複）を加え、計221校とした。障害種別の内訳は、知的障害140校、肢体不自由18校、視覚障害12校、聴覚障害6校、病弱4校、複数障害併置41校であった。

②　回収状況

設置学部ごとに回答を求め、221校575学部のうち93校214学部より回答を得た。回収率は42%であり、あくまでも参考データとして報告する。

③　結果

結果について、対象とした母数や抽出条件が異なるので単純比較はできないが、菊地らによる悉皆調査（以下、2011年調査とする）と併せて表1に示す。まず、各学部におけるキャリア教育の具体的な取組の項目についてである。なお、太字は50%を超える回答を得たもので、下線は2011年調査と比較して10%を超える回答の増加が見られたものである。

表1　2011年調査及び2019年調査の結果（抜粋）

	2011 小学部 n=615	2019 小学部 n=66	2011 中学部 n=603	2019 中学部 n=61	2011 高等部 n=605	2019 高等部 n=87
体験活動	24(4%)	11(16%)	297(49%)	**32(52%)**	533(88%)	**78(89%)**
職場や学校（進学先）見学	150(24%)	10(14%)	384(64%)	44(72%)	451(75%)	**66(75%)**
職業教育を想定した単元等	120(20%)	10(14%)	263(44%)	**39(63%)**	408(67%)	**59(67%)**
進路に関する学習	97(16%)	13(19%)	311(52%)	28(45%)	471(78%)	**66(75%)**
資格取得への支援	11(2%)	3(4%)	38(6%)	13(20%)	224(37%)	40(46%)
生活体験に関する学習	6(1%)	**47(71%)**	18(3%)	**33(53%)**	160(26%)	34(38%)
教科指導の充実	172(28%)	34(52%)	167(28%)	22(36%)	206(34%)	36(40%)
学習プログラムの作成	41(7%)	18(26%)	43(7%)	10(16%)	66(11%)	21(23%)
本人の夢や希望に基づく取組	176(29%)	17(25%)	216(36%)	19(30%)	302(50%)	37(42%)
育てたい力や観点の明確化	355(58%)	**34(50%)**	321(53%)	26(41%)	328(54%)	44(40%)
他学部との合同授業	80(13%)	14(20%)	100(17%)	22(36%)	72(12%)	20(22%)
地域の資源や人材の活用	—	17(25%)	—	27(43%)	—	**50(56%)**

ア　キャリア教育の基本的理解と取組状況の変化

キャリア教育の定義理解について、2011年調査では「キャリア教育の新たな定義（中教審答申が示す現在のキャリア教育の定義）」について「ほとんど知っている」と「多く

の教員は知っている」を合わせて10％（79校）程度であったが、2019年調査では同回答項目で72％（155校）であった。また、「キャリア発達」については61％（130校）、「新学習指導要領における位置づけ」は70％（149校）、「特別活動を要とした位置づけ」は54％（116校）といずれも半数を超えていた。

イ　キャリア教育における具体的取組

小学部において「体験活動」「生活体験に関する学習」の項目の回答が大幅に増加しており、2011年調査では学部に共通して高い割合を示していた「育てたい力や観点の明確化」についてはやや減少していた。また、2019年調査で新たに設けた「地域の資源や人材の活用」の項目については、高等部で半数以上の回答が見られた。

ウ　キャリア教育の推進上の課題

「具体的実践イメージ」と「学校全体の組織的取組」が課題の上位となり、2011年調査とほぼ同様の結果となった。

④　考察

2019年調査の結果から、キャリア教育を学校課題として明示している特別支援学校の抽出と母数という条件上の課題はあるが、2011年調査と比較してキャリア教育への理解が広がり、学校生活の中での取組を意識し、日々の教育実践を見直す視点で推進が図られていることが推察された。特に小学部の取組において、2011年調査と比較して大きく増加した項目が見られたことについては、キャリア教育を「高等部における職業教育の充実」という狭義の捉えとしてではなく、当該学部を含めた「社会的・職業的自立を目指した取組」であるということの理解促進の現れと推察された。また、地域資源や人材活用への具体的取組の充実については、技能検定をはじめとする地域協働活動の推進や新学習指導要領におけるキャリア教育や４つのキーワードの位置付けによる意識化が背景にあることなどが推察された。

その一方で、課題として挙げられた「具体的実践イメージ」と「学校全体の組織的取組」等については、2011年調査と同様に多様な実態の児童生徒に対する取組の難しさや、組織的取組の重要性が再認識した結果と推察された。今後、多様化する児童生徒の実態を踏まえた実践のポイントや教職員が連携・協働するための具体的方策を明確にしていくことが求められる。

なお、本調査の結果を踏まえて行ったいわゆる取組推進校への聞き取り調査では、キャリア教育の本質的意味の理解、各教科等をつなぐ役割として実践の振り返り、児童生徒側に立った実践の見直しの検討の３点が共通する成果として挙げられた。また、キャリア教育の本質的意味を組織全体で意識する工夫により、児童生徒一人一人の「なぜ・なんのため、何を、どのように行うか」を踏まえた指導及び支援、「本人の願い」の重要性、キャリア発達を促すための「かかわり」の必要性といったキャリア発達支援において重視すべき事項の共通認識が図られ、組織的取組が推進されている状況が把握できた。

（菊地 一文）

第2章 学びの効果の最大化を図るカリキュラム・マネジメント

1 カリキュラム・マネジメントとは

新学習指導要領で示された４つのキーワードのうち、学校現場において特に難しい課題と捉えられているものが「カリキュラム・マネジメント」と推察する。カリキュラム・マネジメントとは､その名称のとおり「カリキュラム（教育課程)」を「マネジメント（管理・運営)」するものであり、学校教育目標の実現に向けて、教育内容や時数配当等を踏まえた総合的な教育計画である「教育課程」に基づき､実施される授業等の評価を踏まえて「組織的かつ計画的に各学校の教育活動の質の向上を図っていくこと」である。なお、改訂に先立って示された中央教育審議会による答申（2016）では､「教育課程を軸に学校教育の改善・充実の好循環を生み出す」ものと示されていた。

カリキュラム･マネジメントは、具体的には教育活動の質の向上に向けて教職員が連携･協働し、学校として改めて「育成を目指す資質・能力」の明確化などの作業に取り組み、各教育活動における意味付けや価値付け、重み付けや関連付けをするなどして、組織的に改善・充実を図る一連の共同作業である。教職員にとっては距離感や負担感を感じるものかもしれないが、一人一人が日々エネルギーを割き取り組んでいる「授業」の延長線上にあるものである。言い換えると、カリキュラム・マネジメントは、授業を中心としたすべての教育活動の充実を図るための時間軸・空間軸とPDCAサイクルを踏まえた、チーム学校による共同作業である。

2 カリキュラム・マネジメントの４つの側面と具体的アプローチ

（1）カリキュラム・マネジメントの４つの側面

新学習指導要領等では、小・中学校等におけるカリキュラム・マネジメントには３つの側面が、特別支援学校においては４つの側面が示されている。

学校種別を越えた共通事項のうち、側面①として「児童又は生徒や学校、地域の実態を適切に把握し、教育の目的や目標の実現に必要な教育の内容等を教科等横断的な視点で組み立てていくこと」、側面②として「教育課程の実施状況を評価してその改善を図っていくこと」、側面③として「教育課程の実施に必要な人的又は物的な体制を確保するとともにその改善を図っていくこと」の３点を挙げており、これらに加えて特別支援学校学習指

カリキュラム・マネジメント

特別支援学校高等部学習指導要領（平成３１年２月）
第１章総則 第２節教育課程の編成第１款 高等部における教育の基本と教育課程の役割

５ 各学校においては、①生徒や学校、地域の実態を適切に把握し、教育の目的や目標の実現に必要な教育の内容等を教科等横断的な視点で組み立てていくこと、②教育課程の実施状況を評価してその改善を図っていくこと、③教育課程の実施に必要な人的又は物的な体制を確保するとともにその改善を図っていくことなどを通して、教育課程に基づき組織的かつ計画的に各学校の教育活動の質の向上を図っていくこと（以下、「カリキュラム・マネジメント」という）に努めるものとする。

その際、④生徒に何が身についたかという学習の成果を的確に捉え，第２款の３の（５）のイに示す個別の指導計画の実施状況の評価と改善を，教育課程の評価と改善につなげていくよう工夫すること

※番号、下線は筆者による

①カリキュラム・デザイン ②評価のPDCAサイクル ③リソース活用 ④個別の諸計画と対話

図１　カリキュラム・マネジメントの側面

導要領では、側面④として「児童又は生徒に何が身に付いたかという学習の成果を的確に捉え、個別の指導計画の実施状況の評価と改善を、教育課程の評価と改善につなげていくよう工夫すること」を挙げている（番号は筆者による）。すなわち、各校において育成を目指す資質・能力を明確化した上で、側面①では、単元・題材の配列等の「カリキュラムデザイン」、側面②では、PDCAサイクルによる「学習評価」の活用、側面③では、地域協働活動等の「リソース」活用、側面④では、「個別の諸計画」の活用などの工夫により、組織的・計画的な取組を進め、児童生徒の学びをつないでいくことと捉えることができる（図１）。

（２）カリキュラム・マネジメントに向けた具体的アプローチ

筆者はこれまでカリキュラム・マネジメントに向けた具体的方策の一例として、教員にとって身近な授業を出発点とした、「中核となる活動を踏まえて構想するカリキュラム・マネジメント」や「個の学び・育ちを踏まえて構想するカリキュラム・マネジメント」(2018)を提案してきた。図２はその一例を示すものであるが、ここで中核となる活動として示しているものは、総合的な探究の時間に位置付く「防災学習」である。ここでは、生徒が各教科等において身に付けた知識や技能、培った力を、地域の住民の避難を受け入れるというロールプレイをとおして具体的かつ実際的な状況下で活かすことによって、学ぶことの意味付けや関連付けがなされていく。また、その「振り返り」をとおして新たな課題意識が芽生え、各教科等における学びの必然性につながっていくのである。このような学びを関連付けていくものが側面①～④であるが、これらはすべて既に学校において取り組まれ

ているものであり、課題はいかにしてこれらをカリキュラム・マネジメントにつながるものとして意識し関連付け、組織的・計画的な取組を進め、活かしていくかである。

現在、文部科学省研究協力校をはじめ、多くの特別支援学校では学校研究等をとおしてカリキュラム・マネジメントの充実を図るべく、組織的取組の試行・工夫に努めている。その多くは、知的障害教育の各教科が資質・能力の３つで整理されたことを踏まえ、各教科等を合わせた指導を中心に、指導の形態を越えた各教科等の目標及び内容のつながりの明確化を目指したものと言える。具体的には単元配列表の作成や学習指導案に関連する各教科等の目標や内容の記載により、教育課程の改善を目指したものが挙げられる。言い換えると、これらはいわゆる教師目線の取組と言える。

今後は児童生徒を中心する側面④への本人参画がカギとなり、本人目線からその充実を図っていく必要があると考える。それが後述する「キャリアデザイン」としての本来的な姿と捉えられる。

あくまでも学習の主体者は児童生徒本人であり、「キャリア発達を促す」視点を踏まえ、「対話」をとおして「いまの学び」と「将来」をつなぐことにより、児童生徒本人にとって「なぜ・なんのため」学ぶのかが明確になる。そしてカリキュラム・マネジメントを踏まえた教師の働きかけや対話をとおして、本人が「学び」や「育ち」を実感することによって、自ら学びを高め、広げ、つないでいくことに反映されていくと考える。

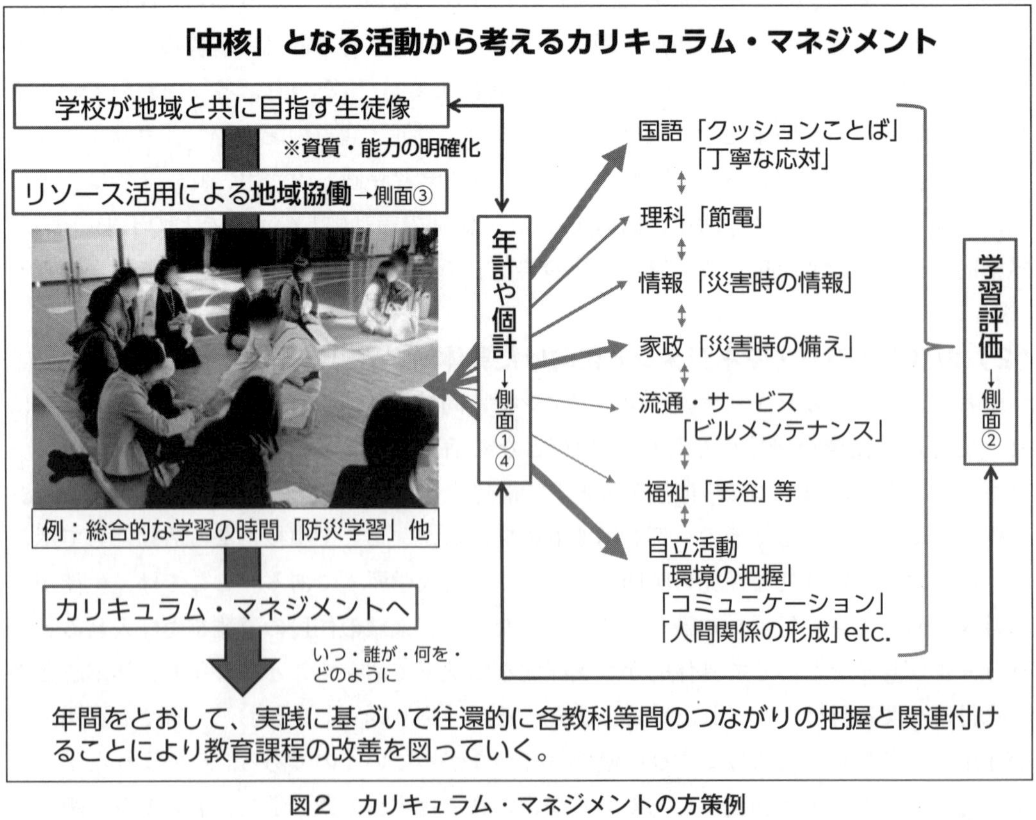

図２　カリキュラム・マネジメントの方策例

なお、これまでの特別支援学校における取組を概観すると、カリキュラム・マネジメントに向けた具体的方策として、①「主体的・対話的で深い学び」の視点、②「地域協働活動」と「単元の配列」の視点、③「資質・能力」と「学習評価」の視点、④「学びの文脈（本人の願い）」と「個別の諸計画」の視点の４点のアプローチに整理される。これらのアプローチは学校の課題意識によってその選択が異なるが、いずれのアプローチを進めても、最終的にカリキュラム・マネジメントへの課題意識の共有と改善に到達すると考える。そしてこれらの土台となる理念と改善の方向性を示すものが「キャリア発達」の視点であると考える。

3 主体的・対話的で深い学びの視点を踏まえた授業改善

（1）授業改善の３つの視点

新学習指導要領では、総則の柱の１つに「どのように学ぶか（各教科等の指導計画の作成と実施、学習・指導の改善・充実）」を位置付け、「主体的・対話的で深い学び」の視点を踏まえた授業等の改善の必要性を指摘している。また、「主体的・対話的で深い学び」の実現について、「特定の指導方法のことでも、学校教育における教員の意図性を否定することでもない。人間の生涯にわたって続く『学び』という営みの本質を捉えながら、教員が教えることにしっかりと関わり、子供たちに求められる資質・能力を育むために必要

主体的・対話的で深い学び　学びの主体は児童生徒本人！

幼稚園、小学校、中学校、高等学校及び特別支援学校の学習指導要領等の改善及び必要な方策等について（答申）
中央教育審議会平成28年12月21日及び特別支援学校小・中学部学習指導要領等 文部科学省 平成29年４月

①学ぶことに興味や関心を持ち、自己のキャリア形成の方向性と関連付けながら、見通しを持って粘り強く取り組み、自己の学習活動を振り返って次につなげる「主体的な学び」

「なぜ・なんのため」を踏まえる重要性

②子供同士の協働、教職員や地域の人との対話、先哲の考え方を手掛かりに考えること等を通じ、自己の考えを広げ深める「対話的な学び」

他者とのかかわりをとおして「考えを広げ深める」重要性

③習得・活用・探究という学びの過程の中で、各教科等の特質に応じた「見方・考え方」を働かせながら、知識を相互に関連付けてより深く理解したり、情報を精査して考えを形成したり、問題を見いだして解決策を考えたり，思いや考えを基に創造したりすることに向かう「深い学び」

学びの過程と見方・考え方を働かせる重要性

「主体的・対話的で深い学び」の実現とは、特定の指導方法のことでも、学校教育における教員の意図性を否定することでもない。人間の生涯にわたって続く「学び」という営みの本質を捉えながら、教員が教えることにしっかりと関わり、子供たちに求められる資質・能力を育むために必要な学びの在り方を絶え間なく考え、授業の工夫・改善を重ねていくことである。 ※下線・太字は筆者による

図３　主体的・対話的で深い学びの解説

な学びの在り方を絶え間なく考え、授業の工夫・改善を重ねていくことである。」と示し、図３に示す３つの視点を解説している。

まず、「主体的な学び」に関する解説については、「自己のキャリア形成の方向性と関連付けながら」とあり、児童生徒自身が「なぜ・なんのため」に学ぶのかを意識できるようにする支援の重要性を示している。また、「対話的な学び」に関する解説については、「自己の考えを広げ深める」支援の重要性を示すとともに、そのための手段として他者との協働や対話によるかかわり等が例示されている。さらに「深い学び」の解説については、児童生徒一人一人の学びの過程を踏まえるとともに、横断的に「見方・考え方」を活かせるようにすることで、様々な形で例示される「深い学び」を実現する必要性を示している。これらの視点を踏まえると、教員は自らが行う一授業だけでなく、単元、年間指導計画、教育課程へと視野を広げる必要性や、互いに連携・協働し、組織的・計画的な取組を進めていく必要性が指摘できる。その上で一人一人の学びを捉え直し、児童生徒本人が自分の将来を見据えたり、多様な他者とのかかわりの中で、考えを広げ深めたりできるように、指導の形態内や指導の形態間を「つなぐ」ことや、児童生徒が学びを意味付け、価値付けできるように支援していくことが必要となる。まさに「カリキュラム・マネジメント」や一人一人のキャリア発達を支援する教育の充実が求められていると言える。

（2）内面の育ちへの着目

「内面の育ち」とは、顕在化する技能や行動等の背景にある、本人の「思い」や物事への向き合い方の変化のことであり、言い換えるとキャリア発達と捉えることができるだろう。また、その支援としてのかかわりは、ある意味で本来的な生徒指導そのものとも言え、学習指導場面と切り離されるものではなく、学習指導を含むすべてのかかわりの場面が当てはまり、大切にすべきことと考える。

児童生徒は日々の授業において、何に目を向け、何に耳を傾け、何に注意を向け、何を思い、考えているのだろうか。授業においては「教えている」＝「学んでいる」とは言い切れず、教師の意図どおりに児童生徒が学べていないことは十分にあり得る。また、児童生徒は教師が教えていることだけを学んでいるわけではない。授業において児童生徒が「できる・わかる」ためには、教師は児童生徒が感じたことを価値付けていく必要もあろう。さらには捉えにくいものほど問うことや、やりとりすること、教師と児童生徒あるいは児童生徒同士が互いに考えや気付きを共有していく過程が必要となる。だからこそ授業等における振り返りや対話が大切なのである。

特に教師においては、互いに授業を見合い、事実としての児童生徒の「発言」や「行動」を捉え、その背景にある児童生徒の「思い」の解釈を複数の目で多面的・多角的に捉えていくことが求められる。

このような考え方について、「障害が重い」と言われる児童生徒には難しいと捉えがちである。しかしながら、自ら動くことやことばによる表出が難しい児童生徒に対してこそ、教える側がもっていなければならない見方・考え方をキャリア発達の視点や主体的・対話

的で深い学びの視点は示していると考える。一方で言語表出できる児童生徒だから簡単に把握できるというものでもない。

梶田（2007）は、テスト等をとおした暫定的に表面に現れる評価だけでは捉えられない「内面の育ち」の重要性について次のように述べている。

> *「一番大事なのは、何によって気持ちが動くようになるのか、何をどのように感じるようになるのか、何をどのように判断するのか、どのような内的促しに導かれて生きていくようになるのか、ということである。（中略）繰り返しになるようだが、内面にその子なりの感性が育たなければならないのである。内面にその子なりの思いとかこだわりが、その子なりの判断力とか決断力が育たなければならないのである。そしてその子なりのエネルギー、あるいはその子なりの時間展望や将来展望が育たなければならないのである。」*

筆者はこの箇所を読んで、かつてかかわったことのある、自閉スペクトラム症のある児童の姿を思い浮かべた。彼は発語が見られず、言語表出によって相手に思いを伝えることが難しい児童であった。注意深く周囲を見渡して状況を把握し、ここぞというときに実力行使し、自分の思いを成し遂げていた。時としてその行動は周囲の意図と一致せず、修正を求められてしまうこともあった。そのような時、彼は不快な感情を爆発させてしまうこともあった。しかしながら、日々の学習や具体的体験の積み重ねにより徐々に見通しをもち、学習課題を理解して活動に取り組むことができるようになった。また、身振りや手振りで思いを伝えることや待つことができるようになっていった。そして、自分よりも下学年の児童に対して、我慢し譲るような「折り合いをつける」姿が見られるようにまでなった。

このような姿を私たちは大括りに「成長」と呼び、評価をとおして「できる」ようになったことそのものを捉えてきたように思う。もちろんこのような育ちの把握・評価は大事であり、否定するつもりは全くない。しかしながら、これらの一連の「できる」ようになったことの背景には、時には葛藤するなどの本人なりの「思い」があったはずであり、その「過程」があったはずである。また、おそらくその過程にある対応の中には、聞き手効果[*1]（Bates ら，1975）や受け手効果[*2]（鯨岡，1997）と捉えられる、教師の言語による価値付けや共感的かかわりがあったはずである。

いま一度その背景にある「思い」の理解に努め、結果だけでなく「過程」にも目を向け、時として共感し、時として価値付け、時として別の方法を提案するなど、形成的な評価を含め、対話に努めていく必要がある。

梶田（2007）の指摘は、障害の有無等や一人一人の実態という違いを越え、授業をはじめとするすべての教育活動が児童生徒に影響を与えているということを再考し、改めて児童生徒にとっての「学び」や見えにくい部分について、私たちが努めて接近していく必要性を示唆していると考える。

この「内面の育ち」を促し、気付く（あるいは把握し支援する）ための有効なアプローチの一つとして重要な意味をもつものが振り返りによる「対話」（図４）であると考える。「為すことによって学ぶ」という考え方は、「特別活動」の趣旨に、そして知的障害教育をはじめとする特別の教育課程においては、従前から大切にしてきた、心が動く「豊かな体験」を指向する多様な教育活動に通ずるものである。しかしながら、これらにおいては体験のみを重視するのではなく、その「振り返り」によって、確かな「経験」につなげることが肝要である。振り返りによって、体験したことの意味や価値への気付き、過去に起こったことの捉え直しや、将来展望する視野の広がりにもつながる。この行為は本人の中で起きている「自己内対話」による個人思考のほか、他者との集団思考や「対話」によって、自他の共通点や違いに気付き、重なる部分に安心し、共感的な態度に支えられたり、異なる部分から多面的な思考や捉えの大切さに気付かされたりすることなどによって生じると考える。さらには、このような振り返りが少し先への「見通し」を含む、「なりたい・ありたい姿」や生徒指導における予防的対応にもつながっていくものと考える。

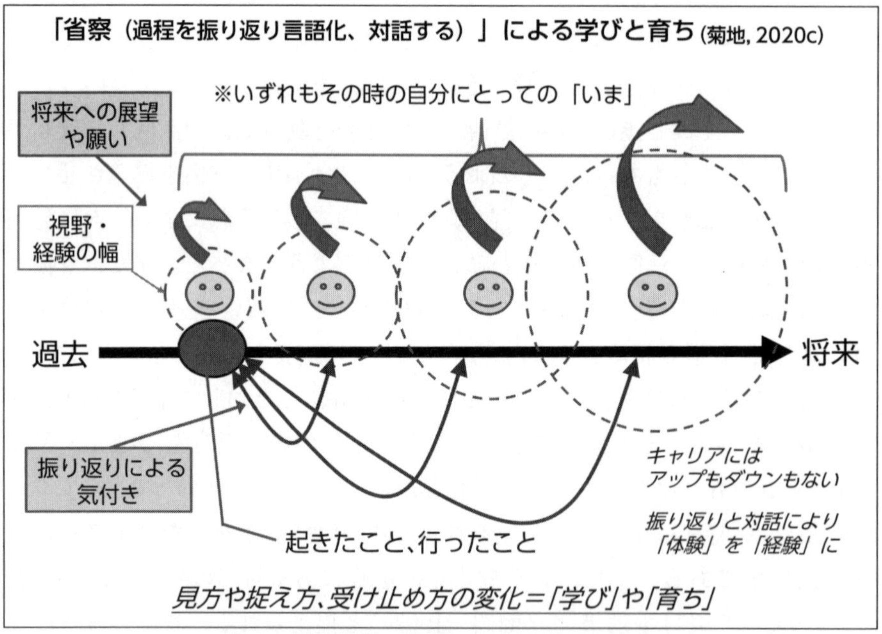

図４　振り返り（省察）による学びと育ち

なお、多くの学校現場では、知的障害の状態により発語のない児童生徒にとっての「対話」をどのように捉え、どのように実践するかが大きな課題となっていると推察するが、筆者は「対話的な学び」のポイントとして、①対話の双方向性、②自己内対話（「思い」「願い」）への着目、③「問い」の重要性、④心が動く豊かな体験と「振り返り」、⑤対話促進と課題解決のための具体的方策の５点への着目（図５）が必要であると考える。とりわけ教師にとっては、児童生徒の理解に努め、彼らの「思い」の受け止めや「問い」かけ、彼らの学びの姿を捉えて「意味付け」「価値付け」していくことが肝要である。

「言語化・対話」について考える

① 会話と対話の違い
→ 相手の「思い」「考え」に応じ、理解しようとすることが前提となる？「聴く」「伝える」こと双方を大切にする。言語活動を質的に見る必要性がある？

② 自己内（で起きている）対話（「思い」や「願い」）への着目
→ 他者を含む外界からの刺激に対して起こる疑問、共感、推察、確信等の自己内対話

③ 刺激の１つとしての「問い」の重要性
→ 「できたかどうか」から「なぜ・なんのため」「どうして」「どうしたい」を考える
→ 距離を置いて「見る」ことや「立場（役割）を変える」ことで気付けることも

④ 心が動く豊かな体験と「振り返り」
→ 「できた」「認められた」「人の役に立った」豊かな体験とその振り返り
→ 相手の求めに応じる、共同解決する、つまずきが解決される等

⑤ 対話を促進させ、課題解決につなげる具体的方策
→ 環境設定や構造化、可視化、ツール、サイズ、時間や回数の指導計画
→ ファシリテーションスキルへの着目、リーダーとフォロワーの関係等

図５　対話的な学びのポイント

4 キャリアデザインの意義と対話

（１）個別の諸計画の意義

児童生徒一人一人の適切な指導及び必要な支援を検討し、時間軸や空間軸を踏まえて「つなぐ」ことを目的としたツールとして「個別の教育支援計画」「個別の指導計画」「個別の移行支援計画」が挙げられ、これらは個別の諸計画と呼ばれる。

本稿では児童生徒本人が作成等に参画する、あるいは本人を中心に作成する個別の諸計画のことを「キャリアデザイン」と呼ぶこととする。

いわゆる「特別の教育課程」では、児童生徒一人一人障害による学習上又は生活上の困難を改善・克服するための指導である「自立活動」が位置付けられる。また、知的障害がある児童生徒に対しては、困難さに対して自立活動に加え、知的障害教育の各教科が位置付けられ、特に必要のある場合には、指導の形態を工夫し「生活単元学習」や「作業学習」等の「各教科等を合わせた指導」として教育活動を行うことができることとしている。まず、知的障害教育においてはすべての教育活動をとおして知的障害の困難さに対応した指導が行われているということに留意したい。

特別の教育課程においては、自立活動の時間を設定して指導するほか、児童生徒一人一人の自立活動の目標を踏まえ、教育活動全般において児童生徒の困難さを踏まえた指導内容や指導方法を工夫する等の具体的配慮が求められる。すなわち、各授業の担当者が個々の実態やニーズを踏まえつつ集団を対象とした各教科等の年間指導計画や単元計画、さらには授業計画を立案し、個に応じた具体的な指導及び支援を展開する上で、重要な役割を

担うものが個別の諸計画と言える。

また、個別の諸計画の考え方は学校における教育活動だけではなく、家庭をはじめ医療や福祉の分野との連携・協働や卒業前後の職業的自立を図る上でも重要な考え方であり、「つなぐ」ためのツールでもある。この目的は上述したカリキュラム・マネジメントの側面にも通ずるものであり、後述するキャリア・パスポートの導入を踏まえ、今後個別の諸計画への本人参画の促進が求められる。

なお、学校現場においては、個別の諸計画の作成負担や活用方策が課題とされることが少なくないが、個別の諸計画の作成と活用が「目的」なのではなく、児童生徒一人一人に対する教育の充実を図ることが目的であり、その「手段」が個別の諸計画の作成と活用であることを再確認したい。

（2）キャリアデザイン（本人参画による個別の諸計画の作成と活用）の意義

特別支援学校小学部・中学部学習指導要領では、第７章自立活動第３個別の指導計画の作成と内容の取扱いの２の（３）において、具体的な指導内容を設定する際に考慮する事項として、ア「興味をもって主体的に取り組み、成就感を味わうとともに自己を肯定的に捉えることができるような指導内容」、オ「自己選択・自己決定する機会」、カ「学習の意味を将来の自立や社会参加に必要な資質・能力との関係において理解し、取り組めるような指導内容」と新たに示している。これらは、本人にとっての学びの必然性や学びの文脈を大切にする必要性を示しており、本人参画あるいは本人を中心とした取組を求めるものである。また、このことは知的障害教育の生命線と言える、後述する特別支援学校学習指導要領解説各教科等編に示されている「知的障害のある児童生徒への教育的対応の基本」10項目にも通ずるものと考える。

新学習指導要領において、児童生徒のいまの学びと自己の将来をつなぐ意義や必要性は、総則への「キャリア教育」の位置付けのほか、このように「主体的・対話的で深い学び」における「主体的な学び」の解説や「自立活動」における「個別の指導計画の作成と取扱い」にも示されている。「自立活動」において、児童生徒が学習上又は生活上の困難による（現時点での）「できないこと」や「苦手なこと」と向き合うためには、自分の「強み」に気付けるように支援するとともに、将来のなりたい姿と関連付けて「なぜ・なんのため」学ぶのかを大切にすること、すなわちキャリア発達の視点の必要性を示唆している。このことは各教科等における学びをつなぐ上で大切な視点であり、繰り返し述べてきた特別活動を要としたガイダンスとカウンセリングの双方を踏まえた「対話」が重要である。ここで教師には結果だけでなくプロセスに目を向けるとともに、児童生徒の「思い」に共感し、解決に向けて共に歩んでいく姿勢が求められる。

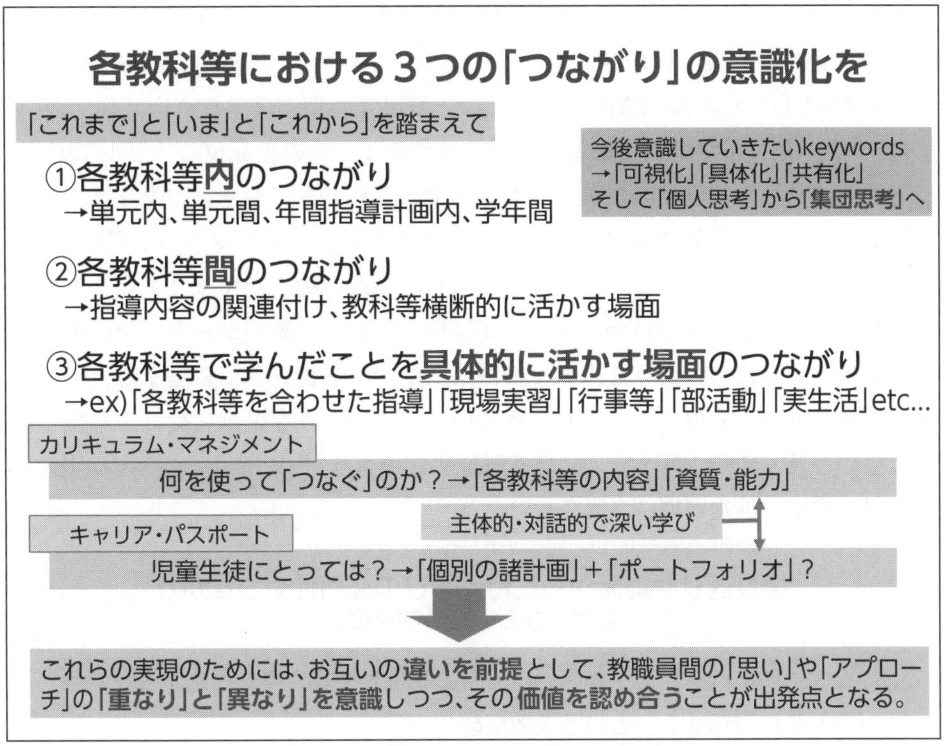

図６　各教科等における３つのつながり

（３）キャリアデザインの充実に向けて

「振り返り」や「対話」をとおした実践は、知的障害特別支援学校においては、総合的な学習（探究）の時間や自立活動の時間に位置付けるなどの定期的な実施、あるいは日々の日常生活の指導において留意するなどして進められてきている。この中には、有効な方法の１つとして、生徒同士での対話場面を積極的に取り入れている特別支援学校も見られる。今後、対話をとおした児童生徒への組織的かつ計画的な指導・支援の充実を図っていくためには、対話の時間を教育課程上の位置付けることと併せて、本人参画による個別の諸計画の作成と活用が求められる。

また、本人参画を進めるための具体的方策の１つとして、PATH（Pearpoint, O'Brein, & Forest, 2001）やTEM（サトウ，2009）等の理論や手法の活用が挙げられる。また、9つのマス目にアイデアを書き込んでいくことで、思考の整理や拡大などを図る「マンダラート（マンダラチャート）」や、自分のこれまでを振り返り、１本の曲線で可視化する「ライフラインチャート」等のワークショップ手法の活用による自己分析や目標設定への支援が考えられる。

これらの理論や手法を参考に、児童生徒の実態に合わせてアレンジするなどして、振り返りにおいて適用していくことにより、児童生徒の「思い」や「学んだこと」の可視化・具体化・共有化が図られ、「これまで」と「いま」と「これから」をつなぐことに寄与できると考える。

本人参画による「対話」をとおした個別の諸計画活用の実践は、これまで京都市立白河

総合支援学校や東山総合支援学校、鳴滝総合支援学校の「キャリアデザイン」をはじめ、横浜市立若葉台特別支援学校の「キャリアデザイン相談会」、日野中央高等特別支援学校の「じぶんNAVI」「じぶんMAP」システム、千葉県立特別支援学校流山高等学園の「ST学習」「ステカ」等、千葉県立市原特別支援学校つるまい風の丘分校の「セルフデザイン」など、知的障害特別支援学校の高等部において進められてきており、キャリアデザインによる「個の学び・育ちを踏まえて構想するカリキュラム・マネジメント」（図７）につながる成果が挙げられてきている。また、日々の対話場面を捉えたキャリア発達支援について、千葉県立夷隅特別支援学校が小・中・高等部において「願いシート」を活用し、実践してきており、さらにこのような取組は横浜市立仏向小学校コラボ教室など、小学校の通級による指導においても取り入れられてきている。このような児童生徒による振り返りと対話の機会の普及・充実に向けて、次章で解説するキャリア・パスポートへの対応を含め、今後の一層の取組の推進が期待される。

振り返りや対話から気付く学びの必然性やつながり
－なぜ・なんのため学ぶのか－

インターンシップの事後指導におけるある知的障害のある生徒の例

・「実習先に遅刻する」という失敗経験

・振り返りと対話
→「遅刻したくない」という本人の思い、教師は共感し必要なことを共に検討

・本人の学ぶ必要性への気付き～各教科等で身に付けたいことに
「国語科」で道に迷ったときの質問の仕方、「数学科」で先を見通す時間計算の仕方、
「社会科」で地図の読み方を学び身に付けたいと考えるように・・・。

参考：キャリア・パスポートの目的
児童生徒：小学校から高等学校を通じて、自らの学習状況やキャリア形成を見通したり振り返ったりして自己評価を行うこと、主体的に学びに向かう力を育み、自己実現につなぐもの。

教師：その記述をもとに対話的にかかわることによって、児童生徒の成長を促し、系統的な指導に資するもの。

図７　個の学び・育ちを踏まえて構想するカリキュラム・マネジメント

（菊地 一文）

【注】

＊1　聞き手効果（Bates, 1975）：聞き手となる大人が、子供の行為や素振りから、その思いや気持ちを読み取ることでコミュニケーションが成立すること。

＊2　受け手効果（鯨岡, 1997）：子供の行為が明確な伝達意図をもっているとは必ずしも言えない場面でも、身近な大人が自分への要求伝達と受け止め、それに応じた反応を返すこと。

＊3　PATH（Pearpoint, O'Brein, & Forest, 2001）：Planning Alternative Tomorrows with Hope（希望に満ちたもう一つの未来の計画）の略で、本人中心アプローチの１つ。カナダでインクルーシブ教育を推進するための具体的な手だてとして開発されたもの。干川ら（2000）が紹介して以降、熊本大学教育学部附属特別支援学校をはじめ、各地の特別支援学校で導入されてきており、生徒が取り組む事例も報告されている。

＊4　TEM（サトウ, 2009）：Trajectory Equifinality Model（複線経路・到至性モデル）の略。質的研究法の１つで、時間とプロセス、相互作用と多様な可能性を扱い、人の「道筋」を描く研究法。等質性を前提としない事例を対象とし、具体性・個別性のある人間の多様性を描くもの。図にしたものをTEM図という。

Column 児童生徒の「思い」への接近と対話

下図をもとに「思い」や「キャリア発達」について考えてほしい。

本人の「思い」や「願い」について考えてみましょう

Ａ君は重度・重複障害と言われている状態のお子さんです。

１日をほぼ寝たきりの状態で過ごしており、発語はなく、理解していることばの把握も難しい状態です。声を聞いてかかわりのある身近な人を認識することができ、好きな刺激（音や感触）に対しては少し表情が緩みます。

ある日、担任のＢ先生が「Ａ君、おむつ交換するよ」と声をかけて、Ａ君の肩に手を触れました。Ａ君は、Ｂ先生のことを認識したようで少し表情が緩みました。そしてＢ先生が背中のほうに手を回すと、一瞬力が入り、筋緊張が強くなりました。その後、少し時間はかかりましたが、Ａ君は次第に緊張を緩めていきました。Ａ君は他者と目を合わすことが難しいですが、Ｂ先生は、Ａ君の表情を見ながら「そうそう、いいね」と言いました。

介助しやすい状態になり、手際よく交換できたＢ先生は、「Ａ君ありがとう。Ａ君が力を抜いてくれたからスムースに交換できたよ」「さっぱりしたね」「気持ちいいね」と声をかけ、にっこり笑いました。

あいかわらずＡ君の視線はどこをみているということもなく、天井の方を向いたままでしたが、Ｂ先生はＡ君の様子から心地よさげな状態を感じとり、お互いに一仕事を終えたような達成感を感じていました。

発語がなければ「思い」や「願い」は把握できないのか？教育はできないのか？

いわゆる障害の重い子ども（以下、障害の重い子ども）の「キャリア教育」や「主体的・対話的で深い学び」についてどのように考えたらよいかという質問を受けることがあるが、まずは障害の重い子どもに対する教育において何を大切にし、何を育てようとしてきたかについて再考いただきたい。その上で「キャリア」「主体的」「対話的」「深い」というキーワードの意味を理解できれば、きっと「キャリア教育」や「主体的･対話的で深い学び」は遠いものではなく、まさに大切にしてきたこと、さらに充実を図りたいと考えていることと理解できるはずである。

障害の重い子どもとたくさんの時間をともにし、その子どものことを誰よりも考えてきた先生方こそ、彼らの「キャリア発達」や「対話的で深い学び」に接近しているはずである。子どもを支える教師間、あるいは保護者とともに「思い」を語り合ってほしい。「思い」をもつ者同士の対話は、大事なことへの気付きや新たな見方を得るなど、自身の考えを広げ、深められるはずである。

障害の有無や状態にかかわらず、そもそも教育は簡単ではない。基本的な立ち位置として、教師は「分かっている」ことを「教える」側であり、子どもは「まだ分かっていない」ことを「学ぶ」側であるため、「学ぶ」側の視点に立つことが不可欠である。また、「教える」という行為は決して再現性が高いわけではなく、教師は自らの経験を児童生徒の状態に応じて適宜フィッティングさせていく。また、教授行為や環境整備だけでなく、子どものいまの学びと将来をつなぐために子どもの取組への過程を意味付け、価値付けるなどして「対話」に努めている。それでもうまくいかないこともある。一方で、教育という営みは相互作用であり、相互発達をもたらすものでもある。まさに「共育」である。子どもから学び、子どもに返っていく、その繰り返しが何よりの魅力なのかもしれない。いずれにしても子どもや教師がお互いの「思い」や「よさ」の理解・把握に努め、認め合うことが出発点となるであろう。子どもの言語表出等の有無にかかわらず、指導・支援における出発点でもあり、このような姿勢は個別の諸計画やキャリアデザインの取組の推進において不可欠であると考える。

（菊地 一文）

第3章 キャリアデザインの視点に基づく学級経営・ホームルーム経営の在り方

1 学級活動及びホームルーム活動の重要性

第１章で述べたように、特別支援学校小学部・中学部学習指導要領では、第１章 総則第５節「児童又は生徒の調和的な発達の支援」１ 児童又は生徒の調和的な発達を支える指導の充実、小・中学校では、第１章第４節（図１）「児童（生徒）の発達の支援」１ 児童（生徒）の発達を支える指導の充実が位置付けられた。

（１）の「学級経営、児童生徒の発達の支援」では、「学習や生活の基盤として、教師と児童（生徒）との信頼関係、児童（生徒）相互の信頼関係及び人間関係を育てるため、日頃から学級経営の充実を図ること」とあり、そのために「主に集団の場面で必要な指導や援助を行う」ガイダンスと「多様な実態を踏まえ、一人一人が抱える課題に個別に対応した指導を行う」カウンセリングの必要性が示されている。ここでは、児童生徒一人一人の実態把握と理解に努め、よりよい人間関係を築ける環境を整えていくことが前提となる。

特別支援学校小学部・中学部学習指導要領（平成 29 年４月）
第１章総則 第５節児童又は生徒の調和的な発達の支援

１ 児童又は生徒の発達を支える指導の充実

学級経営　よりよい人間関係を育み、発達を支援すること

（1）学習や生活の基盤として，教師と児童又は生徒との信頼関係及び児童又は生徒相互のよりよい人間関係を育てるため，**日頃から学級経営の充実を図ること**。また，主に集団の場面で必要な指導や援助を行うガイダンスと，個々の児童又は生徒の多様な実態を踏まえ，一人一人が抱える課題に個別に対応した指導を行うカウンセリングの双方により，児童又は生徒の発達を支援すること。あわせて，小学部の低学年，中学年，高学年の学年の時期の特長を生かした指導の工夫を行うこと。

生徒指導　自己実現のために学習活動と関連付けること

（2）児童又は生徒が，自己の存在感を実感しながら，よりよい人間関係を形成し，有意義で充実した学校生活を送る中で，現在及び将来における自己実現を図っていくことができるよう，**児童又は生徒理解を深め，学習活動と関連付けながら，生徒指導の充実を図ること**。

キャリア教育　いまの学びと将来をつなぎ、資質・能力を育成すること

（3）児童又は生徒が，学ぶことと自己の将来とのつながりを見通しながら，社会的・職業的自立に向けて必要な基盤となる資質・能力を身に付けていくことができるよう，**特別活動を要としつつ各教科・科目等の特質に応じて，キャリア教育の充実を図ること**。その中で，中学部においては，生徒が自らの生き方を考え主体的に進路を選択することができるよう，学校の教育活動全体を通じ，組織的かつ計画的な進路指導を行うこと。

※下線・太字は筆者による

図１　学級経営・生徒指導・キャリア教育の記載内容

（2）の「生徒指導の充実」では、「自己の存在感を実感しながら、よりよい人間関係を形成し、有意義で充実した学校生活を送る中で、現在及び将来における自己実現を図っていくことができるよう、児童理解又は生徒理解を深め、学習活動と関連付けながら、生徒指導の充実を図ること」とある。ここでは、教師が児童生徒理解や共感的対応に努め、信頼関係を築くこと、そして児童生徒同士のよりよい人間関係を形成していくことが求められている。また、児童生徒が分かる喜びや学ぶ意義を実感できるような学習指導や全教職員の共通理解や家庭や関係機関等との連携・協働に努めていく必要性が示されている。

なお、（3）の「キャリア教育の充実」については、第1章で解説しているので詳細については割愛するが、「いまの学びと将来をつなぐこと」や「特別活動を要とすること」が示されている。ここでは、キャリア教育は学級活動やホームルーム活動を要として、教育活動全体をとおして必要な資質・能力を育成するものであるとともに、児童生徒が学びを自己の有り様と関連付けていけるようにしていくものであることに留意し、指導にあたる必要性が示されている。

（1）～（3）のいずれも、多様な実態の児童生徒一人一人がよりよく生きるために、他者との関係や社会とのかかわりや将来と現在の学びをつなぐ視点から自身の有り様を捉え直すことができるよう、適切な指導及び必要な支援に努めていく必要性や重要性を示している。児童生徒が自身の学習や様々な行為の意味に気付けるよう援助したり、価値付けたりしていく役割が教師には求められており、児童生徒の学習や学校生活の基盤となる学級やホームルームにおける、学級活動やホームルーム活動での「対話」が重要な意味をもつことを示している。

学級活動やホームルーム活動における「対話」の前提となるものが、学級経営やホームルーム経営（以下、学級経営）である。児童生徒一人一人の学習上又は生活上の困難をはじめとする多様な実態、それぞれが有する「思い」、そして取組の結果だけではなくプロセス等を認め合う姿勢や安心できる関係性がその基盤となる。これらはまさに基礎的環境整備とも言える。

2 ガイダンスとカウンセリングの必要性

（1）ガイダンスとカウンセリング

小学校学習指導要領第6章特別活動の「第3指導計画の作成と内容の取扱い」の2の（3）では、「学校生活への適応や人間関係の形成などについて」、中学校学習指導要領第5章特別活動の「第3指導計画の作成と内容の取扱い」2の（3）では、これらに加え、「進路の選択など」について、「主に集団の場面で必要な指導や援助を行うガイダンスと、個々の多様な実態を踏まえ、一人一人が抱える課題に個別に対応した指導を行うカウンセリング（教育相談を含む）の双方の趣旨を踏まえて指導を行うこと」と示している。特別支援学校学習指導要領解説総則編（小学部・中学部）では、このことを踏まえ、各教科等においてもその機能を生かすなど、学校の教育活動全体を通じてガイダンスとカウンセリングの機能を充実していくことを求めている。

ここではガイダンスの機能を「単なる事前の説明や資料配付に限定されるものではない」としていることに留意する必要がある。すなわち例示されている「学校生活への適応」「人間関係の形成」「進路選択」といった観点を踏まえ、ガイダンスにおいては情報伝達として捉えるのではなく、指導や援助を行うという姿勢が求められるのである。

なお、同解説では、ガイダンスの機能の充実を図る上で配慮が求められる教育活動として、次の３点を例示している。１点目は、入学時や新学期開始時期における教師と児童生徒及び児童生徒相互の好ましい人間関係や諸活動への意義の理解、自発性等に関する配慮、である。２点目は、新たな学習や各種の学習活動の開始時期などにおける意欲や主体性等に関する配慮である。３点目は、進路選択における自己理解と将来展望への支援、及び主体的な進路選択と自己実現に向けた配慮、である。

これらの例示を踏まえると、学校生活における様々な「節目」を捉えていくことが重要であることが分かる。なお、この「節目」は児童生徒に共通して取り組まれる活動のみならず、一人一人の学びや育ちの機会として個々に捉えていく必要があると考える。このことが個別に対応したカウンセリングにもつながるのである。

さらに同解説では、カウンセリングの機能の充実によって、教育上の問題等に関する本人や保護者に対する助言をとおして、「子供たちのもつ悩みや困難の解決を援助し、児童生徒の発達に即して、好ましい人間関係を育て、生活によりよく適応させ、人格の成長への援助を図ること」の重要性についても言及している。その実施にあたっては、多様な実態や課題の背景の把握、早期発見・早期対応、スクールカウンセラーなどの活用や関係機関等の連携などに配慮する必要性を挙げている。

（２）生徒指導とキャリア発達とのつながり

国立教育政策研究所生徒指導・進路指導研究センター（2012）が作成した生徒指導リーフ（以下、リーフ）では、生徒指導は「社会の中で自分らしく生きることができる大人へと児童生徒が育つように、その成長・発達を促したり支えたりする意図でなされる働きかけの総称」と定義している。また、生徒指導とは「児童生徒が自発的かつ主体的に自己を成長させていく過程を支援すること」であり、「集団や社会の一員として自己実現を図っていく大人へと育つよう促すこと」と解説している。まさに生徒指導はキャリア発達につながるものと言え、問題が起こってからの対処ということではなく、問題を未然に防ぐことを念頭に置きつつ、普段から児童生徒の成長・発達を促したり支えたりする意図でなされる働きかけという自覚をもって、計画的かつ適切に行っていくことが肝要である。

生徒指導の具体的な取組としては、自己の言動や生活態度を振り返ったり、友人関係や将来といまの学びのつながりについて考えたりするなどの学びが重要であり、キャリア教育や道徳教育との重なりが大きいことは言うまでもない。また、生徒指導は教科指導と二分するものではなく、すべての教育活動をとおして意図し、計画的かつ適切に行っていく必要があるものである。そのため、学級活動やホームルーム活動をとおした対話が重要な意味をもつのである。

3 キャリア・パスポートの趣旨と活用

（1）キャリア・パスポートとは

「キャリア教育の充実」に向けた具体的方策の一例として示されたツールが、キャリア・パスポートである。キャリア・パスポートは上述した中央教育審議会による答申（2016）において指摘された事項を踏まえ、2020（令和２）年度より小・中・高等学校、特別支援学校において導入されることとなった。

導入の根拠としては、各校種の学習指導要領の「特別活動　第２ 学級活動・ホームルーム活動 ３内容の取扱い」に「学校、家庭及び地域における学習や生活の見通しを立て、学んだことを振り返りながら、新たな学習や生活への意欲につなげたり、将来の（在り方）生き方を考えたりする活動を行うこと。その際、児童（生徒）が活動を記録し蓄積する教材等を活用すること」（下線等は筆者）と明示されたことが挙げられる。このことを踏まえ、文部科学省（2019）が示した「キャリア・パスポート例示資料等」（以下、例示資料）では、キャリア・パスポートについて、児童生徒が「自らの学習状況やキャリア形成を見通したり振り返ったりしながら、自身の変容や成長を自己評価できるよう工夫されたポートフォリオ」と解説している。なお、ポートフォリオとは、一般的に学習や活動の内容を記録し、振り返るためのファイル等のことを意味する。

例示資料では、児童生徒、教師それぞれにとってのキャリア・パスポートの目的を示しており、児童生徒にとっての目的を「小学校から高等学校を通じて、自らの学習状況やキャリア形成を見通したり振り返ったりして自己評価を行うこと、主体的に学びに向かう力を育み、自己実現につなぐもの」と説明している。また、教師にとっての目的を「その記述をもとに対話的にかかわることによって、児童生徒の成長を促し、系統的な指導に資するもの」と説明している。

なお、例示資料はカスタマイズすることを前提としており、キャリア・パスポートの内容について以下の９点のポイントを示し、各自治体及び学校において適切に取り扱うこととしている。いずれにしても、キャリア・パスポートは対話のためのツールであることに留意したい。

①児童生徒が自ら記録し、学期、学年、入学から卒業までの学習を見通し、振り返るとともに、将来への展望を図ることができるものとすること
②学校生活全体及び家庭、地域における学びを含む内容とすること
③学年、校種を越えて持ち上がることができるものとすること
④大人（家族や教師、地域住民等）が対話的に関わることができるものとすること
⑤詳しい説明がなくても児童生徒が記述できるものとすること
⑥学級活動・ホームルーム活動で「キャリア・パスポート」を取り扱う場合にはその内容及び実施時間数にふさわしいものとすること
⑦カスタマイズする際には、保護者や地域などの多様な意見も参考にすること

⑧通常の学級に在籍する発達障害を含む障害のある児童生徒については、児童生徒の障害の状態や特性及び心身の発達の段階等に応じて指導すること。また、障害のある児童生徒の将来の進路については、幅の広い選択の可能性があることから、指導者が障害者雇用を含めた障害のある人の就労について理解するとともに、必要に応じて、労働部局や福祉部局と連携して取り組むこと
⑨特別支援学校においては、個別の教育支援計画や個別の指導計画等により「キャリア・パスポート」の目的に迫ることができると考えられる場合は、児童生徒の障害の状態や特性及び心身の発達の段階等に応じた取組や適切な内容とすること

これらのポイントをさらに整理すると、「児童生徒が作成し活用できるもの」、「児童生徒の学びをつなぎ、今後に生かすもの」、「児童生徒との対話や関係詞やの連携・協働に生かすもの」の３点に集約でき、キャリア・パスポートというツールによる「可視化」と、その活用によるガイダンスやカウンセリングの視点を踏まえた「対話」をとおして、児童生徒自身の学びや育ちへの気付きを促し、つなぐことが求められていることが分かる。

この中で特別支援学校においては、⑨に示すように従前から個別の諸計画の作成と活用が進められてきている経緯から、キャリア・パスポートの導入に際して、新たな作業負担が増えるという危惧や、これまでの個別の諸計画との違いに関する戸惑いが見られると推察する。また、第２章で述べたとおり、新学習指導要領では、特別支援学級に在籍する児童生徒や通級による指導を受ける児童生徒においても個別の諸計画の作成と活用が義務となったため、担当教員においては学校全体としての方針の中でどのように対応していくべきかなどの戸惑いが見られたと推察する。

この点について、個別の諸計画とキャリア・パスポートには類似する点もあるが、キャリア・パスポートの趣旨である、「児童生徒が作成し活用する」「対話をとおして学びや育ちに気付かせ・つなぐ」という点については、従前の多くの個別の諸計画の活用を踏まえると十分とは言えず、検討すべき課題が指摘できるだろう。

なお、例示資料では、キャリア・パスポートの指導上の留意点として以下の９点を挙げており、これらを踏まえ、従前から取り組んできた個別の諸計画の成果と課題を踏まえ、適切に対応していく必要がある。

①キャリア教育は学校教育活動全体で取り組むことを前提に、「キャリア・パスポート」やその基礎資料となるものの記録や蓄積が、学級活動・ホームルーム活動に偏らないように留意すること
②学級活動、HR 活動で「キャリア・パスポート」を取り扱う場合には、学級活動・HR 活動の目標や内容に即したものとなるようにすること
③「キャリア・パスポート」は、学習活動であることを踏まえ、日常の活動記録やワークシートなどの教材と同様に指導上の配慮を行うこと
④「キャリア・パスポート」を用いて、大人（家族や教師、地域住民等）が対話的に関わること

⑤個人情報が含まれることが想定されるため「キャリア・パスポート」の管理は、原則、学校で行うものとすること
⑥学年、校種を越えて引き継ぎ指導に活用すること
⑦学年間の引継ぎは、原則、教師間で行うこと
⑧校種間の引継ぎは、原則、児童生徒を通じて行うこと
⑨装丁や表紙等についても、設置者において用意すること。その際には、一定の統一性が保たれるよう工夫すること

（2）知的障害のある児童生徒のためのツールの工夫

知的障害のある児童生徒が一般的に学習に取り組む上で、特に目標を設定したり、振り返りを行ったりするような活動に取り組む上で、「具体化」「可視化」「共有化」するためのツールが必要であり、かつ有効であると考える。

これまで知的障害特別支援学校における実践では、前述したPATH（Planning Alternative Tomorrow with Hope）の活用やその考えを参考とした「本人の願いを支えるシート」（国立特別支援教育総合研究所，2010）、マンダラート（今泉，1987）の手法の活用、さらには「ステカ」及び「Ne ！クスト」（千葉県立特別支援学校流山高等学園，2020）などが活用、あるいは開発・試行され、一定の成果を挙げてきている。

今後の知的障害のある児童生徒に対してのキャリアデザインの発展的活用とキャリア・パスポートへの対応を鑑みると、言語的な対話の繰り返しのみならず、これらの「具体化」「可視化」「共有化」するツールの工夫と活用が不可欠である。特にキャリア・パスポートの特徴の1つである「ポートフォリオ」としての機能についても、十分に検討していくことが必要と考える。

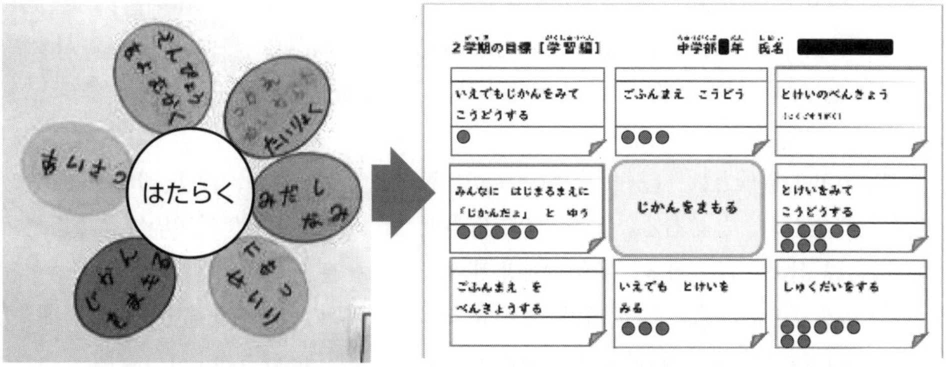

マンダラート（今泉，1987）の活用による夷隅特別支援学校（2020）の「願いシート」

知的障害のある児童生徒にとって「文字を書く」という行為は、書字できたとしてもかなりのエネルギーを要し、困難を伴うことが少なくない。ICTの活用は、書字等の負担軽減のほか、意思表出や学習の遂行における補助的な位置付けとして必要なものであり、その実践の充実が求められるところである。

（菊地 一文）

第4章 障害特性とキャリアデザイン

本稿では本書を手に取る多くの方がかかわっておられる知的障害教育の生命線とも言える「知的障害の特性や教育的対応の基本」について、知的障害の定義と併せて再確認するとともに、これらを踏まえたキャリアデザインの必要性と課題、今後の児童生徒との対話場面における対応方策について言及する。

1 知的障害の定義

知的障害の定義は、2010（平成22）年にAAIDD（American Association on Intellectual and Developmental Disabilities：米国知的・発達障害協会）が刊行した「知的障害－定義、分類および支援体系」第11版において、以下のように示されている。なお、AAIDDによる定義は約10年ごとに改訂されている。

知的障害は、知的機能と適応行動（概念的・社会的及び実用的な適応スキルによって表される）の双方の明らかな制約によって特徴付けられる能力障害である。この能力障害は18歳までに発現する。（AAIDD, 2010）

なお、アメリカでは2021年に『知的障害－定義、分類および支援体系』第12版が刊行されており、日本語版の刊行が待たれるところである。本協会ホームページが示す概要を見ると、第11版で「18歳までに」と示されている箇所が「22歳までに」と変更となっていることを付け加えておく。

ここで言う知的機能とは、認知、記憶、言語、思考、学習、推理、創造、判断等、様々な知的活動を行う能力のことである。また、適応行動とは、人間関係を含む環境に対応していくことであり、言語理解、読み書き、金銭の使用等の概念的な適応行動、人との関係をつくる、きまりを守る等の社会的な適応行動、着替え、食事、排泄、掃除等の実用的な適応行動に大別される。

また、この定義の適用における前提条件として、次の5項目を示している。

1. 今ある機能の制約は、その人と同年齢の仲間や文化的に典型的な地域社会の状況の中で考慮されなければならない。
2. アセスメントが妥当であるためには、コミュニケーション、感覚、運動及び行動要因の差はもちろんのこと、文化的、言語的な多様性を考慮しなければならない。
3. 個人の中には、制約と強さが共存していることが多い。
4. 制約を記述する重要な目的は、必要とされる支援プロフィールを作り出すことである。
5. 長期にわたる適切な個別支援によって、知的障害がある人の生活技能は全般的に改善するだろう。

これらのことから、知的障害とは「知的機能」と「適応行動」の２つの制約によって、社会生活等において困難を示すということ、そして、個人の中には制約だけではなく「強み」もあり、継続した個に応じた適切な指導及び必要な支援によって改善が図られる可能性を示していると言える。

AAIDDの定義を踏まえ、我が国においては、教育分野では知的障害について「知的機能の発達に明らかな遅れと、適応行動の困難性を伴う状態が、発達期に起こるもの」（文部科学省，2018）と説明している。この中で「知的機能の発達に明らかな遅れ」がある状態については「認知や言語などにかかわる精神機能のうち、情緒面とは区別される知的面に、同年齢の児童生徒と比較して平均的水準より優位な遅れが明らかな状態」と説明している。また「適応行動の困難性」については「他人との意思の疎通、日常生活や社会生活、安全、仕事、余暇利用などについて、その年齢段階に標準的に要求されるまでには至っていないこと」であり、「適応行動の習得や習熟に困難があるために、実際の生活において支障をきたしている状態」と説明している。なお、ここでも知的障害の状態は「環境的・社会的条件で変わり得る可能性がある」と示されている。以上のことから、知的障害のある児童生徒の実態把握、そして指導及び支援においては、ICFでいう「環境因子」に特に留意する必要があると言える。また、知的障害の状態は連続体であり、いわゆる軽度から重度まで多様である。さらに自閉スペクトラム症を伴う場合や、肢体不自由等と重複する場合もあり、これらの困難はそれぞれに異なる。すべてを知的障害という括りで捉えず、知的障害の状態や随伴する困難、重複する障害の有無などのタイプごとの傾向を踏まえた上で、個々に詳細な実態把握と困難さの背景を分析し、対応することが必要である。

2 知的障害のある児童生徒への教育的な対応の基本

特別支援学校学習指導要領解説各教科等編（小学部・中学部）（文部科学省，2018）では、知的機能の発達の遅れの原因として、「総括的に言えば、中枢神経系の機能障害であり、適応行動の困難性の背景は、周囲の要求水準などの心理的、社会的、環境的要因等が関係している」と解説している。また、知的障害のある児童生徒の学習上の特性として、「学習によって得た知識や技能が断片的になりやすく、実際の生活の場面での中で生かすことが難しい」こと、「成功経験が少ないことなどにより、主体的に活動に取り組む意欲が十分に育っていないことなどが多い」ことを挙げている。

そのため、①実際の生活の場面に即しながら、繰り返して学習する継続的、段階的な指導、②細かく認め、称賛することによる、児童生徒の自信や主体的に取り組む意欲の育成、③学習環境の効果的な設定、周囲の理解、学習活動への主体的な参加や経験の拡大、情報機器等の活用が有効であることを示している。また、障害の程度が極めて重度である場合は、より詳細な実態把握が求められ、重複障害の場合は、より一層のきめ細やかな配慮が必要となると述べている。

知的障害のある児童生徒への指導及び支援においては、一人一人の実態を踏まえて、「分

かる」「できる」ための環境を整えることが大切である。その環境には文字や言語などの表現手段、教材教具等だけでなく、人的な環境も含まれ、相互の関係の上に「学習」が成立する。すなわち、私たちが生徒の「思い」を「分かろうとする」ことや「認める」ことが「安心して学ぶ」前提となり、出発点となる。また、生徒が見通しをもち「なぜ・なんのため」に学ぶのかを理解する「分かりやすさ」に加え、活動を振り返ることによって「意味や価値に気付く」ための「分かりやすさ」への支援も大事である。

さらに特別支援学校学習指導要領解説各教科等編（小学部・中学部）（文部科学省, 2018）では、知的障害のある児童生徒の学習上の特性等を踏まえ、学習場面を含めた児童生徒一人一人の確実な実態把握に基づき、次の10項目の「教育的対応の基本」を示している。

① 児童生徒の知的障害の状態、生活年齢、学習状況や経験等を考慮して教育的ニーズを的確に捉え、育成を目指す資質・能力を明確にし、指導目標を設定するとともに、指導内容のより一層の具体化を図る。
② 望ましい社会参加を目指し、日常生活や社会生活に生きて働く知識及び技能、習慣や学びに向かう力が身に付くよう指導する。
③ 職業教育を重視し、将来の職業生活に必要な基礎的な知識や技能、態度及び人間性が育つように指導する。その際に多様な進路や将来の生活について関わりのある指導内容を組織する。
④ 生活の課題に沿った多様な生活経験を通して、日々の生活の質が高まるよう指導するとともに、よりよく生活を工夫していこうとする意欲が育つよう指導する。
⑤ 自発的な活動を大切にし、主体的な活動を促すようにしながら、課題を解決しようとする思考力、判断力、表現力を育むよう指導する。
⑥ 児童生徒が、自ら見通しをもって主体的に行動できるよう、日課や学習環境を分かりやすくし、規則的でまとまりがある学校生活が送れるようにする。
⑦ 生活に結びついた具体的な活動を学習活動の中心に据え、実際的な状況下で指導するとともに、できる限り児童生徒の成功経験を豊富にする。
⑧ 児童生徒の興味・関心や得意な面を考慮し、教材・教具、補助用具やジグ等を工夫するとともに、目的が達成しやすいように、段階的な指導を行うなどして、児童生徒の学習活動への意欲が育つよう指導する。
⑨ 児童生徒一人一人が集団において役割が得られるように工夫し、その活動を遂行できるようにするとともに、活動後には充実感や達成感、自己肯定感が得られるよう指導する。
⑩ 児童生徒一人一人の発達の側面に着目し、意欲や意思、情緒の不安定さなどの課題に応じるとともに、児童生徒の生活年齢に即した指導を徹底する。

上記の10項目は、教科別の指導においても、各教科等を合わせた指導においても、あるいは自立活動の時間における指導など、指導の形態にかかわらず、すべての指導場面において重視すべき知的障害教育における基礎基本であり、生命線であると言える。各教科及び自立活動等の指導においては、それぞれにおいて設定した目標と取り上げる内容の具体化を検討する際に、児童生徒にとっての「学びの文脈」を大切にした「単元化」を工夫するなど、10項目を踏まえた実際的な状況下で必然性のある「活動」を工夫し、各教科等間の「学び」を関連付けるとともに、教育課程における整合性を図っていくことが肝要である。なお、このことはカリキュラム・マネジメントにもつながるものである。

3 知的障害や発達障害のある児童生徒の「思い」を支える

（1）自尊感情と自己有用感、自己肯定感

OECDによる国際比較調査等において、従前から日本の若者は他国の若者に比べて自己肯定感が低いことが指摘されてきた。他方で、知的障害のある児童生徒は学習上又は生活上の困難により、支援を受ける側になりがちであることや、つまずきや失敗経験等により自己肯定感が低いことが指摘されてきた。

「自己肯定感」は、特別支援教育において比較的よく取り上げられるキーワードの１つであるが、他にも「自尊感情」「自己有用感」などの類似したキーワードが挙げられる。これらの関係について、国立教育政策研究所生徒指導・進路指導研究センター（2015）は図１のように整理している。

「自己有用感」に裏付けられた「自尊感情」

「自己有用感」とは
→「人の役に立った、人から感謝された、人から認められた」など、自分と他者（集団や社会）との関係を自他共に肯定的に受け入れることで生まれる、自己に対する肯定的な評価

＊他者の存在を前提とした自己評価は「社会性」につながる

＊「自己有用感」に裏付けられた「自尊感情」や「自己肯定感」の高まりが必要であり、そのための環境設定の工夫が求められる。

＊「褒めること」から「認めること」への転換が必要

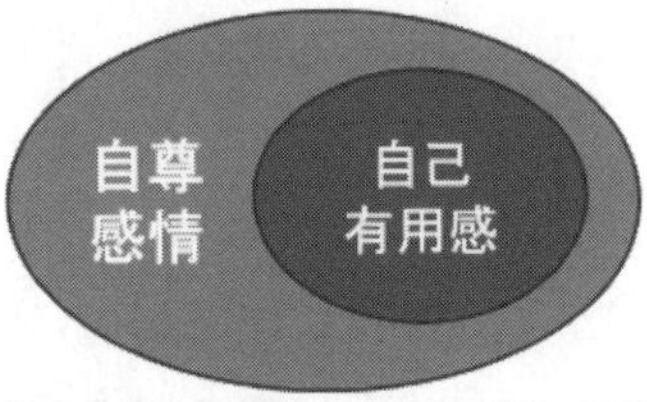

国立教育政策研究所生徒指導・進路指導研究センター
生徒指導リーフ18「自尊感情」？、それとも「自己有用感」？
http://www.nier.go.jp/shido/leaf/leaf18.pdf より

図１　自己有用感と自尊感情の関係

まず「自己肯定感」については、「自分はかけがえのない大切な存在なのだという感覚」と説明しており、その中核となるものは海外から導入されたself-esteemという文言・概念に始まるとしている。self-esteemは「自尊感情」と訳され、「自己に対して肯定的な評価を抱いている状態」と説明し、「自己有用感」については、「人の役に立った、人から感謝された、人から認められた」等、「自分と他者（集団や社会）との関係を自他共に肯定的に受け入れることで生まれる、自己に対する肯定的な評価」と説明している。また、他者の存在を前提とした自己評価が「社会性」につながるとしている。

この図が示すように「自己有用感」に裏付けられた「自尊感情」の高まりが大切であり、

それが「自己肯定感」へとつながっていくと考える。そのためには単に「褒めること」から他者との関係性の中で「認めること」への転換が求められ、そのためには「できること」を生かして「認められる」「人の役に立つ」環境の工夫が求められる。ここには、他者との関係性をとおして自己の中で変化する物事への向き合い方を意味する「キャリア」に関する大事なポイントが示唆されている。

なお、このことは第１章で概説した知的障害教育の各教科「職業・家庭」や「職業」における「３指導計画の作成と内容の取扱い」の(1)に示された「キャリア発達を促していくことを踏まえ」の箇所に通ずるものと捉えられる。

（2）自己理解への支援

「自己理解」は知的障害や発達障害のある児童生徒の課題として挙げられるキーワードの１つであり、研究会や事例検討会等における協議においても「自己理解が課題である」という話題が挙げられることが少なくない。

この「自己理解」という課題の指摘に対して筆者がまず気になるのは、教師が生徒のことを「いまの本人の力では実現が難しい、あまり現実的ではない希望や目標をもっている状態」や「本人ができていない現実を受け入れていない状態」を「自己理解できていない」と否定的な意味で捉えていることである。

自己理解においては、「自分の状態を捉えること」と「そのことを受け入れること」が必要である。まず、この「自分の状態を捉えること」は大人であっても簡単なことではなく、他者との対話、何らかの客観化や視覚化等によるフィードバックがあって接近できるものと考える。さらにその事実の受け入れについては、否定的な事項のみだと難しい。

児童生徒はこれまでの失敗経験等により自分に自信がもてなかったり、一方でできていると思いたかったり（言い換えると「できるようになりたい」ことの表れかもしれない）など、様々な「思い」をもっている。その表れとしての「言動」や「振る舞い」を考えると、他者から否定的に捉えられた「自分の状態」を突きつけられても「受け入れる」ことは難しいのではないだろうか。

我々が再考すべきことは、児童生徒にとって不都合・不利益なことのみを「自己理解」と捉え、話題としてはいないかということである。「自己理解」の前提には、自己の状態を捉え、受け入れるための素地、準備が必要である。特に「自己に対して肯定的な評価を抱いている状態」である「自尊感情」が育っている必要がある。表面的には自信をもっているように見える児童生徒であっても、実は不安なために他者からの提案や求めを受け入れることが難しいケースも考えられる。まずは現在の児童生徒の「思い」を受け止め、できること、認められることをとおした「自尊感情」の育ちを大切にする必要がある。本人が何かに「なりたい」という気持ちや「ありたい」という気持ちがもてるようになること、そのことと今の自分の状態を関連付けて考えられる余地があること、何よりもそのための安心できる関係性があることが大切である。

誰にとっても不都合・不利益なことをすべて避けて生きていくことはできない。児童生

徒がこれらと向き合うことができるようになるためには、まずは児童生徒の「よさ」や「強み」を認め、これらとセットで共に考えることが必要である。また、「こうすればできる」「こうすれば乗り越えられる」という「手立て」とセットにすることによって、不都合と向き合い、乗り越えることにつながっていくと考える。そのことがカウンセリングの視点を踏まえた「対話」に求められていると考える。

（3）児童生徒の「いま」を大切にし「思い」「願い」に着目する理由

児童生徒の「いま」を大切にし「思い」「願い」に着目する理由として考えられる事項10項目を図2に示す。

①「いま」は、これまでを踏まえた「いま」であり、これからにつながる「いま」である。
すなわち、これまでの学びが「いま」に影響し、「いま」の学びが「これから」に影響する。
「これまで」は変えられないが、「いま」を大切にすることによって「これまで」の価値に気づくことや、「これから」を描くこと、実現すること、変えることにつながる。

②「将来」とは卒業後や大人になってからのことだけを指すのではなく、いまより先のすべてを指す。明日や次の授業、1分後もすべて「将来」である。

③「できる・できない」を把握することは大切であるが、「できる」と「できない」の間に本人の「なりたい」「ありたい」が存在する。だからこそ教育が必要とされる。

④「できる・できない」は観察可能であり、比較的捉えやすい。しかしながら、「ありたい」「なりたい」は観察だけでは捉えることが難しく、振り返りや対話等の意図的な仕掛けによって顕在化を図る工夫が必要である。

⑤本人の「思い」や「願い」は生きて活動する上での出発点であり、学びの原点である。
「思い」や「願い」は自己の中にあり、物事と向き合うときの現れが「態度」となる。
（本人ではないので自覚化できない）我々はそれを見取り、推察し、理解に努め、指導・支援に活かそうとする関係・立場にある。あくまでも主体は本人である。

誰にでも「ありたい・なりたい」という「思い」があり、その「思い」は更新されていく

⑥発語の有無にかかわらず、誰にでも「思い」や「願い」はある。しかしながら話すことができていてもそれがすべてではなく、その背景を把握し理解することは簡単ではない。
それは障害があってもなくても、子供であっても大人であっても、である。

⑦では、私たちはどのようにして他者を、そして自己を理解しようとしているのだろうか。
自己理解ですら、私たちは他者との関係をとおしてでなければ、接近できない。

⑧見えるもの（こと）、現れるもの 、測定できるものがすべてではない。
見えにくいもの（こと）、現れにくいもの 、測ることが難しいものがあることは事実だがそれは「無い」のではない。むしろその中にこそ「大切なもの（こと）」がある。
そこにアプローチし、「発達を促す」ために教育や研究はある。

⑨まずは、本人の存在そのもの、現状を理解し受け入れることが出発点となる。

⑩本人が見ようとしているもの（こと）、見ているものは何か、
また、本人が聞こうとしているもの（こと）、聞いているものは何か…等々
支援者がそのもの（こと）に目を向け、耳を傾け、注意を向ける必要がある。
そしてその背景にはどのような「思い」や「願い」があるのか、推察し、理解に努め、共感したり、代弁したり、問うたり、価値付けたりすることが求められる。

環境側である私たちの姿勢や見方が子供の「いま」や「これから」に影響する

図2 「いま」を大切にし「思い」「願い」に着目する理由

これらを概括すると、捉え直すべき視点として３点に集約できる。まず、１点目は、時間軸としての「いま」と「将来」の意味や関係の再確認である。２点目は、「できる」と「できない」の間にある（見えにくい）「なりたい」「ありたい」の存在への理解である。３点目は、把握し支えるための支援者の姿勢やかかわりの工夫である。

障害による学習上又は生活上の困難のある児童生徒が「できる」「分かる」ように指導・支援することが大切であることは言うまでもないが、その一方で、教育は「なぜ・なんのため」の行為であるのかについて、一度立ち止まって再考する必要がある。また、教師は「分かっていること」を「教える」側であり、児童生徒は「分からないこと」を「学ぶ」側であるということを踏まえ、改めて児童生徒の身になって考えることが不可欠である。この振り返りは、きっと私たち自身にとってのキャリア発達にもつながるはずである。

4 キャリアデザインの課題と対応方策

（１）本人の願いを踏まえた取組の現状と課題

第１章で概説した特別支援学校におけるキャリア教育の推進状況に関する質問紙調査（以下、2019 調査）では、併せて個別の教育支援計画等における「本人の願い」の位置付け及び取組の実際に関する現状と課題について把握した。また、2019 調査の結果を踏まえ、調査対象とした 221 校のうち、データの一部に欠損が見られた４校を除く 217 校から①個別の教育支援計画への本人参画、②「本人の願い」の本人への聞き取りの実施、③キャリア教育の定義の組織的理解、の３条件を満たした実践校 15 校を抽出した。さらには抽出した 15 校（以下、実践校）に対して直接及び電話等による半構造化インタビューを実施し、今後の取組の充実に向けて参考となるポイントについて検討した。

①「本人の願い」の位置付け

〈個別の教育支援計画等における「本人の願い」の扱い〉

調査対象とした 217 校のうち、90％（193 校）が「本人の願い」について項目を設けて記載していた。作成過程におけるケース会議等の実施については「本人を交えて行っている」が 15％（32 校）、「ケース会議等は行っているが本人は交えていない」が 34％（72 校）、「行っていない」が 43％（90 校）であった。本人を交えて行っていない理由については「本人の実態等を踏まえると交えることに難しさを感じている」が 62％（70 校）を占めた。本人を交えることに「必要性を感じていない」割合は極端に少ないことから、多くは必要性を感じつつも難しいと捉えていることが明らかになった。

② 本人参画と個別の教育支援計画等作成、活用の課題

作成にあたり必要な実態把握について最も重視している情報は「保護者からの聞き取り」98％（201 校）、「本人の行動観察」98％（200 校）、「本人からの聞き取り」55％（117 校）、と高等部での回答が多かった。活用における課題については「業務の多忙感など時間的制約がある」31％（67 校）、「具体的な活用イメージが持ちにくい」30％（65 校）であった。

③　「本人の願い」の把握

「本人の願い」について約７割が把握しており、授業等で活かすことについても約６割が必要と回答した。

④　「本人の願い」を踏まえた具体的取組について

「本人の願い」を踏まえた具体的取組の結果を図３に示す。設置学部ごとに回答を求めた結果、多い順から「本人の興味関心が広がるような体験の機会」（160学部）、「本人が自分で選択する機会」（139学部）、「本人が好きなものや得意なことを主体的に行う機会」（132学部）、「教師が本人から直接聞く機会」（115学部）が挙げられた。なお、各学部で一番回答が多かった取組は、小・中学部は「本人の興味関心が広がるような体験の機会」（52学部、53学部）、高等部は「教師が本人から直接聞く機会」（69学部）であった。授業等の場面を設定し実践しているものに関しては、本人の「いま」に着目した取組が意識して行われていることが捉えられた。

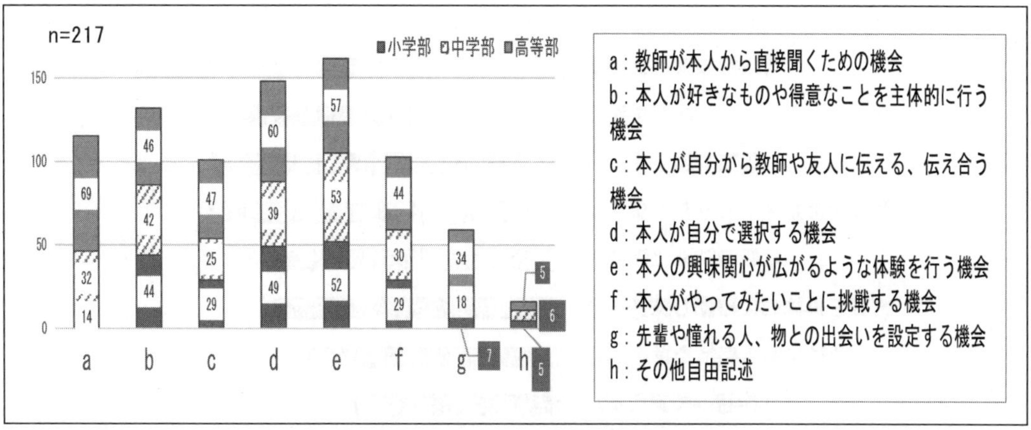

図３　「本人の願い」を踏まえた具体的取組

〈キャリア発達支援の参考ポイント〉

実践校へのインタビューで明らかとなったキャリア発達支援の参考ポイントとして以下の３点が挙げられた。

①「育てたい力」の明確化とキャリア教育の組織的取組

②「本人の願い」の丁寧な把握と共有の工夫

③「いま」と「これから」を「つなぐ取組」の工夫

実践校では個別の教育支援計画等の作成における本人参画を基本に「本人の願い」を丁寧に把握し、本人主体の教育活動を捉える工夫が図られていた。また、キャリア発達支援に関する共通認識を持ち、本人が「分かる」ことを大事にし「認め、価値付ける」かかわりや意識的な対話、さらには地域協働活動等の体験活動に取り組まれていた。これらは「キャリア発達」の視点の組織的理解を踏まえ、新学習指導要領が示す「主体的・対話的で深い学び」や「カリキュラム・マネジメント」につながる取組と捉えられた。

（２）キャリアデザインを踏まえた対話の充実に向けた方策

石羽根（2021）は、キャリアデザインの活用及び対話を重視している３校の教員を対象に質問紙調査を実施し、知的障害のある児童生徒の気付きを引き出すための対話のポイントや、本人の願いをもとに学びをつなぐための具体的方策について検討している。

対象とした３校はいずれも知的障害特別支援学校であり、年間指導計画の中で面談週間を設けることや、生徒が複数の教員との対話をとおして目標を設定するキャリアデザイン相談会を教育課程に位置付けて実施する等の生徒との対話の時間を確保している。３校から試行的に34名の教員を抽出して質問紙調査を行い、神奈川県立総合教育センター（2012）による「対話のポイント」の10項目から大切にしていること（複数回答）と、その中で特に大切にしていること一つについて選択を求めた（図４）。回答結果から、対話のポイントについては、すべての項目に対して半数以上が「大切」と回答しており、「特に大切」と回答した中で多かったものは、「肯定的に受け止める」、「内面を問う」であった。

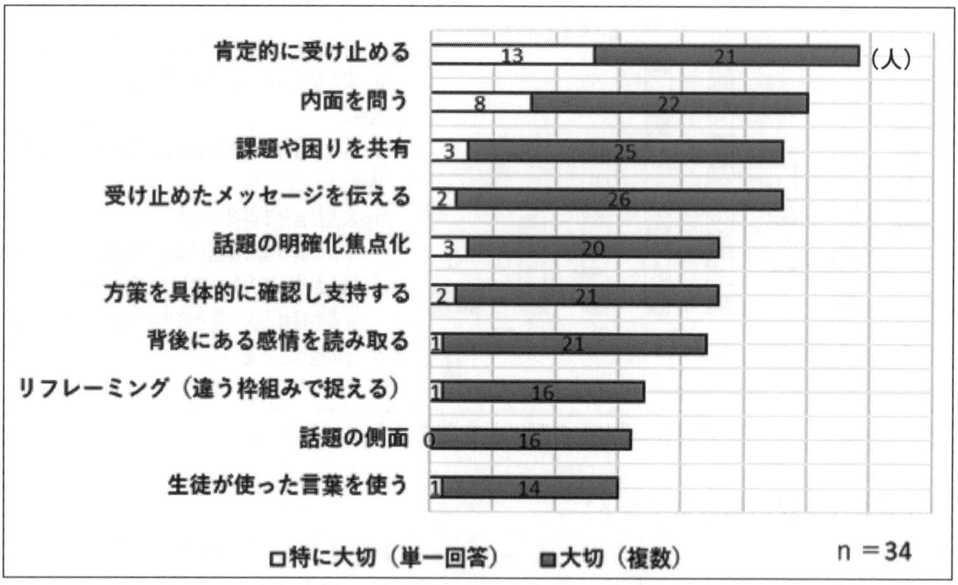

図４　対話において大切にしていること（石羽根，2021）

また、生徒との対話において有効だったエピソードや大切にしていることについて自由記述で求めたところ、27名から回答が得られた。自由記述の内容についてカテゴリー分類したものを表１に示す。

表1　対話において大切にしていること（自由記述）

カテゴリー	記述内容（一部抜粋）
対話の可視化・図式化	・図にしたり書いたりしながら対話をすると、生徒も整理しながら話ができた。終了してからもそれを見ながら振り返ることができた。 ・個人差もあるが視覚的に優位な生徒が多いため、発言を聞き取りながら図式化したりまとめたりし、それを生徒に見せると理解が進んで納得したということがあった。話の論点がずれていってしまうこともあるので、今はこれを話しているということを意識させるために本人の発言を記録し整理することで、思考も整理できると思う。
個人で思考する場面の設定	・ある程度自分で考えることができる生徒には、まずは一人で考え、ある程度伝えたいことがまとまってから対話の時間を設定するようにしている。 ・気付ける状況づくりを大切にして見守ることに重点を置く時間もある。
児童生徒理解及び共感的対応	・個々の表情や目線、声の大きさ等もその時の状態を表すと考えているので、丁寧に一人ひとりを観察することも頭に入れながら向き合うようにしている。 ・教師自身の失敗談や乗り越え方について話をする。そうすることでより共感の姿勢を生徒に見せ、生徒が素直に正直になれるような雰囲気づくりを心がけている。
気持ちを伝えられる選択肢の提示	・生徒が作文や詩を書いた後にどんな想いでその言葉を選んだのかを共有している。その中で生徒が書いた言葉に対し「どのように感動したのか」「感動したときどういう気持ちになったか、わくわくかドキドキか」など具体的な言葉を提示して本人の気持ちに合ったものを選べるように心がけている。
客観的に振り返られる工夫	・普段の挨拶をビデオで撮影し、改善点を考えるようにした。場面ごとに適切な声の大きさを10段階のいくつであるか考え、実践した。・生徒自身が周りからどう見られているのか気付くのが難しいため、客観的な意見として周囲の教員や大人が「○○さんのことこう言ってたよ。(がんばりを褒める)」言葉をかけるようにしている。
教師のかかわり	・漠然とした将来への考えや目標を設定している生徒に対して教員からすぐに考えを提案したり目標を決めたりするのではなく、生徒自身の考えや過去の経験から「どうして」そう考えるのか、目標を立てたのかを本人の言葉で聞き取り、自身の気付きにつながるように心がけている。 ・「できる姿」に注目して自己肯定感を高めていくことを意識している。 ・教員がしゃべりすぎないように気をつけている。
他者評価	・教員との対話だけでなく生徒同士の対話の場を作る。友達から認めてもらう方がしっくりくる時もある。 ・担任以外の教員や学校外の人（地域の方など）など様々な相手とやりとりをすることをとおして、いろいろな物の見方や考え方があることを知り、新しい気付きにつながっていることがたくさんある。
友達と意見を交換したり相談したりする場面の設定	・生徒同士が語り合う場面を多く作る。 ・生徒間で活動する中でペアリングやグルーピングをする際に縦割りの学年で行い、後輩が先輩に対して尊敬や憧れをもてるような状況や活動内容を設定する。構造化された空間を作りその中で生徒同士が相談し、考えられる環境を設定している。 ・生徒が考え実際にやってみて地域の方からの声を受けて修正すべき点を直すようにしている。すべて教えるのではなく、実際に経験することで気付くことは次につながると捉えている。
受　容	・生徒のことを100%受け入れる姿勢を本人に示すことを大切にしている。問題行動があった時でも本人を否定しているのではなく行動に問題があることを伝え、一緒に解決策を考えられるようにしている。 ・否定的な言葉は使わず、生徒を受容、認めるように心がけて話をする。
解決策を共に考える	・問題行動があった時でも本人を否定しているのではなく、本人の行動に問題があることを伝え、一緒に解決策を考えられるようにしている。
問　い	・地域協働活動を柱とした教育課程の中で活動の意図を明確にし、振り返り時になぜどうしたらできたのか、もしくはできなかったのか等の問いを大切にしている。 ・できていることあと一歩でできることを話題にし自己肯定感を高めるようにする。

これらの結果から、児童生徒の気付きを促し、学びをつなぐために、「対話の可視化」「考えを整理する時間の設定」「教員以外との対話」等の工夫が確認された。なお、石羽根は本調査を踏まえて、「児童生徒の気付きを促し、学びをつなぐためのポイント」（表２）と「問いのポイント」（表３）として整理している。また、新たな教員研修の試みとして、千葉県立夷隅特別支援学校（2021）では、教員間で悩みや課題を共有し、具体的な問いを考える「対話チャートの作成」や、生徒の発言等から内面を推察するラベルコミュニケーションやアクティブリスニングの手法（富山大学人間発達科学部附属特別支援学校，2019）を用いた教員の学びあいを試行しているので、実践の参考にしたい。

表２　児童生徒の気付きを促し、学びをつなぐためのポイント

カテゴリー		具体的内容
選択肢の提示	目標となる活動の選択肢	・目標達成に向けたアプローチを複数示す。 ・最後は児童生徒が選択し決める。
	気持ちを表す選択肢	・「嬉しい」「楽しい」「やりたい」「やりたくない」等、具体的な言葉を提示し、本人の気持ちにあうものを選べるようにする。 (例) 絵カード、タブレット端末の活用
可視化	本人の願いをもとにした目標設定の方法	・PATH やマンダラートの手法を用いて目標を可視化する。
	対話の図式化	・児童生徒のやり取りを黒板やノートなどに図式化する。
	ビデオや写真の活用	・ビデオや写真で振り返り、いまの自分の姿を把握し、次への方策を考えられるようにする。 (例) 挨拶場面を撮影し、客観的に自身の姿を振り返り改善点を考える。
教師のかかわり	課題解決に向けたプロセスの検討	・解決に向けた具体策を共に考える。解決案を複数提示する。
	決めつけない見方	・「こうあるべき」という姿に近付けようとするのではなく、児童生徒の思いを大切にする。
	児童生徒理解と共感的対応	・表情、声の大きさ、視線、普段の様子などから気持ちをくみ取る。 ・共感の姿勢を示し、生徒が話をしやすい雰囲気をつくる。 (例) 教師の失敗談を伝える。
	日常的に認めていくこと	・目標に向けて努力している場面や日々継続して取り組んでいることなど、その場での即時評価をすることで、自己肯定感を高めたり目標の意識化を図ったりする。
場の設定	定期的な振り返り本人にとって分かりやすい評価	・目標を立て、振り返るスパンを短くしサイクルさせる。 (例) 即時評価→帰りの会での振り返り→１週間の振り返り→１カ月の振り返り・短期間で達成できそうな目標を設定し、いまの自分の姿や目指す姿をいつも意識できるようにする。
	児童生徒同士の目標や成果の共有	・他者の考えや取組から刺激を受け、考えの幅を広げたり、取組への意欲を高めたりする。
	思いや考えを伝える場の設定	・児童生徒が自由なテーマで考えを発表する場を設定する ・日々取り組んでいることについて他者に説明する。 (例) 帰りの会での自由発表、作業学習の説明をする機会など

表３　児童生徒の気付きを引き出すための問いのポイント

ポイント	具体的内容
広げる	・学んだことをどのように活かすか、そのために何をするかなど発想を広げる対応
深める	・背景にある理由、本当はどうしたかったという思いを引き出す対応
動機付ける	・本人が「できる」「やってみよう」と思えることや、いまの学びが将来へつながることに気付ける対応
意識化する	・本人が気付いていない努力や目標達成につながっている行動に気付ける対応
生活につなげる	・いまの学びやできるようになったことを活かせる場面に気付ける対応
教科につなげる	・問題解決のために今までの学びが活用できることや、いまの学びを活かす場面について本人が気付ける対応
思いを確認する	・児童生徒の発言から「こういうこと？」などと問いながら、思いを確認していく対応

（菊地 一文）

【文献】

AAIDD（2012）知的障害：定義、分類および支援体系 第11版．太田俊己・金子健・原仁・湯汲英史・沼田千妤子共訳，日本発達障害福祉連盟．

Bates,E., Camaioni,L. & Volterra,V.（1975）The acquisition of performatives prior to speech, Merrill-Palmer Quartely, 21(3), pp205-226.

キャリア発達支援研究会（2017）キャリア発達支援研究４－「関係」によって気付くキャリア発達，「対話」によって築くキャリア教育－．ジアース教育新社．

キャリア発達支援研究会（2018）キャリア発達支援研究５－未来をデザインし可能性を引き出すキャリア発達支援－．ジアース教育新社．

キャリア発達支援研究会（2019）キャリア発達支援研究６－小・中学校等における多様な個のニーズに応じたキャリア発達支援－．ジアース教育新社．

キャリア発達支援研究会（2020）キャリア発達支援研究７－思いと向き合い可能性を紡ぐキャリア発達支援－．ジアース教育新社．

千葉県立夷隅特別支援学校（2021）小学部段階から組織的に取り組む「キャリア発達支援」の実践．菊地一文監修，ジアース教育新社．

中央教育審議会（2011）今後の学校におけるキャリア教育・職業教育の在り方について（答申）．

中央教育審議会（2016）幼稚園、小学校、中学校、高等学校及び特別支援学校の学習指導要領等の改善及び必要な方策等について（答申）．

藤川雅人･菊地一文（2020）特別支援学校（知的障害）高等部の技能検定における就労に関する指導と教育課程との関連．発達障害研究 42(3)，日本発達障害学会．

今泉浩晃（1987）創造性を高めるメモ学入門．日本実業出版社．

石羽根里美（2021）児童生徒に対するキャリア発達を促すためのキャリア・パスポートの活用－目標の具体化と学習との関連付けを図るためのツール開発と効果的な対話の在り方の検討－．令和２年度千葉県長期研修生研究報告書．

石羽根里美・菊地一文（2021）知的障害のある児童生徒のキャリア発達を促すためのキャリア・パスポートの活用に関する研究－目標の具体化と学習の関連付けを図るためのツール開発と効果的な対話の在り方の検討．日本特殊教育学会第57回大会論文集 CD-ROM．

加瀬恵（2020）本人の願いをふまえたキャリア発達支援の在り方に関する研究－個別の教育支援計画に焦点を当てて－．令和元年度千葉県長期研修生研究報告書．

加瀬恵・菊地一文（2020）「本人の願い」を踏まえたキャリア発達支援の在り方に関する研究(2)－個別の教育支援計画に焦点を当てて－．日本特殊教育学会第58回大会論文集 CD-ROM．日本特殊教育学会．

神奈川県立総合教育センター（2012）平成23・24年度調査研究「コミュニケーション能力をはぐくむための高等学校における支援に関する研究」報告書．

菊地一文（2013）特別支援学校におけるキャリア教育の推進状況と課題．発達障害研究 35(4)，日本発達障害学会．

菊地一文（2018）キャリア教育の推進に向けたカリキュラム･マネジメントの方策．知的障害教育におけるカリキュラム･マネジメント，丹野哲也・武富博文編著，東洋館出版社．

菊地一文（2020a）主体的・対話的で深い学びとキャリア発達支援．特別支援教育研究 No.751，全日本特別支援教育研究連盟編，東洋館出版社．

菊地一文（2020b）高等部教育とキャリア発達支援．改訂新版知的障害教育総論，太田俊己・佐藤愼二編，放送大学教育振興会．

菊地一文（2020c）内面の育ちへの着目と生徒指導．特別支援教育研究 No.759，全日本特別支援教育研究連盟編，東洋館出版社．
菊地一文（2021）小学部段階から取り組む「キャリア発達支援」の実践．千葉県立夷隅特別支援学校編，ジアース教育新社．
菊地一文・松見和樹・岡田克己・浅沼由加里・本間大貴（2018）主体的・対話的で深い学びとキャリア教育－「本人の願い」や「内面の育ち」に着目して－．日本特殊教育学会第 56 回大会論文集 CD-ROM．日本特殊教育学会．
菊地一文・加瀬恵（2020）「本人の願い」を踏まえたキャリア発達支援の在り方に関する研究 (1) －キャリア教育の理解推進状況の変化と充実に向けての課題－．日本特殊教育学会第 58 回大会論文集 CD-ROM．日本特殊教育学会．
小林寛子・菊地一文（2019）対話場面をとおした知的障害のある生徒のキャリア発達支援－学習活動を意味付けする「対話」と「生徒のための 10 分会議」をとおして－．日本特殊教育学会第 57 回大会論文集 CD-ROM．日本特殊教育学会．
国立教育政策研究所生徒指導・進路指導研究センター（2012）生徒指導リーフ「生徒指導って何？」．
国立教育政策研究所生徒指導・進路指導研究センター（2015）生徒指導リーフ 18「自尊感情」？それとも「自己有用感」？．
国立特別支援教育総合研究所（2010）知的障害教育におけるキャリア教育の在り方に関する研究研究成果報告書．
鯨岡峻（1997）原初的コミュニケーションの諸相．ミネルヴァ書房．
Maslow, A.（1954）Motivation and Personality. Harper & Row, New York.
文部科学省（2010）生徒指導提要．
文部科学省（2017）小学校学習指導要領．
文部科学省（2017）中学校学習指導要領．
文部科学省（2017）特別支援学校幼稚部教育要領 小学部・中学部学習指導要領．
文部科学省（2018）特別支援学校学習指導要領解説総則編（幼稚部・小学部・中学部）．
文部科学省（2018）特別支援学校学習指導要領解説各教科等編（小学部・中学部）．
文部科学省（2018）特別支援学校学習指導要領解説自立活動編（幼稚部・小学部・中学部）．
文部科学省（2019）高等学校学習指導要領．
文部科学省（2019）特別支援学校高等部学習指導要領．
文部科学省（2019）文部科学省初等中等教育局児童生徒課事務連絡文書「キャリア・パスポート」の様式例と指導上の留意事項．
文部科学省（2020）特別支援学校学習指導要領解説総則等編（高等部）．
文部科学省（2020）特別支援学校学習指導要領解説知的障害者教科等編（上）（高等部）．
文部科学省（2020）特別支援学校学習指導要領解説知的障害者教科等編（下）（高等部）．
岡田克己・菊地一文（2019）コラボ教室における子どもの願い・強み（才能）に基づく自立活動の指導．特別支援教育研究 No.747，全日本特別支援教育研究連盟編，東洋館出版社．
Pearpoint, J., O'Brein, J., & Forest, M.（2001）PATH: Planning Alternative Tomorrows with Hope: A Workbook for Planning Possible Positive Futures.（2nd Ed., 4th printing, 2001），Inclusion Press, Toronto.
サトウタツヤ（2009）TEM ではじめる質的研究－時間とプロセスを扱う研究をめざして－．誠信書房．
Super, D. E.（1980）A life-span, life-space approach to career development. Journal of Vocational Behavior, 16(3), 282-298.
富山大学人間発達科学部附属学校園（2019）実践！ 特別支援教育のアクティブ・ラーニング．竹村哲監修，柳川公三子編，中央法規出版．
涌井恵（2011）米国における知的障害のある子どものキャリア教育の動向と日本への示唆．国立特別支援教育総合研究所紀要第 38 巻．

付記

本稿の一部は、日本学術振興会科学研究費補助金基盤研究 (C)「知的障害教育における対話と可視化の視点を踏まえたキャリア・パスポートの開発」（課題番号 21K02678）で取り組んだ知見が含まれている。また、筆者のもとで千葉県教育委員会派遣長期研修生として共に研究に取り組んだ加瀬恵氏、石羽根里美氏の研究内容が含まれている。

第2部

実践編

実践編を読むにあたって

第２部では、小学部・小学校、中学部・中学校、高等部の各学部・学校段階を踏まえた全国各地の 21 の実践事例を紹介する。

これらにおいては、第１部でキャリア教育推進による成果とした挙げた、①地域リソースを活用した協働活動の推進、②「育てたい力」に基づいた授業及び教育課程の改善と充実、③キャリア発達に着目し、本人の思いや対話を大切にした教育活動、の３点を踏まえた，豊かな「キャリア発達を促す」実践が展開されている。また、新学習指導要領の趣旨を踏まえ、「社会に開かれた教育課程」「育成を目指す資質・能力」「主体的・対話的で深い学び」「カリキュラム・マネジメント」と言える、あるいはこれらにつながる実践が展開されている。

いずれの実践においても「つなぐ」が共通のキーワードと言えよう。児童生徒の学びを「つなぐ」、児童生徒と地域を「つなぐ」、各教科等の内容を「つなぐ」、いまの学びと将来を「つなぐ」等、様々な「つなぐ」が確認できる。

さらに共通する点を挙げると、児童生徒の「思い」や「願い」そして「学び」や「育ち」を中心に、指導にあたった教員や、かかわった地域や関係者の方々も「キャリア発達」と言える変化が見られることである。まさにキャリア発達の相互性が確認できる。また、ここではコロナ禍であることや災害といったネガティブになりがちな背景に対して、児童生徒の学びを止めないために、教員による協働や、地域との協働といった「つながり」による新たな試みが確認できる。

これらの実践を読み進めるにあたって「何に取り組んだか」というアウトプット面だけに着目せず、その結果「どのように変わったか」というアウトカム面に着目してほしい。すなわち contents（内容）ではなく competency（資質・能力）面に着目することが必要である。そのことが「キャリア発達」への理解とその支援の充実につながる「見方」や「考え方」を得ることにつながる。

なお、これらの実践においては、直接的に「キャリアデザイン」と捉えられる個別の諸計画への本人参画につながるアプローチや、結果としてキャリアデザインにつながるカリキュラム・マネジメントによるアプローチがいくつか挙げられている。また、今後の「キャリアデザイン」の充実に向けて、大事な視点を示唆する主体的・対話的で深い学びの実践もある。ぜひこれらの要素を読み取り、自校の実践の充実に向けた参考としていただきたい。

（菊地 一文）

第１章 小 学部・小学校

小学部・小学校段階では、生活単元学習や特別活動などを中核に据え、他者とかかわりを広げ、心が動く「為すことによって学ぶ」体験を大切にしている。そして、その体験を振り返り、対話をとおして、様々な見方・考え方につながる「経験化」が図られている。さらに高学年になると、役割を担い人の役に立つ喜びを感じたりする活動を取り入れ、キャリア発達を促す実践が展開されてきている。

本章で紹介する児童にとって手応えのある実際的かつ具体的で豊かな実践では、多様な各教科等の内容が取り扱われるとともに、家庭や社会につながる「生活に生かす」視点が踏まえられている。豊かな活動には多様な各教科等の内容が含まれており、内容の広がりや深まり、つながりを意図して展開することや、児童自身が意識できるように働きかけることにより、学んだことがより実際的・具体的な状況下で活かせるようになっていくことを留意したい。

活動をとおして確かな「手応え」を感じた児童たちは、さらに学びへの意欲を高め、分かることやできることを活かし、さらに学びを広げ、深めていく。本来的に子どもは分かるようになったことや、できるようになったことを「使ってみたい」「誰かに伝えたい」「見てほしい」と思うものと考える。将来を見据えた土台づくりの時期である小学部・小学校段階の実践ポイントはまさにここにあると考える。

01 小学部

みる・きく・はなす とどけぼくらの こんにちは

地域で生きる力を育む学びの充実を目指した宿泊学習の実践

岩手県立宮古恵風支援学校教諭　鎌田　美帆

キーワード
●社会に開かれた教育課程　●主体的・対話的で深い学び
●復興教育

1 学校の概要とキャリア教育の取組

本校は、岩手県沿岸部の宮古市にある、知的障害のある児童生徒を対象とする特別支援学校であり、73名が在籍している。海をはじめとする豊かな自然に恵まれた環境の中にあり、年間を通じて地域の特色を生かした活動を学習に取り入れている。特産品である鮭に関連し、稚魚の放流体験や新巻鮭づくり、大漁を祈る「鮭だ！ハナマガリ」という踊りの継承に、地域の学校の児童生徒と一緒に取り組むなど、地域に根差した教育活動を推進している。また、平成23年の東日本大震災で、大きな被害を受け、避難生活を余儀なくされた児童生徒も在籍していることから、心理的影響に十分に配慮しながら、復興教育や防災教育に継続して取り組んでいる。

本校では、「自立した社会生活」と「心豊かに生きる力」をキャリア教育の目指す方向性として掲げている。小学部では、「生活する力の基礎づくり」に取り組み、生活にかかわる体験や経験の積み重ね、学習や活動に取り組む意欲や期待感の向上を大切にしながら、自分や友達のよさに気付き、互いに助け合う力の育成を目指している。小学部では、生活単元学習を中心に、児童が生活に結び付いた活動に意欲的・主体的に取り組み、成就感を味わうことができるように学習を進めている。小学部での学習を土台に、中学部、高等部での学習を積み重ねることで目指す姿に向かうよう、各学部で連携しながら取り組んでいる。

2 児童の実態

本実践の対象は、小学部４・５年生の児童７名である。身の回りのことについては、教師の支援を受けて取り組む児童から自分で考えて取り組むことができる児童まで実態に幅がある。また、自発的な言葉の表出が見られない児童もいるが、教師の簡単な指示を理解し、行動することができる集団である。児童の実態は様々ではあるが、人とのかかわりを楽しみながら、明るく元気に学校生活を送っている。

児童たちは１～２歳の頃、東日本大震災を経験している。自宅が被災し、避難所での生活を余儀なくされたり、直接的な被害はなくても生活に支障が生じ、不安な日々を過ごしたりした児童もいる。震災に関連することについては、学習の中で触れてはいるが、言葉を知っていても、それがどのようなことを意味しているかについては、まだ十分な理解には至っていない。

筆者が本校に赴任してから、震災により、長期間にわたって各家庭において困難さや不安感を抱えていたこと、また、生活の再建に向けて努力してきたことをあらゆる場面で耳にしてきた。これらのことが、児童のこれまでの成長や今の生活に大きく影響している。その中で、児童や保護者は「生まれ育った地域の中でこれからも生活していきたい」という願いをもっている。

3 実践の意義

小学部の宿泊を伴う学習は、２・３年生合同、４・５年生合同で実施し、６年生で修学旅行を実施している。宿泊学習が、児童の学びをつなぐ取組となるように、低学年、高学年、最終学年と段階を踏んで活動範囲を広げ、学習内容を発展させるようにしている。対象児童たちは、高学年となり、自分のことだけではなく、身の回りの人や事象にも関心をもつことができるようになってきた。そのことを契機と捉え、今後もこの地域で生きる力を育むためには、震災に関する知見が必要な要素であると考えた。また、岩手県が推進する復興教育「いきる・かかわる・そなえる」と関連付けることに配慮した。

これらのことから、生まれ育った地域で生きる力を育むために、様々な社会資源を活用しながら、児童が地域の過去を知り、現在のよさに気付き、未来の生活に楽しみや希望をもつことができるよう、また友達と力を合わせることや、一人一人の命の大切さを実感できるような学習を実施したいと考え、本実践に取り組むこととした。

4 実践の概要と児童の変化

（１）実践の概要

今回の宿泊学習では、「みる・きく・はなす とどけぼくらの こんにちは」をテーマに掲げた。単元設定にあたっては､常にテーマのある学びを大切にしたいと考えてきた。「何をどのように学ぶのか」を児童と教師で共有し、「何を学んだのか」ということが分かりやすくなるからである。

本単元では、本校がある宮古市から、震災で甚大な被害を受けながらも復興した三陸鉄道を利用し、被災地の大槌町、山田町を巡った。被災地を巡る中で、震災当時の様子やそれからの復興について見聞きし、感じたことを話したり、街の方々に自分たちの存在を知ってもらったりすることをねらい、学習に取り組んだ。活動のメインに、山田町体験観光推進協議会が実施している「被災ガイド＆まち歩きツアー」（以下、ツアー）を組み入れ、地域のガイドの案内を受けながら街の様子を見学した。ツアーのテーマごとの児童の活動を表１に示す。

表1　テーマごとの児童の活動

テーマ	ねらい	児童の活動
みる	・震災に関連するものを見つけ、それがどのような意味をもつのかを考える。 ・震災後の街の再建について、震災直後からの風景の移り変わりに気付く。	・津波到達ラインや避難経路マークなど、震災に直接関連するものの発見と確認 ・街並みの見学と比較
きく	・教師や家族以外の大人の話を聞いて、震災とその後の移り変わりについて学ぶ。 ・聞く態度や質問の仕方、メモの取り方などを身に付ける。	・聞き方などの確認や練習 ・ガイドの話を聞く ・疑問に感じたことの質問と解決
はなす	・宿泊学習の中で学んだことを伝える。	・調べたことや、見学したい場所、ミッションの発表 ・見たものや感じたことなどのまとめ、マップの作成 ・学んだことの発表
とどけぼくらのこんにちは	・出会った人々に挨拶をし、自分たちの存在を知ってもらう。 ・「これからもよろしくお願いします」という気持ちを込めて挨拶をする。	・相手に伝わる挨拶の仕方についての確認や練習 ・訪れた施設などでの挨拶

児童たちが、自分で課題を見いだすことはまだ経験していないことから、教師がミッションを提示する課題解決型の学習を行った。学習には一人１台のタブレット型端末を活用し、学習のしおりにはタブレット型端末を活用した「大成功ブック」を用意した。事前学習では、教師が提示したミッションを自分の大成功ブックに書き込み、何をどのように見学したり、質問したりするとよいかを学習した（表２）。

表２　タブレット型端末の活用

事前学習	当日	事後学習
・大成功ブックの作成 ・インターネットでの見学場所などの検索 ・震災前、震災直後、現在の被災地の様子について、映像や写真での比較 ・大成功ブックを大型スクリーンに映し、ミッションや頑張りたいことなどを共有（結団式）	・一人１台の携行 ・大成功ブックを土台にした見学 ・ミッション解決のための、写真撮影やインタビュー内容の記録 ・発語が難しい児童は、事前に入力していた画面を見せる形での質問	・見たこと、聞いたこと、感じたことのまとめ ・録画した動画や、友達が撮影した写真の比較 ・完成した大成功ブックを大型スクリーンに映し、ミッション結果や感想などを共有（報告会）

「被災ガイド＆まち歩きツアー」では、山田町の再建された街並みや建物を見学した。ガイド自身の被災の経験や新しい街づくりについて見聞きし、震災直後と現在の山田町について知ることができた。事前学習で学んだことを思い出しながら、活動中は、学んだことを大成功ブックに書き込んだり、写真を撮影したりしながら見学をした。実際に自分たちで歩き、見たり聞いたりすることで、多くの学びがあった。テーマごとの児童の学習の様子は、表３のとおりである。

表3　テーマごとの児童の学習の様子

テーマ	ミッション	結果	児童のまとめ
みる	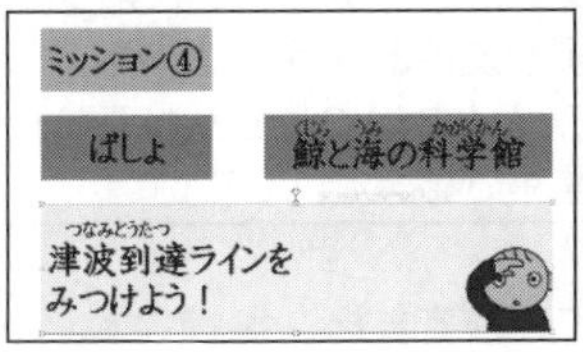		山田町立鯨と海の科学館の建物には、東日本大震災のときの津波の到達ラインがありました。高さ8メートルまで津波が押し寄せたと聞き、怖かったです。
	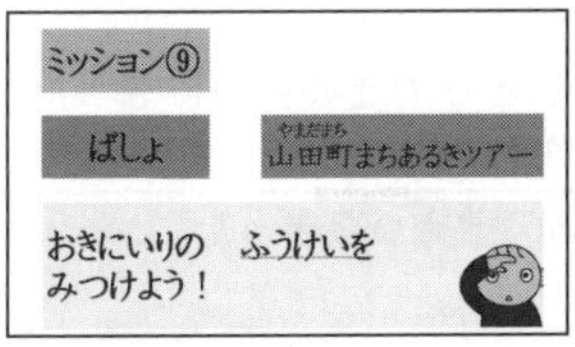		どの場所からもきれいな景色が見えました。特に思い出に残ったのは、「浦の浜海水浴場」から見える「オランダ島・小島」です。
きく	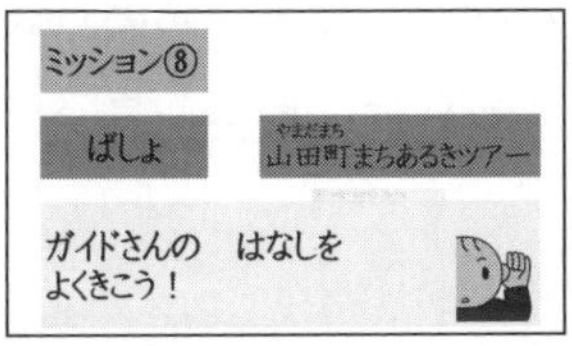		山田の街をみんなで歩きました。地震の他に火事も起きて、街全体が真っ黒になった話を聞いて、びっくりしました。でも今は、新しい街になっていてうれしいです。
はなす	「結団式」 調べたことや見学したい場所、ミッションなどの発表 「報告会」 実際に見たものや感じたことなどをまとめたマップの作成と、学んだことの発表	 結団式の準備  マップづくり	 報告会
とどけぼくらのこんにちは	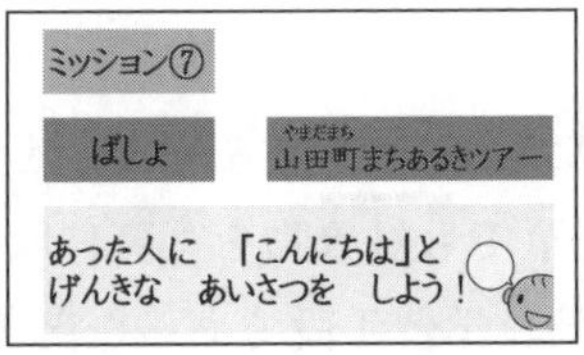		見学先で、いろいろな人に会いました。元気な挨拶や自己紹介をすることができました。山田町が好きになりました。今度は家族と一緒に来てみたいです。

(2) 児童の変化

テーマに基づいて活動することで、児童に様々な変化が見られた（次頁、表4）。

今回、児童たちは、東日本大震災当時の様子やそこからの復興について学び、自分で発見したり、感じたことを表現したりする喜びを実感するとともに、心を込めて挨拶をすることの大切さを知った。

課題解決型のミッションの設定やタブレット型端末の活用、体験活動をとおし、学習や活動に取り組む意欲や期待感を高めてきた。自分たちの力で活動を進めたことで、「もっとミッションをやりたい」「また行きたい」などの発言があり、学びの面白さを実感しながら意欲的に取り組むことができたと感じている。また、活動をとおして、友達のよいと

表4　テーマに基づいた児童の変化

テーマ	児童の変化
みる	・津波到達ラインなどを自分たちの力で見つけることができた。見つけたときには、「あった！」「これだ！」と声を上げて、教師や友達と共有していた。 ・街並みや海の景色を見て、「きれいだね」「来てみたいね」と話していた。「みる」ことから気付いたことだけではなく、自分の言葉で感想を話していた。
きく	・集中して話を聞く姿勢が身に付いた。 ・練習を生かし、自分からガイドに質問することができた。
はなす	・現地に赴いて被災した地域の方の話を聞いたり、自分の目で見たりしたことを、自分の言葉で表現することができた。 ・繰り返し取り組むことで自信をもって話すことができるようになった。経験したことに理由をつけて話すなど、言葉の表現が増えた。
とどけぼくらのこんにちは	・挨拶の大切さに気付き、日常生活でも挨拶への意識が高まった。

ころに気付いて認めたり、助け合ったりしながら、共に学び、達成感や満足感を味わうことができた。この学びをこれからの生活に生かしていくために、機会を見つけて振り返るようにしていきたい。

5　実践者の振り返り・考察

（1）振り返り

本単元ではテーマを設定し、学びの内容や方法を児童間、教師間、児童と教師間で共有しながら学習を進めてきた。テーマがあることは、学びの分かりやすさとともに、児童の学習意欲につながると捉えている。自分たちで繰り返しテーマを唱えながら当日への期待感を高めていることが見られ、宿泊学習後も時折テーマを唱えている様子から、充実した学習になったのではないかと捉えている。

学習にはタブレット型端末を用い、一人１台携行した。その場で学んだことをタイムリーに記録することができるため、言葉の理解が難しい児童でも対象物を写真に収めたり、インタビュー内容を動画に収めたりすることができ、有効な学習手段であったと感じている。ミッション解決の場面では、児童同士で言葉を掛け合ったり、気付いたことを共有し合ったりするなど、自然に会話が生まれていた。

また、本実践では、課題解決型の学習を目指し、「ミッション」という言葉を取り入れた。ミッションという言葉は、児童が好きなアニメでも使用されており、学習への意欲につながった。ミッションの解決が学習の方向性であることが伝わりやすく、自分たちで解決する面白さや楽しさを味わうことができたと考える。

これまでも、校外での学習においては、様々な公共交通機関や公共施設を利用しており、今回も山田町の「被災ガイド＆まち歩きツアー」という町主体の社会資源を活用した。事前のやり取りを綿密にしたことで、担当の方は児童たちに分かりやすい言葉でゆっくりと話し、できるだけ段差のないような場所を案内してくださった。見学後には、特別支援学

校の児童たちが利用するにあたり、街全体やガイドの在り方について、ハード面とソフト面の両面から考えるよい機会になったというお話をいただいた。学校内外の人的なつながりも大切にしながら今後も実践を重ねたい。

本実践は、多くの関係機関の方々のご協力をいただくことで効果的に取り組むことができた。筆者はこの地域の出身ではなく、この実践をとおして初めて知ることが多くあった。初めてのことに取り組むときは、多くの時間を要するが、その時間やそこで知り合った人とのつながりが、教師としての経験を深めることになり、教師が児童と共に学ぶ過程が、教師自身のその地域で生きる力につながるのだと感じている。

（2）考察

本単元では「何をどのように学ぶのか」「何を学んだのか」という学習のねらいを、活動にかかわる全員で共有することを意識した。そのために、テーマやミッションを設定し、工夫して取り組むことで、児童たちの充実した学びにつながっていた。また、地域の特色を踏まえた活動は、生活に生かせる学習になると感じた。この体験を一過性のもので終わらせないために、学んだことや感じたことを今後の活動と関連付けながら、地域で生きる力を育む学習を積み重ねていきたい。

6 今後の展望

小学部の生活単元学習では、児童一人一人が、生活に結び付いた活動に意欲的・主体的に取り組むことができるように、内容や方法を工夫しながら進めている。筆者が実践している生活単元学習では、単元をとおして一人１冊の「大成功ブック」を作成している。文字やカード、イラストなどの実態に合わせた方法で、学習の目標やポイントを児童が記しながら確認したり、学んだことや気付いたことを記録して、振り返ったりすることができるようにしている。児童が何気なく手に取り、読み返したり、その内容について友達と話をしたりしている様子から、自分が今学んでいるのだ、と実感していることをうれしく思っている。

今後も、どの学習においても、提示された課題の解決に向けて、学んだことを生かしたり、新たな学びを得たりしながら、分かったことや感じたことを表現する力を育てていきたい。次のステップとして、課題を自分で見つけ、その解決に向けて取り組む力を育てていきたい。そのためには、小学部・中学部・高等部が連携し、それぞれの発達段階に応じた各教科等の指導内容を構成し関連付けながら、系統性のある「地域で生きる力を育む」教育活動に取り組んでいきたい。

最後に、児童には学校内での学習にとどまらず、生活の中で震災について見聞きしたとき、また今後起こりうる様々な出来事について話題になったとき、自分の考えや気持ちを素直に発信し、受け止めてもらう経験をしてほしい。児童一人一人が、家族と共に、地域の中で生きているという実感を重ね、生き生きと生活できることを願っている。

02 小学部

おいしいスープ屋さんをつくろう

はたらく人への興味を生かした「お店屋さんになろう」の実践

岐阜県立揖斐特別支援学校教諭　小川　征利

キーワード　●主体的・対話的で深い学び　●キャリアデザイン（個別の諸計画の活用）

1　学校の概要とキャリア教育の取組

本校は、知的障害のほか、肢体不自由や病弱の単独障害、いわゆる重度重複障害のある児童生徒が在籍する特別支援学校で、小学部・中学部・高等部を合わせて在籍者数が100人に満たない小規模の学校である。

本校は、平成27年度の学校経営の重点の一つに「キャリア教育の充実」を掲げ、キャリア教育の観点を踏まえ、個別の教育支援計画の見直しを行ってきた。このときライフキャリアの視点から「今、ここで」の充実、達成感を大切にした実践が重要であると確認した。また、岩手県立総合教育センター（2008）の「特別支援学校（知的）キャリア教育推進ガイドブック」にある「キャリア教育学習プログラム」を一部改変し、「キャリア教育学習プログラム段階表」を作成した。個別の教育支援計画は、様式１で本人や保護者の願いを「３年後に願う姿」として記載する。様式２ではキャリア教育学習プログラム段階表を参考に、キャリア教育の視点を踏まえ、３年後と１年後の願う姿と、その実現に向けた学校、家庭での取組について記載する。様式３は関係機関での取組を記載し、様式４は様式２の内容を受けた個別の指導計画となっている。以上のように、３年後に願う姿をキャリア教育の視点や「育てたい力」から捉え直したうえで、願う姿（目標）を個別の指導計画に反映させているという点で本校独自のものとなっている。

2　児童の実態

対象児童は、小学部４年生３名、５年生３名の計６名である。「○○したい」と思いを話せる児童から、具体物や絵カードなどの選択で表出できる児童、欲しいものに視線を向けるなどの姿で表出している児童など、言語的な発達状況をはじめとして個人差は大きい。この年度は６年生に在籍がなかったため、４、５年生が高学年として一緒に生活単元学習（以下、生単）に取り組んでいた。これまでに「○○ランドで遊ぼう」「○○探検隊になろう」

などといった低学年での感覚運動的遊びや、みたて・つもり・ごっこ遊びを中心とした生単を経験してきた。高学年になり、5年生は前年度に「うどん屋さんになろう」というテーマで、4年生は該当年度に「たこ焼き屋さんになろう」というテーマで、はたらく人への興味・関心を生かした生単に取り組んでいた。それぞれの単元では、地域にあるお店を訪問し、お客さんとして食べるだけでなく、お店の人へのインタビューをとおして、はたらく人への興味・関心を高めた。調理活動や校内の教師や児童生徒を対象とした「お店屋さん」では、それぞれが「やりたい」という思いをもって取り組む姿が見られた。

3 実践の意義

小学部では週8単位時間（以下、時間）を生単として扱い、次のように段階的に整理している。低学年では「感覚運動的遊び」を中心に取り組み、やがて「ストーリーのある遊び」「役割のある遊び」へと展開していく。そして、高学年では「はたらく人への興味・関心を生かした遊び（お店屋さん単元）」を中心に展開し、中学部から始まる作業学習につなげるように考えている（図参照）。また、児童の思いや願いに応じた学習活動の工夫に取り組み、「今、ここで」の充実を大切にしている。

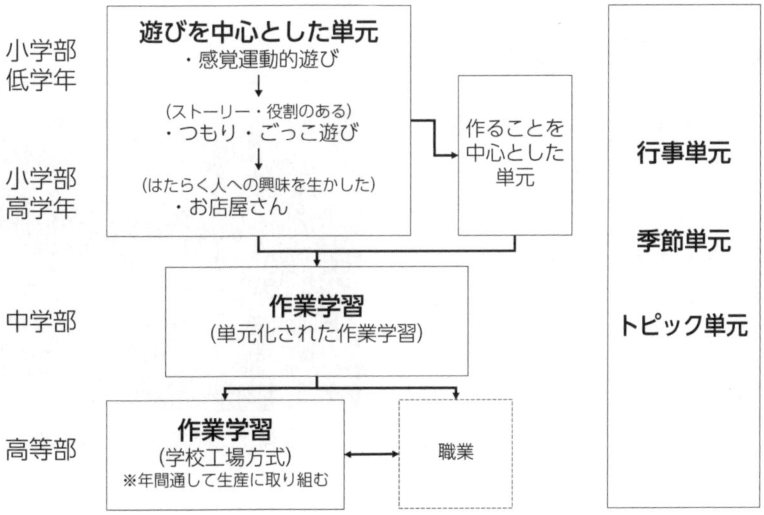

図　生活単元学習・作業学習の系統図（職業科との関連を含む）

生単と教科別の指導との関連については相互補完的であり、「『生活から出て生活に帰る』教科別の指導」と捉えている。生単の中で「できそう」と思われた内容を教科別の指導の時間に取り上げ、教科別の指導でできるようになってきたことを生単の中で生かせるようにしている。例えば、概ね小学部2～3段階にあるAさんは、写真などの手掛かりがあれば経験したことを伝えようとしたり、教師の手伝いなども喜んで引き受けたりする姿が見られる。このような姿から教科別の指導と関連する指導内容として、国語「B－ア経験したことのうち身近なことについて、写真などを手掛かりにして、伝えたいことを思い浮か

べたり、選んだりすること」、生活「キ－(イ)手伝いや仕事をするための知識や技能を身に付けること」、などが挙げられた。他に調理の過程で算数の「測定」が関連するなど、各教科の内容との関連について主なものを学習指導案に明記して取り組んだ。

本稿で紹介する単元「おいしいスープ屋さんをつくろう」では、学級菜園で育てた野菜を使ったお店屋さんに取り組んだ。自分たちで育てた野菜を調理して身近な人たちに食べてもらいたいという児童の願いを生かした単元である。畑の野菜で何を作ろうかという教師の問いに対して、「給食で食べた具沢山の野菜スープがおいしかった」「野菜スープを作りたい」という児童の願いが出された。地域にあるスープ専門店での取材、学級菜園の野菜を中心としたスープづくり、校内の教師や児童生徒、保護者を対象としたスープ屋さんを開店するという展開を計画した。

地域にあるお店での取材は、「社会に開かれた教育課程」等の観点からも大切にしており、単元の導入段階に取り入れることの多い学習活動である。本物のお店でのプロの仕事に目を輝かせ、憧れる児童も多く、「（お店の）女将さんみたいにやりたい」「○○さん（お店の名前）みたいに頑張る」などと語る児童もいた。この「おいしいスープ屋さんをつくろう」の単元は、はたらく人への興味・関心を生かして展開し、単元をとおしてはたらくことへの関心を育てるという意義が込められている。

4 実践の概要と児童の変化

本単元では、まず日常の給食をとおして野菜を使ったスープや汁物の料理への関心を高めることから始めた。給食を食べながら話すだけでなく、どんな野菜が入っているか、どんな味がしたかなど、給食の写真にコメントを添えて掲示した。単元の導入では、学級菜園の野菜の前で野菜の生育具合を観察しながら「この野菜を使ってどんな料理を作ろうか」「どうやって食べようか」という相談をした。５年生ははじめ、前年度に取り組んだ冬野菜たっぷりのうどんを思い出し「うどんがいい」と言っていたが、４年生は「給食で食べた冬野菜スープがいい」と主張した。話すことが難しい児童には、給食の写真を見せてその中から選択するように促した。児童同士が、なぜその料理がいいと思うのかを話し合う中で、全員が共通して体験している「給食で食べた野菜スープにしよう」と話がまとまった。

写真１　地域のスープ専門店での取材

全員で「スープにしよう」と決まったところで、教師側から地域にあるスープ専門店での取材を提案した。スープ専門店では、そのお店のおすすめスープをいただいた後に、スープの作り方や気をつけていること、工夫していることなどを取材した（写真１）。また、お店屋さんにはどのようなものがあるかをカメラで記録し、後のお店屋さんづくりに生か

すことにした。

スープづくりの練習では、一人一人ができることを生かして作業を分担した。包丁を扱うことのできる児童は切る作業、電子レンジなどの操作をする児童、葉物野菜を手でちぎる児童など、それぞれができることを分担して取り組んだ（写真２）。本校の調理室は、作業台が４台ある。野菜を切るグループ、ミキサーにかけるグループなど、グループごと１台ずつに分かれたが、お互いのグループの様子が常に見えて意識できるように中央を向くかたちで作業するように配慮した。また、毎回の練習では試食を繰り返し、「どうすればもっとおいしくなるか」を皆で考え、出された意見を目につくところに掲示して、児童の意欲を高める一助とした（写真３）。

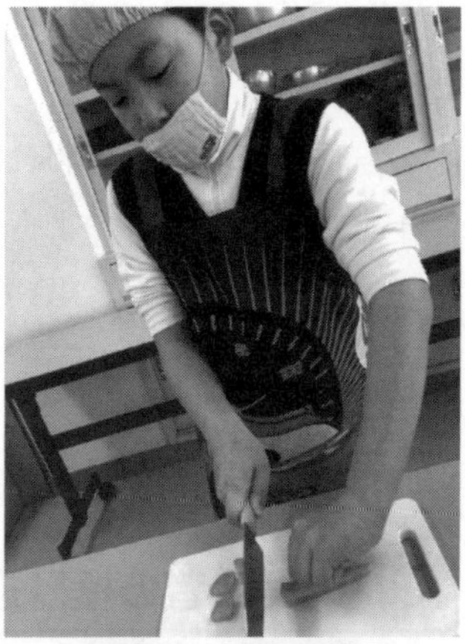

写真２　調理の様子

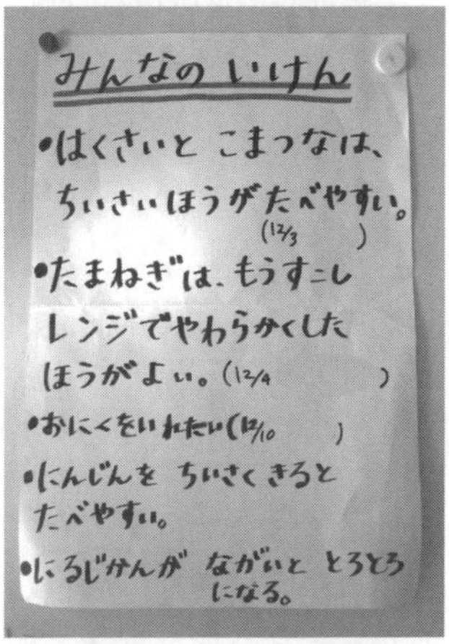

写真３　意見の記録

「野菜を使って何を作るのか」の計画やスープ専門店への取材とそのまとめに８時間、スープづくりの練習とのれんやメニューづくりなどのお店の準備に16時間取り組んだ。最後の週は、お店をオープンしお客さんに食べてもらう流れとした。最初は校内の教師、次は身近な小学部の後輩たち、そして最後は自分たちの家族とスープ専門店のマスターを招待して、４日間お店を開いた（写真４）。

お客さんの教師には、スープの感想と「もっとこうしたらよい」というアドバイスを付箋に書いて貼ってもらった。その付箋は、お店が終わった後に担任が読み聞かせ、次はどうしたらよいかを子どもたちに問いかけた。例えば「野菜たっぷりでおいしかったけど、他の味も食べてみたい」という感想に対して、児童から「お肉とかソーセージとか入れたらおいしい」という意見が出された。そこで、次の日にはソーセージを入れたものを作ることにした。このように、お客さんの意見を取り入れながら、自分たちが目指す「おいしいスープ屋さんづくり」に取り組んだ。

写真４　本番、配膳の様子

児童は、それまでの経験を生かして作りたいものを考え、本物に触れることで憧れと目指したいものを描いていた。スープづくりの練習では、試食に対する感想をその児童なりに発表し、よりおいしいものを目指して工夫を重ねていた。さらにお客さんに「おいしいね」と言われることに喜びを感じ、もっとおいしいスープにしようという思いを新たにし

ていた。さらに、最後の日にスープ専門店のマスターに「とてもおいしいスープができたね」と言ってもらったことは、児童にとってかけがえのない経験であり、これからの学習への自信になったと思われる。

本実践では、以下のような児童の姿や成長が見られた。

・児童一人一人が、思いや願い、憧れをもちながら主体的に活動に取り組んだ。
・「もっとおいしいスープを作りたい」という願いの実現に向けて、児童同士で対話を重ねながら活動した。
・はたらく楽しさや喜びを味わい、はたらくことへの興味・関心が深まった。

5 実践者の振り返り・考察

本単元は、お店の初日と最終日を公開授業とした。また、単元計画の段階やスープづくりの練習、お店屋さんの準備の段階にも学年以外の教師に授業を見てもらい、改善点を一緒に検討しアドバイスを受けてきた。

それらのアドバイスの中心は「児童の思いや考えをどのようにして引き出し、捉え、授業改善に生かしていくか」ということであった。冬野菜を使った調理活動を中心に単元を設定することは、年間計画にも位置付けており、教師にとっての生単の系統性（図）や必然性はある。しかし、児童には必然性のある活動となるだろうか。児童にとって「冬野菜を使った料理」とはどんなイメージだろうか、どんな思いや考えをもつのだろうかと、どのような導入にするかについて検討した。児童に「冬野菜を使った料理」の具体的なイメージがあれば、調理活動に向けた話し合いが成立するのではないかと考えて、単元の開始以前から給食時間を捉えて働きかけた。筆者は「児童に具体的な経験の少ない単元を計画するときには『種まき』の学習が必要」と考えているが、今回は給食をとおした「種まき」の学習が効果的だったと捉えている。

児童の思いや願いは、単元の導入場面だけでなく、活動を進めていく中でいろいろな姿に表れる。その思いや願いを見逃さずに捉え、かかわる教師が共有し、一つでも多く実現できるよう活動を工夫したり環境を整えたりすることが重要である。授業後の検討会で「児童の思いや願いを、姿やつぶやきからどうやって拾い上げ、理解していくか」が話題となった。スープづくりの練習段階では、毎回の試食の後「もっとおいしいスープを作るには」というテーマで話し合いの時間を設定した。断片的な意見のことが多いが、それを一緒に活動していた教師が「きっとこんなことを伝えたいのだろう」と考えて言葉を補うようにした。話すことが難しい児童には、カードで選択肢を示すなど、児童の思いや願いを大切にするために工夫した。また、一緒に活動していた教師が「○○の状況で、△△の姿が見られた。それは◎◎のような思いの表れではないか」と捉えたことを、授業後に教師間で共有し交流を重ねた。このような捉えを重ねていくことで、児童の姿から思いや願いに気付き、授業改善に生かしていった。

さらに、本物に触れること、プロに学ぶことは、児童に強い印象を与え、その後の願い

や思いへの影響も大きくなる。これまでも、地域のお店を取材し、それをきっかけに単元が展開されるという生単に取り組んできた。今回もスープ専門店を取材した後、「スープ屋さんは○○をしていた」「スープ屋さんには△△があった」といった発言とともに、「スープ屋さんみたいにやりたい」などという憧れや自身の目標を語る児童の姿があった。そして、最終日にマスターから「おいしい」という言葉をもらったときの児童の笑顔は忘れられない。そのような児童の姿に、改めて「本物」「プロ」に触れることの大切さを学んだ。

単元終了後、児童の姿は生単をとおして何ができるようになったか、各教科の内容の何を学んだかという評価だけでなく、個別の教育支援計画にあるキャリア教育をとおして願う姿を踏まえ、評価するようにした。このことが、本人の願いと日常の教育活動との関連を意識し、キャリア教育への理解を深めるよい機会となった。

6 今後の展望

「専門性の継承・維持・向上が課題である」という言葉を耳にするが、本校においても例外ではない。教科別の指導とは異なり、生単や作業学習の授業は教師自身が児童生徒として受けた経験がないのだから経験則で実施することはできない。一つ一つ基礎基本から学ぶ必要がある。そのうえキャリア教育の視点から授業を考えるとなると、教師として知的障害教育の実践経験を重ねただけでは難しい。生単とキャリア教育は親和性が高い（名古屋, 2013）といわれているが、知的障害教育の専門性の向上という点においては、自らの実践を意識的にキャリア教育の視点から振り返り、価値付ける作業を行う必要がある。本校では、個別の教育支援計画にキャリア教育の視点と「育てたい力」を位置付け、日々の実践を見つめ直す機会を作っている。児童生徒の育ちや、「今、ここで」を大切にした生単や作業学習のあり方をキャリア教育の視点から見つめ直すことをとおして、専門性の継承・維持・向上を図っていきたい。

【参考文献・サイト】

岩手県立総合教育センター（2008）特別支援学校（知的）キャリア教育推進ガイドブック. http://www1.iwate-ed.jp/tantou/tokusi/tebikitop_tokusi.html（2017/4/17 閲覧）

名古屋恒彦（2013）知的障害教育発、キャリア教育. 東洋館出版社.

03 小学部

児童の「学び」をつなぐ特別活動の授業づくり

高学年 縦割りグループの取組を中心として

香川県立香川丸亀養護学校教諭 宮﨑 歳子（あおぞらファーム班）
香川県土庄町立土庄小学校教諭 西山 雅代（クリーンスカウト班）
（前 香川県立香川丸亀養護学校）
香川県立香川丸亀養護学校教諭 森下 祐子（おもてなしキッズ班）

キーワード ●育成を目指す資質・能力 ●主体的・対話的で深い学び
●自己肯定感・自己有用感

1 学校の概要とキャリア教育の取組

本校は、知的障害のある児童生徒が学んでいる特別支援学校であり、令和２年度は、小学部81名、中学部82名、高等部80名の計243名が在籍する。本校では「つながれた手と手で育てる丸養」を教育ビジョンとして、「三つの部をつなぐ」「保護者とつなぐ」「地域とつなぐ」を共有し実行している。そのうちの「三つの部をつなぐ」では、平成26年度から６年間、自己肯定感や自己有用感を育みながら「生活する力」と「働く力」を培うことや、キャリア教育の視点を意識して12年間の指導や支援をつなぐことを目指して研究を進めてきた。全校の研究テーマを今年度より「児童生徒の『学び』をつなぐ授業づくり～主体的、対話的で深い学びの視点に立って～」とし、取り組み始めた。小学部では、キャリア教育の要となる特別活動を取り上げ、目指す児童像「なかよく げんきに がんばる子」に当てはめ、「なかよく げんきに がんばる特別活動」として授業研究を進めている。自己肯定感や自己有用感といった内面の育ちを育むことを大切にしながらキャリア発達の土台をつくり、中学部や高等部の作業学習や、就労につながる授業づくりを考えているところである。

2 小学部 特別活動の授業づくり

小学部では、週１単位時間「みんなのじかん」という名称で、学級活動の時間を設けており、低学年は学年別、高学年は縦割りの３班で実施している（図１）。低学年では発達段階を考慮し、身近な集団である学年のなかで指導者や友達と一緒に活動する楽しさを味わいながら、自信がもてたり役割や所属意識が育ったりする学習内容や学習活動を設定している。高学年になると、個と個をつなぐ活動から、多様な人間関係が築ける縦割りの集団での活動をとおして、よりよい人間関係の形成や自己の役割の理解などをねらう。前後期制でメンバーが入れ替わることから、３学年の間にすべての班を２回ずつ経験することができる。

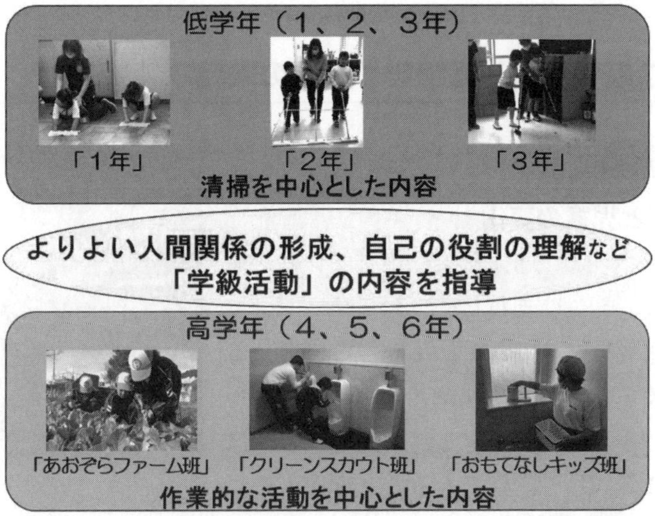

図1　小学部特別活動「みんなのじかん」の指導の形態

3 児童の実態

学校規模が大きくなったことで、低学年と高学年に分かれた教科等の授業が増えた。高学年では、体育や音楽、学習発表会の劇など、合同で行う授業をとおして、4、5年生はリーダーである6年生が努力する姿を見たり、優しく接してもらったりすることで憧れをもち、自ら行動できるようになってきている。さらに6年生は低学年の良い手本でありたいという気持ちが育っている。また、5、6年生になってくると、校内で作業学習をしている中学部や高等部の生徒に会い、身近である先輩に憧れを抱く児童も増えている。

4 実践の意義

学習指導要領の改訂により、特別活動が学校教育全体をとおして行うキャリア教育の要となることが示された。キャリア発達とは、「社会の中で役割を果たしながら、自分らしい生き方を実現していく過程」のことである。本校では従来の研究で、「発揮すべき知識や能力があっても、それをよりよく実現していこうとする内面の育ちが伴っていなければ、力が継続的に発揮されることが難しい」ことを共通理解し、児童の自己肯定感、自己有用感を育むことが児童のキャリア発達を促すことにつながると整理している。各ライフステージで、充実した生活や学習に打ち込み、その年齢で自分のもてる力を最大限に発揮したり、人とのかかわりの中で自分の存在価値を見いだしたりしていく経験の連なりを大切にしながら、児童生徒の内面を育てていくことが重要である。また、特別活動は「学び」を実生活につなぐ教育活動といえる。低学年でできることを増やし、たくさんの称賛を受けて自己肯定感を育み、それをベースに高学年では、身に付けた力をもとに役割を果たす活動を繰り返しながら自己有用感を育てていく必要がある。低学年と高学年それぞれが内面を育てるために「学習内容と学習活動の設定」や「支援や手立て」を十分に考えながら特別活動の授業を実践している。

5 「みんなのじかん」高学年　各班の取組

あおぞらファーム班（園芸）

水やり・草抜き当番

（1）実践の概要と児童の変化

「学校を花で明るくしよう」「野菜や花をプレゼントしよう」を目標に、ミニひまわりやチューリップ、聖護院大根などの栽培を行ってきた。花はどこに植えるとよく見てもらえるか、収穫してどうするのかなど、理由も含めて話し合う時間を設定し、周囲の人の役に立ち、身近な人に喜ばれる活動であることを伝えるようにした。また、役割分担や協力がしやすいように、６年生をリーダーとした縦割りの小グループで活動してきた。グループごとに活動内容や量を調整し、自分の力で目的に向かって取り組んだり、役割を果たしたりできるよう工夫して授業に取り組んできた。

班長やグループリーダーを任された６年生は、回を重ねるごとにリーダーとしての自覚が芽生え、自主的に報告をしたり、メンバーに気を配りながら活動したりできるようになった。４、５年生もグループ内で声をかけ合ったり、重い荷物を運んでいたら手伝ったりするなど、助け合う姿が見られるようになった。指導者や班の仲間からの称賛に加え、心を込めて育てた花や野菜をプレゼントした人たちからの「ありがとう」「おいしかった」などの感謝の言葉を受け、「喜んでもらえてうれしい」「枯らさずに大きく育てることができてうれしい」と、自信や意欲、責任感が高まり、やりがいをもって活動することができるようになった。

聖護院大根の収穫

（2）実践者の振り返りと考察

指導者主導の授業になっていないかを確認するようになった。児童自身の「何のために」「誰のために」を導き出すことがより内面の育ちにつながると考え、児童の気付きを見逃さず全体で共有したり、話し合いの場面で、指導者は答えではなく問いかけることを意識したりするようになった。称賛の一つとして取り入れた、児童の良かった活動の動画での紹介は、児童の内面を育てるだけでなく、指導者のかかわり方も変え、できたことに目が向くようになり、支援を減らすことにもつながった。

役割には、児童の目指す姿を明確にしたり、やりがいや責任感が得られたりするなど、大きな働きがあることが分かった。また、人の役に立っていると実感できる称賛も、直接の感謝の言葉や、お礼の手紙など、周囲の人とのつながりを意識した取組が大切であると感じた。周囲の人に感謝される体験の積み重ねで身に付いた、やりがいや周囲の人の役に立つ喜び、任された仕事を最後までやり抜く粘り強さは、中学部、高等部の作業学習や就

労につながる大切な力となると考える。

クリーンスカウト班（清掃）

（1）実践の概要と児童の変化

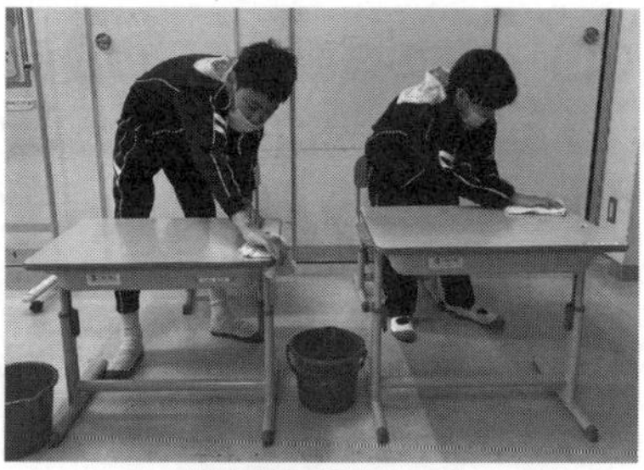

机掃除グループ

「学校をきれいにしよう」の目標のもと、トイレ、窓、流し、教室の机を清掃してきた。清掃場所を固定し、小グループごとに役割分担をしたり協力したりできるように活動内容を工夫してきた。また、毎時間、個別に目標を立て、「挑戦すること」「できるようになりたいこと」を明確にし、それに対する多様な評価や振り返りの活動を丁寧に繰り返すことで、自分の頑張りやできるようになったことを感じ取れるようにしてきた。また、清掃技術の獲得を第一に考えず、自分ができることで役割を果たそうとする気持ちや、友達と一緒に協力して活動しようとする気持ちを育てることを大切にして指導や支援を行ってきた。

児童たちは回を重ねるごとに、友達と積極的にかかわったり意思疎通を図ったりして作業が進められるようになった。また、所属感や連帯感が増し、準備や片付け等が分担されていない活動でも助け合うようになった。特に班長や副班長は自信をもって行動したり、模範となる動きを見せたりすることが増えた。さらに、自分の頑張りが目に見えてたまっていく個人評価シートを使うことで自己肯定感や自己有用感が高まり、やりがいや責任感をもって清掃活動に取り組めるようになり、教室や家庭でも掃除の手伝いをしようとする児童が増えてきた。

（2）実践者の振り返りと考察

トイレ掃除グループ

筆者らは、普段の生活で敬遠されがちな清掃活動に憧れや目標をもてるよう、清掃は人の役に立ち、人に喜ばれる活動であると伝えることを常に心がけた。授業を改善するうちに、称賛の内容も高学年の児童の発達段階に合わせ、「できたね」「すごいね」という行為に対する称賛に加えて、「Aさんが頑張ったから喜んでくれるね」「みんなのためにありがとう」など、周囲の人の存在を感じるねぎらいの言葉を伝えるように変化した。また、清掃後に低学年の児童から直接お礼を伝えてもらうと意欲が向上することや、高等部「クリーン班」の生徒と清掃講習会で交流すると、その後の活動によい影響が現れることが確認でき、普段から校内で縦の学びをつなぐことが大切であることを改めて意識するようになった。

クリーンスカウト班では、高等部「クリーン班」をモデルとして活動してきたが、低学年でも清掃を授業で扱う際に、高学年の「クリーンスカウト班」をモデルとして教材を整えたり学習をつないだりする動きが活発になってきた。日常生活でも清掃手順が統一されてきており、縦や横の学びをつなごうとする意識が高まってきた。

おもてなしキッズ班（校内環境整備）

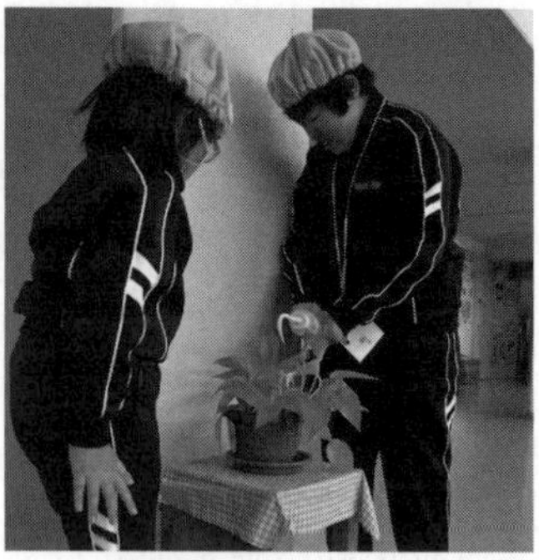

観葉植物の水やり

（1）実践の概要と児童の変化

過ごしやすい学校にするための校内美化活動を目標とし、「つながって役立って笑顔にしたい」の合言葉のもと、校内に飾った植物の水やり、トイレットペーパーや液体石けんの補充などを行ってきた。周囲の人の役に立つ活動をとおして、達成感や自己有用感を高め、もてなしの気持ちや働く喜びを育むようにし、児童自身が課題や問題点を見つけ、自分で判断して行動したり、自分の力で役割を果たしたりできるよう教材を工夫してきた。また、どの活動も他学年の友達とペアで取り組むことで、学年を超えて役割分担をしたり協力したりする場面が生まれるようにしてきた。

活動の流れを毎回同じにし、児童が分かって動けるように教材教具を準備したことで、見通しと自信をもって意欲的に活動に取り組めるようになった。役割分担を話し合う活動を繰り返すことで、自分の意思を伝えたり、相手の意思を聞いて譲ったりすることができるようになってきた。授業を重ねると、「ありがとうって言ってくれるかな」「石けんがなくなっている。みんな困るね」など、見えない相手を意識した児童の発言が増え、自分たちの活動が周囲の人の役に立っていることや喜ばれていることを実感し、やりがいをもち主体的に活動に取り組むことができるようになった。

（2）実践者の振り返りと考察

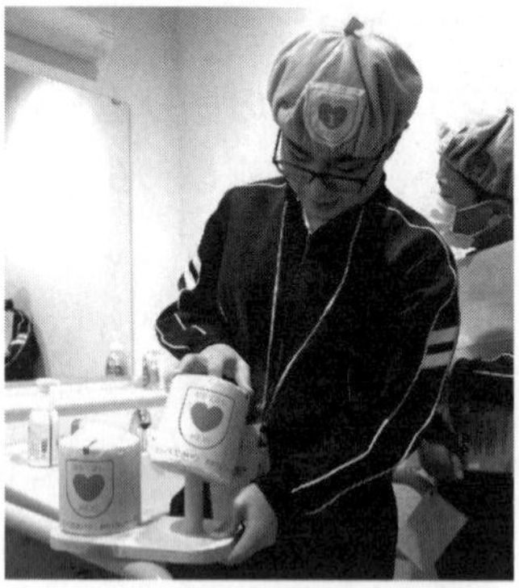

トイレットペーパーの補充

学習を始めたころは、児童の活動に対して、技術面を重視した評価や振り返りをしてしまうことがしばしばあった。しかし、話し合いを重ねる中で、この学習をとおして一番大切にしたいことは、もてなしの気持ち（人に喜んでもらうことが自分の喜びという気持ち）や自主的に行動する力を育てることであると共通理解できた。そのことにより、児童が「誰のために」「何のために」活動しているのかを意識できるような言葉を場面に応じて伝えるようになった。また、周囲の人の気持ちや活動の成果をフィードバックすることも大切だと考え、「植物が元気だと見た人も元気になるね」「石けんがあるとみんながきれいに手を洗えるね」など、具体的に伝えるようになった。

本班の活動をきっかけに、人の役に立つ喜びを繰り返し実感できるようにすることが、中学部、高等部の作業学習や将来への就労につながるという共通認識が生まれた。高学年では、他の教科等の学習や生活場面でも「誰のために」「何のために」を意識付けながら、人の役に立つ学習活動を積極的に実践するようになった。

6 実践のつながり

今年度は、低学年、高学年が互いの活動を伝え合いながら「学び」をつなぐ研究を進めてきた。具体的には、低学年では係活動や教室の清掃など自分の身の回りのことから活動を設定し、高学年では、学校のみんなのために役に立つ活動へと移行している。役割分担や自己決定においても、低学年ではやってみたい活動を選択したり、指導者や学級の友達とやり遂げたりする経験を積み重ねることを重視し、高学年では自分で目標設定を行ったり、周りの状況を判断して自ら動いたりできるようになることを期待した。また、低学年で培った力を高学年での取組に生かせるよう工夫した。さらに低学年、高学年で児童の内面を育てるために大切にしたいことを話し合うなかで、特別活動をとおして育てていきたい「期待する児童の姿」が見えてきた（図2）。大切にしたい内容は「なかよく げんきに がんばる特別活動」とし、低学年から高学年へのつながりが見られた。

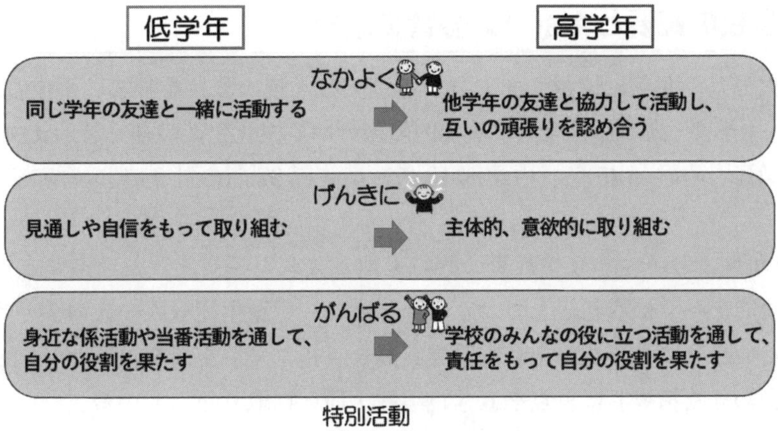

図2 「期待する児童の姿」

7 今後の展望

1、2、3年生、高学年の3班において、「所属意識を高める集団での活動」「協力して活動できる場面の設定」「見通しをもちやすい活動の設定」「目標や目的といった活動の意味の確認」「自己決定や選択、合意形成ができる場面の設定」「人の役に立つ活動の設定」「感謝の気持ちを伝えること」等、児童の内面を育てるための支援や授業づくりで大切にしたいことの共通点が確認できた。今後も互いの活動に関心をもち、アイデアを共有するなど横や縦のつながりを大切にしながら取組を進めていきたい。また、今回の授業改善や話し合いで検討した有効な支援や実践は、小学部から中学部、高等部へと確実に引き継げるようにしたい。授業参観や校内研修をとおして他学部に活動を知ってもらうことや、相談したりアドバイスをもらったりすることも有効であると考える。児童生徒のキャリア発達を促すために支援や実践を確実に引き継ぎ、12年間の「学び」のつながりとの一層の充実を図っていきたい。

04 小学部

お店屋さんをしよう

いろいろなお店があることを知り、やってみたいお店をしよう

大分県立中津支援学校教諭　阿部　直也

キーワード　●「思い」や「願い」を踏まえた実践　●育てたい力

1 学校の概要とキャリア教育の取組

本校は大分県の北部に位置しており、特別支援学校の分校を経て、平成25年に開校した小学部・中学部・高等部を設置する知的障害のある児童生徒の通う特別支援学校である。児童生徒数は、小学部45名、中学部16名、高等部37名の計98名（令和２年５月現在）である。

平成30年度より「キャリア教育の観点を取り入れた授業実践及び進路支援の充実に向けて」を研究テーマに取り組んでおり、今年度は、児童生徒一人一人の夢や希望を意識した「なりたい自分に必要な力を育む授業実践を目指して」を研究主題とし、その中で「各教科等を合わせた指導」に重点を置き、実践・研究に取り組んでいる。

本実践研究を行うにあたり、知的障害のある児童生徒の「キャリアプランニング・マトリックス（試案）」（国立特別支援教育総合研究所，2010）をもとにして、「各教科等を合わせた指導」である「日常生活の指導」「遊びの指導」「生活単元学習」「作業学習」との関連をデータ化し、その上で、関連する各教科の指導内容等を整理し実践にあたっている。

また、今年度からの取組として「個別の教育支援計画」に記載のある「本人・家族の願い」に着目し、そこに記載のある内容をキャリア教育の各観点（育てたい力）から検討し、一人一人の「なりたい自分に必要な力」を共通理解しながら、授業実践を行っている。

2 児童の実態

対象児童は、自閉スペクトラム症のある小学部５年生である。学校生活では、自分のペースで活動することを好み、見通しがもてると集団での学習にも参加することができる。また、興味・関心のある学習や自分の役割が明確な学習には積極的に参加し、友達に言葉をかけたり、自分なりの思いを言葉で教師や大人に伝えたりしようとする姿も見られる。「個別の教育支援計画」にある「本人・家族の願いシート」には、夢や希望として「就職」が

挙げられている。また､本人の興味･関心や好きなことは「おうちごっこ」「おえかき」「タブレットで動画を見る」「食べること」である。

これらのことを踏まえ、「本児のなりたい自分に必要な力」を検討したところ、次のような方向性を確認した。

①「自己選択」「意思表現」：自分のペースでやりたいことを決めたい。自分の気持ちを伝えることで、様々な選択ができる環境が整えられるといいな。

②「人とのかかわり」「やりがい」：みんなのお姉さん的存在になりたいな。

3 実践の意義

キャリア教育の各観点をもとに、遊びの指導との関連を小学部として検討したものを図1に示す。人間関係形成能力や意思決定能力との関連は強いものの、情報活用能力や将来設計能力との関連は弱いという結果であった。

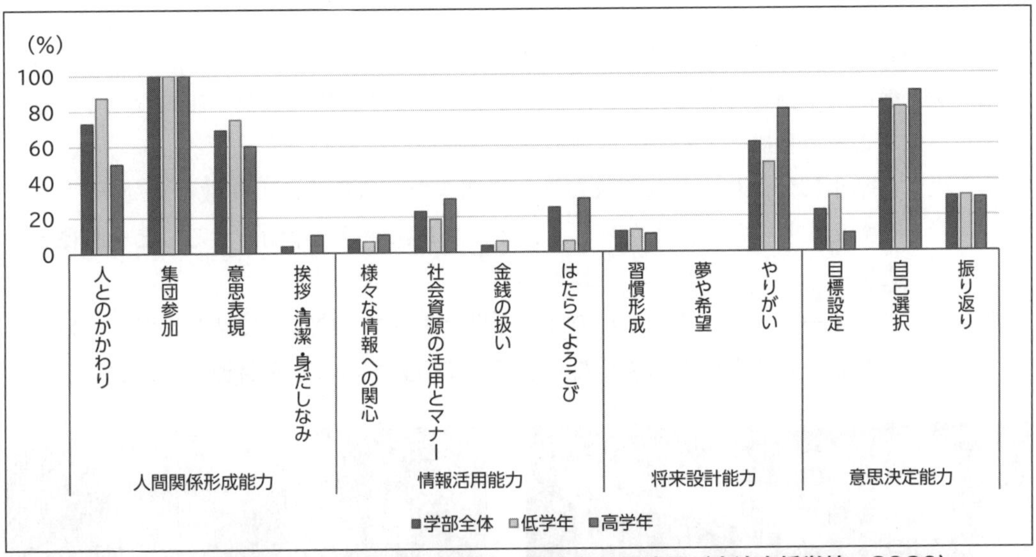

図１　遊びの指導におけるキャリア教育の観点との関連図（中津支援学校，2020）

これらは、小学部の教師が遊びの指導の実践の中で大切にしているキャリア教育の観点を整理したものである。実践研究を進める中で、児童が主体的に活動する姿や幼児期からの学び、中学部・高等部へのつながりを考えると、児童の「やりがい」「夢や希望」は重要な観点であり、遊びの指導のみでなく、全教育活動へとつながりをもたせる必要があるという課題が挙げられた。

この課題から、授業づくりを始める前にまず「児童の夢や希望」「なりたい自分に必要な力」を明確にすることとした。そして、児童の興味・関心や学習指導要領を根拠とした指導内容とを相互に関連付けることにより、「児童が主体的に活動し生き生きと遊び、その遊びの中で自信をもったり、興味の幅を広げたりして、将来の夢や希望・憧れがもてたり､なりたい自分の姿に近づけたりするような授業」が展開できるのではないかと考えた。

また、小学部高学年という生活年齢を大切に考え、「高学年らしい活動とは何か」をより意識し、関連する各教科の指導内容や今までの学びの履歴・次学年へのつながりなどを整理した。

このようにキャリア教育やカリキュラム・マネジメント等の視点を踏まえ、児童が楽しみながら主体的に学べることを願い、授業を検討し実践にあたった。

4 実践の概要と児童の変化

(1) 実践の概要

本実践「お店屋さんをしよう」は、小学部高学年（4～6年生）で取り組んだ各教科等を合わせた指導の一単元である。本実践において関連する各教科等の主な指導内容は、生活科の「遊び」「人とのかかわり」「役割」「金銭の扱い」「社会の仕組みと公共施設」、国語科の「聞くこと・話すこと」、算数科の「数量の基礎」「数と計算」、図画工作科の「表現」である。

また、題材計画及び目標は、以下のとおりである。

第一次：教師が準備した店で、ロールプレイをする中で、店の名前や店の役割などを知ることを目標とした。

第二次：各学年に分かれ、それぞれの学年で開きたい店を決め（複数可）、必要なものを考えたり役割を決めたりして、オープンに向けて準備をすることを目標とした。

第三次：店をオープンし、それぞれの役割を果たす中で互いの店で楽しんだり、他学年の教師や児童生徒を招待したりして共に活動することを目標とした。

「郵便屋さん」が店のチラシをもってきてくれたよ！

友達の店でお菓子を買ったよ！

(2) 児童の変容

本児は、教師のそばで全体に向けたお店のイラストを見ながら、他の児童の発言に「そうよ！〇〇よ！」と共感したり、教師の手伝いとしてイラストを友達に提示したりするなど、興味をもち「お姉さん的な立場」となり、意欲的に学習に向かう姿が見られた。

第一次では、本児の好きな「ドーナツ屋」や生活経験や興味をもとにした「温泉」「ボウリング」などの店を用意した。すると「ドーナツ屋」を選び、必要な道具を並べたり開店準備をしたりして、自らレジを担当して友達と硬貨や商品のやりとりをしたりして、「お店屋さん」を主体的に楽しむ姿が見られた。また、学習を進める中で、「ATM」や「美容院」なども「ドーナツ屋」と並行して設定した。すると、「ATM」の仕組みに興味を示し、そこでお金を引き出し、友達に使い方を教えたりするなどの姿も見られた。

この店の名前知っているかな？

「美容院」では、教師が全体へ説明しているときから意欲を示し、教師の手伝いを自ら進んでしたり、美容師になりきって友達と一緒に、毛糸で作った髪を黙々とカットしたりする様子が見られ、好きな「ドーナツ屋」だけでなく、他のお店にも興味を広げ楽しむ姿が見られるようになった。

第二次では、第一次での遊びの活動や市内にある商店の一覧表をもとに、学年で「自分たちの開いてみたい店」を決め、それに向けての準備を行った。本児の学年での話し合いでは「コンビニエンスストア」「パン屋」「レンタルCD屋」「宅配業者」「おでん屋」などの意見が児童たちから挙げられた。すると、ある児童から「コンビニの中にはいろいろ売っているから、コンビニをメインにして、その中でいろいろな物を売ったらいいよね」との発言があった。そこで、本児は商店の一覧表から選んだ「レンタルCD屋」を自ら選び、準備を始めた。レンタルCD屋に必要なものを自分でイメージし、貸し出すCDのラベルづくりとして、好きなキャラクターに黙々と色を塗ったり、タイトルを書いたりと、ほぼ一人で集中して準備する姿が見られた。

第三次では、自分たちで準備した店をオープンし、お互いの店を行き来して「お店屋さん」を行った。この中で、児童たちのやりがいをより引き出したいと考え、まず保護者を招待することとした。すると、当日朝から教室前の廊下で保護者がやってくる方向を何度も確認する様子が見られ、期待感を高めている姿がうかがえた。

子ども同士での「お店屋さん」では、自分の店の様子をチラシにして事前配布した。すると他学年の児童から「○○を借りたいです」と事前に本児に対し予約をする様子が見られた。そのことで、レンタルすることへの見通

CDやDVDのラベルづくり大変だけど、
楽しいよ！

しをもつことができ、本児のお気に入りのDVDではあったが、相手の求めに応じてスムーズに貸し出すことができ、レンタルCD屋としての役割を意識して遊ぶ様子が見られた。また、本児にとって予想外のこともあった。事前予約していない児童が、本児のお気に入りのDVDを借りたいと店にやってきたのだ。思わず本児の口から「来ないで！」という言葉が出てしまい、その児童もその気迫に押され、店を後にした。今までの様子であればこの時点で活動は終わってしまっていたが、この出来事の後もレンタル屋を続けることができ、予約していた児童に対してDVDを貸し出すことができた。「遊びの指導」であることも踏まえ、その場での本児の「思考・判断・表現」を認めた結果であるように思う。児童らはお互いにその後引きずることなく普段と変わらない様子であり、改めて「児童同士の学び合い、認め合う姿」の大切さや「好きな活動を学習に活かす意味」を学ぶことができたように感じている。

このように、授業前に想定した「なりたい自分に必要な力」をしっかりと身に付けつつ、活動を展開する中で、「集団参加」や「様々な情報への関心」「はたらくよろこび」などの面でも、学びを深めている様子が感じられる実践となった。

5 実践者の振り返り・考察

（1）実践者の振り返り

今回は各教科等を合わせた指導での実践であったが、他の学習においても、児童の学びの土台となる意欲等を支えるのは、やはり「本人や家族の願い」を大切にしたり、「夢や希望」がもてたりするような内容や授業づくりだと考える。本題材では、実際に児童が買い物学習等で体験したり、生活の中で利用したりしている店を主に取り上げた。「なりたい自分」＝「憧れの店員」＝「職業的モデル」のように、児童の中で「夢や憧れ」が疑似体験できる環境を設定したことで、児童が主体的に活動に取り組み、活動する中で新たな知識や技能を学んだり、友達とのかかわりの中で思考・判断・表現したりして、活動をさらに膨らませ、そのことが更なる学びへとつながっていったように思う。今後も、様々な実践において「本人や家族の願い」を大切にしていきたい。

「遊び」は子どもの全人格的な発達とも大いに関連があると言われており、改めて「遊びの指導」の大切さや難しさを痛感している。本単元は「各教科等を合わせた指導」の位置付けなので、関連する各教科の指導内容を明らかにし、単元計画や活動内容等の整理を行った。しかし、「遊びの指導」として捉えると、十分に遊びきるといった点は不十分だったのではないかと捉えている。

他の学習でも同様であろうが、児童の「○○したい」という願いや気持ちを知り、そこに寄り添う姿勢をもつことで、児童の更なる遊びや学びへの意欲や主体性が引き出せるのではないかと気付かされた実践となった。

（2）考察

学校研究との関連でキャリア教育の観点を活用し、授業づくりに取り組んだ。児童一人

一人の「なりたい自分に必要な力＝キャリア教育の観点」を教師間で協議・検討し、共有したことで、児童理解の深まりが見られた。キャリア教育の観点という一つの共通言語を踏まえることで、共通理解が図りやすくなったように感じている。

また、そのことで授業にかかわるすべての教師が同じ方向性を見据え、児童に指導・支援を行うことができるようになり、その結果として児童が「なりたい自分」の姿を生き生きと表現･発揮し、活動に主体的に取り組むことができたように感じている。改めて、チーム・ティーチングをするうえで必要なことや授業づくりにおける大切な視点を得られたように感じている。

上記のこととあわせて、本人･家族や教師のどちらかの一方的な願いや思いだけでなく、双方向の願いや思いを組み入れながら考えることが大切であり、そのことが授業実践の充実のみならず、児童の学校・家庭生活全般や強いてはキャリア発達の促進にもつながると考える。児童の実態＋学習指導要領＋本人・家族の願いの３点がうまく合わさってこそ、いま求められている「主体的・対話的で深い学び」の視点を踏まえた授業が構築されるように感じている。

6 今後の展望

「本人・家族の願い」に着目して実践研究を重ねる中で、小学部では「基本的生活習慣」「学習」に関すること、中学部では､「学習」「社会性」に関すること、高等部では「就労」「暮らし」に関するニーズが高いことが見えてきた。当たり前のことではあるが、それぞれの生活年齢により、求められているニーズも少しずつ異なる。そのことを踏まえ、学部間のつながりや系統性のある指導･支援についても今後検討していく必要があると感じている。

本校では、ここ数年をかけてキャリア教育の観点を大切にして、授業づくりに取り組んできた。その途中で学習指導要領が改訂され、資質・能力の三つの柱の育成等、指導すべき内容や方向性が示されたことにより､指導内容の整理等を進めているところである。「教師側の願いや思いを込めた指導内容は整いつつあるが、児童生徒本人や家族の願いはどうであろうか？」そんな疑問をキャリア教育の視点を踏まえることで、気付かされたように感じている。

本人・家族と教師側の双方向の思いや願いをすり合わせ、日々の授業実践を積み重ねていくことで、より一人一人のニーズに応じた、キャリア発達を促すことができる授業実践の深まりや特別支援学校としての専門性・指導力の向上を今後も目指していきたい。

【文献】

麻生武・綿巻徹編（1998）遊びという謎．ミネルヴァ書房．

菊地一文（2013）特集 特別支援教育におけるICFの活用によるキャリア発達支援の可能性．国立特別支援教育総合研究所研究紀要第40号．

木村宣孝・菊地一文（2011）特集 特別支援教育におけるキャリア教育の意義と知的障害のある児童生徒の「キャリアプランニング・マトリックス（試案）」作成の経緯．国立特別支援教育総合研究所研究紀要第38巻．

独立行政法人国立特別支援教育総合研究所（2010）特別支援教育充実のためのキャリア教育ガイドブック．ジアース教育新社．

05 小学部

将来につながる買い物学習の系統性を考える

生活単元学習部会の取組と授業づくりをとおして

宮城県立名取支援学校名取が丘校教諭　渋谷　規子

キーワード　●組織的取組　●連携・協働　●育てたい力

1　学校の概要とキャリア教育の取組

本校は、小学部・中学部・高等部を設置する児童生徒数200名を超える宮城県内で４番目に大きい知的障害特別支援学校である。校舎の狭隘化が進み、平成31年４月、名取市のほぼ中央地域にある小学校の空き教室を利用して、名取が丘校（分校）を開校した。

本校では、自立と社会参加に向け、高等部卒業までを見据えた一貫した教育が重要であると捉え、教育課程を見直してきた。平成29年度からの３年間は、共同研究テーマを「自立と社会参加に向けた『生きる力』の育成を目指して」とし、研究主体を、学部を越えた教師の縦割りメンバーで構成する教科等部会に広げ、令和元年度は名取が丘校も研究に加わった。

ここでは、平成30年度に「生活単元学習部会（教科等部会の一つ）」として学部を越えた教師の縦割りメンバーによるグループワークを核として、買い物学習の系統性について検討した取組と、令和元年度に本校と分校とが「拡大生活単元学習部会」を組織し、グループワークをとおして、児童にとって初めての買い物学習のあり方を検討した授業づくりについて報告する。

2　児童の実態

名取が丘校児童９名（１年生のみ）は、全員が知的障害と自閉スペクトラム症を併せ有している。身の回りのことは少ない支援でできる児童が多く、日常的な活動については、流れを理解して行動したり、簡単な言葉がけや友達の様子を見たりして行動できる児童が多い。また、自分から言葉や自分なりの手段で要求を伝えることのできる児童も多い。見通しをもちにくいことに不安を感じたり、見通しがもてないことに取り組めなかったりするものの、場所を確認したり、手順や手本を示したり繰り返し経験することで、自ら取り組み、もてる力を発揮できるようになる児童が多い。

買い物学習については、事前に保護者へのアンケート調査を行ったところ、当初活動を予定していたショッピングモールの利用経験はあるが、自分の買いたいものを買う時に待つことが難しい、支払いの経験がない、人混みや買い物自体が苦手であるなどの実態が分かった。また、「買い物についてどんな力を身に付けてほしいか」という問いには、空欄が目立った。入学後間もない児童の保護者には、子供の成長の道筋や将来の姿の具体的なイメージがもちづらいという状況もうかがい知ることができた。

3 実践の意義

買い物は、生活に必要なものを手に入れるためには欠かせない日常的な活動である。また、余暇活動として趣味・嗜好に合ったものを買うことは生活の質を豊かにすることにつながり、ぜひ児童生徒に身に付けさせたい技能の１つである。さらには、金銭のやりとりを学び、欲しいものを得るためにはお金が必要であること、将来お金を得るためには働かなければならないこと、それが社会人であることを理解することにもつながる。まさに買い物学習は高等部卒業後の姿を描きながら、少しずつねらいを変化させ、系統性をもって取り組んでいくことの１つで、単なる生活技能としてだけではなく、社会生活を営む者、消費者としてキャリア発達を促していく学習であるといえる。その学習を実現していくためには、小学部から高等部までの縦のつながりの中で学習内容を考えることが不可欠である。

平成30年度の研究において、各学部の買い物学習を紹介し合う中で見えてきた系統性や買い物の仕方を、「買い物学習の捉え方」としてまとめた（図）。

買い物学習の捉え方（生活単元学習部会案）

平成30年度生活単元学習部会作成資料
→令和元年度改訂

1　場面設定について：店舗で店員を介した現金での買い物とする

2　指導内容と系統性について

（1）共通の指導内容（学部，生活年齢による違いや段階によらないもの）

①　買い物には仕組み，社会的なルール，守るべき行為がある。

・　買い物の手順：品物を選んでレジに持って行き，店員に渡して料金を支払い，品物を受け取る。
・　買い物の性質：お金が必要。お金を払う行為により等価の物が手に入る（お金と交換）。
・　買い物を行う上でのルール：その場で開けない。お金を払わずに持ち出してはいけない。ルールを守らない場合は社会的な処罰を受けることがある。

②　学習における手立て

リアルな場面設定（現実的に・実物で）　・正しい方法で　・実際の体験　　を繰り返す。

（2）系統的な指導内容

令和元年度に生活単元部会で話し合い，挿入。

1　段階（学部に発達段階を加味して）	小学部低学年	小学部中学年～中学部	中学部～高等部	
2　ねらい	・買い物の仕方を知る ・買い物を楽しむ	・買い物を楽しむ ・責任を果たす ・目的意識をもつ	・買い物を楽しむ ・責任を果たす ・一人で買い物ができる自信をもつ	（卒後の姿） ・自分で生活するための買い物ができるが身に付く
ねらいを増やす，広げることで質を高め，段階に応じた主体性を育てる。				
3　学習内容（めやすとして）	・ほしい物（好きな物）を買う	・頼まれた買い物をする ・バリエーションを広げる	・自分（たち）が使う物を買う ・人のため，プレゼントするために買う	・生活に必要な物を買う ・余暇，趣味，友人等とのかかわりで買う，使う
リアルな場面設定，正しい方法，実際の体験を繰り返して，知識・技能を育てる。				

図　買い物学習の捉え方

4 実践の概要と児童の変化

（1）実践の概要

生活単元学習部会の話し合いをとおして、買い物学習は、どの学部・学年でも年間指導計画に位置付けられていること、小学部では生活単元学習として扱い、低学年では好きなもの、中学年ではおつかい、高学年では生活や学習の中で使うものを買うように系統性をもたせていることを確認した。学部が進むに従い、調理学習のための材料を買ったり、学級のお楽しみ会に向けた準備物を買ったりするなど、単元の活動に組み込まれるようになっている。どの取組も、小学部で培われた知識・技能、態度が基盤をなし、学習に生かされ、どの学部でも、実際に店舗に出向いて店員さんを介しての買い物としていることが分かった。

また本研究では、生活単元学習部会に加えて、買い物学習に関連した算数・数学部会と日常生活の指導部会も一緒に、小学部低学年の授業づくりに取り組んだ。様々な立場の教師同士が意見交換をする中で、基礎を学ぶ段階の低学年は、「買い物の楽しさを味わうこと」を一番の目標にするという共通の認識をもつことができた。また本物の店舗に近い雰囲気づくりや実物を使ったリアルさ、正しい理解を促すための手本提示、買ったものをすぐに使うなどの授業づくりに有効な手立ても確認できた。

拡大生活単元学習部会での意見交換の様子

表　学部段階ごとに買い物学習で身に付けたい知識・技能

	第一段階（小学部）	第二段階（中学部）	第三段階（高等部）	（卒業後）
買い物の仕方	・買い物の約束（だまって持ってこない，店内で開けない） ・支払いの手順（レジで並ぶ，お金の出し入れ，商品やお金，レシートのやりとり） ・欲しい物が買えないとき，我慢することができる。 ・品物を大切に扱う。 ・欲しい物を選ぶことができる。 ・頼まれた物を見つけることができる。（おつかい） ・エコバックの活用。　・自動販売機の利用。	・必要な物や個数を考え，買い物の計画を立てる。 ・売り場から買いたい物を探して見つけることができる。 ・目的の品物を選ぶ。（正確に・複数の物） ・役割の理解。 ・セルフレジの利用。	・予算の中で買うことができる。（複数の物） ・同じ種類の品物の中から値段や大きさなどから判断して買うことができる。 （例：カレールー） ・目的に合わせた店の選択。 ・レシートの見方。 （残額の確認など）	・お金が足りない，ちょうどよい量が買えないときなどの対応。 ・セルフレジやキャッシュレスカード等の利用。 （操作方法や適切な使用） ・ウインドーショッピング （余暇）
お金の価値操作	・買い物にはお金が必要だと分かる。 ・お金には様々な硬貨があることを知る。	・値段を見て買えるかどうか分かる力 （数量の大小の判断） ・金額に合ったお金を出すことができる。 （例）850円⇒1000円札⇒ 500円玉，100円3枚，50円玉 ・働くことでお金が手に入る事を知る。	・値札や広告を見て品物の値段が分かる。 ・概数（430円→500円） ・お小遣い帳をつける。 （お金の管理）	・基本的な金銭感覚。 （例：自分がよく買う物のだいたいの値段が分かる） ・給料を計画的に使う。 （使いすぎない・貯金） ・生活する上でどれだけのお金が必要か分かる。 （光熱費など実物以外の物も）
店員とのやりとり	・あいさつができる。 「こんにちは。」「ありがとう。」「これ，ください。」など。 ・店員とお金や買う物をやりとりすることができる。	・買いたい物を見つけられないときに店員に聞くことができる。（言葉・品物が書いてある紙）	・困ったときに人に尋ねたりお願いしたりする。	・一人で買い物に行き，できないとき助けてもらう。
公共マナー	・親や教師，友達と一緒に行動できる。 ・知らない場所でも入れる。	・先生の話を聞き，周りの様子を見て行動できる。 ・知らない場所でも落ち着いて行動できる。	・店内で待つことができる。 ・店内で騒がない（歌や大声）。	⇨

令和元年度には、分校として初めて買い物学習に取り組むにあたり、本校と分校で拡大生活単元学習部会を組織し、意見交換を行った。買い物学習の進め方や目指す姿を共有し、「買い物学習の捉え方」の妥当性を確認した。初めての買い物学習では、買い物の手順及びお金と物が交換になることを学ぶことと、買い物を楽しむためには正しい方法を繰り返すことで買い物の仕方を身に付けることが必要であるという捉え方の見直しもできた。生活単元学習部会で「学部段階ごとに買い物学習で身に付けたい知識・技能」（表）をまとめ、身に付けたいことや、買い物学習の系統性を明確にした。

その中で、国語・算数（数学）の時間に、挨拶やお金を使った計算、小遣い帳、家計など基礎的な学習をすることの関連が見えた。また、それらを活用し総合的に学ぶ場として、生活単元学習だけでなく、作業学習、学校行事等で買い物学習や販売学習を展開するという学校全体のカリキュラムの構図も見えた。

本校では以下の５つの観点を踏まえた授業づくりを工夫しており、分校でも同じ観点で授業づくりに取り組んだ。

①　適切な実態把握・目標設定：「保護者アンケート調査と利用店舗の変更」

初めての買い物学習のため、記入式の事前アンケートを行った。児童の実態を把握するとともに、保護者の願いなども聞き取ることで、どんな力を身に付けていくか、入学から高等部まで、どんな学習を積み重ねることが求められているかを考える際の参考とした。また、学習内容や利用店舗などを決定する貴重な判断材料となった。

当初、行き先は本校の学習指導計画を踏襲する形で、大型ショッピングモールを考えていたが、アンケート結果と小学部１年生という段階を踏まえ、まず、ものを買うにはお金が必要であることを学んだり、好きなものを１つ選んで買うという活動をしたりするためには、分かりやすさから行き先を100円均一ショップに変更した。この行き先変更が、その後の指導内容の焦点化につながった。

②　指導内容・活動量の工夫：「正しい方法、実際の体験の繰り返し」

分かりやすくするために設定を好きなものを１つ買うこととし、模擬店での買い物の練習を繰り返した。また、買ったもので遊ぶ時間を確保し、買い物と遊びとを結び付け、達成感と満足感を味わえるようにした。挨拶や店内でのマナー、約束なども意識して働きかけたことで、理解につながった。

③　教材・教具の工夫：「分かりやすさと実物」

支払い方を分かりやすくするため110円（硬貨２枚）を基本とし、陳列商品やレジ、かご、レシートなど実物を使用した。ものの操作やお金の扱い方に慣れることができた。

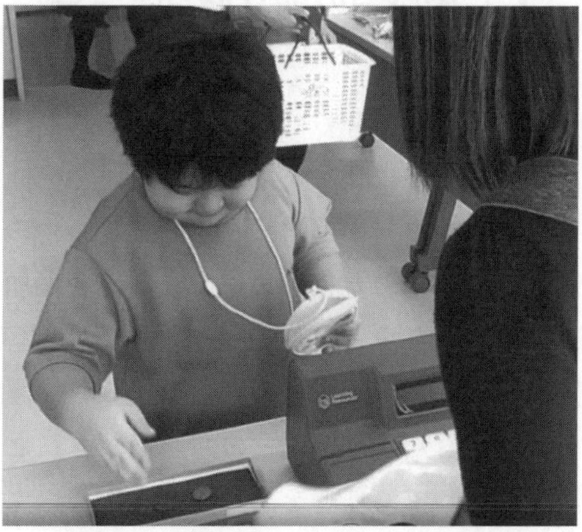

模擬店での実物を使った買い物練習の様子

④　働きかけの工夫・称賛の工夫：「ICT の活用」

店舗の協力を得て、事前に店内や会計の仕方を撮影させていただいた。オリエンテーションではその動画を流し、活動への期待と見通しがもてるようにした。また、練習の様子をタブレット型端末で撮影し、児童に自らの様子を振り返り、確認できるようにし、良かったところを褒めるようにした。さらに、動画や実際の動作などで正しい手本を見せることで、トレーにお金を置くことや静かに待つことなど、会計の仕方や公共でのマナーなども理解できた。

⑤　場の設定の工夫：「リアルな設定」

練習では、利用店舗を想起させるような場面設定をした。本番と同じような経験を繰り返すことで、児童は、本番も自信をもって買い物ができていた。好きなものを一人で選んだり支払いをしたり、挨拶をしたりするなど主体的に行動する姿が見られた。また、活動場所としたホールを店舗と待機場所に分け、他の児童の買い物の様子を見ながら順番を待つようにした。見ることからも学ぶ機会を生むことができた。

（2）児童の変容

今回の買い物学習をとおして、学習した力を発揮して好きなものを買う経験は、達成感を生み、一人でできたという自信を育て、買い物そのものを楽しいと感じる経験につながったと考える。また、2つ欲しかったが1つだけ選んで買うことができたなど、自己統制力や自己決定力を伸ばし、その後に行った別の買い物学習につながった児童も見られた。

家庭への事後の聞き取りでは、「これまで任せられなかったかごを持ち、指示した商品をかごに入れることができた」「支払いもできた」「店内で静かに待つことができた」などのエピソードが寄せられた。何より、学校での学習体験を受け、多くの家庭が子どもを買い物に連れて行き、さらに経験を積ませてくださったことが大きな成果となった。このように、買い物学習は学校の学習にとどまらず、実際の生活に反映されてこそ、生活単元学習として取り組む意義があるということを再認識した。

5　実践者の振り返り・考察

本校での学部を越えた縦のつながりとともに、小学部卒業後に本校の中学部・高等部で学習する児童を育てている分校との結び付きを意識した取組が成果につながった。多様な経験や立場の教師が一緒になり、児童生徒の将来像を思い描きながら授業づくりをし、研究を進める中で、小学部段階では買い物の基本的な力をしっかり身に付け、中学部・高等部段階ではその力を生かし自立と社会参加を実現していくという学びのつながりを明らかにできた。さらに、基礎・基本的な学習内容や既存の計画、発達段階を基盤としながらも、実際目の前にいる児童の実態や経験、保護者のニーズを把握したうえで計画を柔軟に見直し、実践したことが児童の力を伸ばすことにつながった。そして、家庭に買い物学習の意図を説明して、理解を求めるとともに、児童の成長や身に付けた力を伝えることで、家庭での経験の拡大につながった。こうした流れによって、児童一人一人の将来の姿が明確化

し、具体的になっていくと感じた。

本研究の大きな成果は、教師一人一人の意識も変わったことである。これまでは自分の学級・学年の取組しか知らず、他を知る機会がもちにくかった。しかし生活単元学習部会などの教科等部会での話し合いや情報交換をとおして、他学部・他学年等との関係性の中で自分の受けもっている児童生徒の生活年齢や発達段階を意識し、学習内容について改めて考えることができたという意見が多数出された。現在も、教師一人一人がそれぞれの学部に自分たちの気付きや成果を反映していく努力を続けている。

6 今後の展望

昨年度初めて買い物に出掛けた児童たちの多くが、今年度も同じ店舗でかごを片手に商品をゆっくり眺めてから1つを手に取る様子が見られた。経験が確かに生かされている光景であった。また、分校の実践から、本校の低学年でも利用店舗の見直しに着手した。教師の意識の変化が広がった証である。近年、世の中の買い物の仕方は急速に変化している。お金を持たなくても買い物ができる時代であっても、本校での系統立てた買い物学習のように、現金でのやりとりを基本とする買い物の経験は依然として必要であり、それをもとに、買い物方法の多様化にも対応できる力を育てなくてはならない。

新しい生活様式を踏まえた買い物の様子

また、新型コロナウイルス感染防止のため、新しい生活様式への対応も求められている。買い物の仕方もさらに変化していくだろう。しかしながら、この変化は、障害の特性として、人との交わりが苦手な児童や、視覚支援が必要な児童にとっては生活しやすい状況を生む場面もある。このことは、皆と同じ社会のルールに対応することができるという自信にもつながっていくと考える。

令和4年度には、成年年齢が18歳に引き下げられ、高等部在学中に成年を迎えることになり、金銭、消費にかかわる課題と向き合う時代が迫っている。社会の変化や現実を直視しつつ、高等部までの学習の系統性をより意識し、今回のような学びをつなげる取組を、教育活動全体に広げるべく学校組織全体で考えていきたい。

【参考文献】

宮城県立名取支援学校（2018）（2019）研究紀要などより．

06 小学部

「私の応援計画」を活用した授業づくり

児童一人一人の教育的ニーズを踏まえて

秋田大学教育文化学部附属特別支援学校教諭　伊藤　学

キーワード　●思いの見取り　●教育的ニーズと授業をつなぐ　●キャリア発達

1 学校の概要とキャリア教育の取組

本校は秋田市中心部にあり、知的障害のある児童生徒が通う特別支援学校である。小・中・高等部併設で、全校児童生徒数は約60名の学校である。「児童生徒のもっている可能性を追求し、一人一人の能力・特性等に応じた知識・技能・態度を身に付けるとともに、可能な限り積極的に社会生活に参加できる人間を育成する」ことを教育目標に掲げ日々の教育活動に取り組んでいる。本校では平成29年度より２年計画で「本人主体の個別の教育支援計画の作成と活用」をテーマとした研究に取り組んできた。児童生徒と教師との対話をとおして、児童生徒の「思い」や「教育的ニーズ」を引き出し、個別の教育支援計画や授業づくりに反映する過程を明確にした。加えて、本人主体の個別の教育支援計画を教育課程の中心に据え、児童の夢や思いを大切にし、卒業後の生活とのつながりをイメージした授業実践を行っている。

2 児童の実態

本校小学部は、複式学級による３学級（ふたば学級～１・２年生、わかば学級～３・４年生、あおば学級～５・６年生）で構成されている。各学年の定員は３名で、定員に満たない学年もあるが４～６名の児童による学級が編制されている。ダウン症候群と自閉スペクトラム症の割合が高く、実態としては、言葉によるコミュニケーションが可能な児童から、身振りやサインを教師がくみ取ることでかかわりが成立する児童まで大きく幅がある。

児童の生活年齢を意識した継続的・段階的な日常生活の指導や、生涯学習奨励員や近隣の公共施設などの地域資源を効果的に活用した活動をとおして、キャリア教育の視点に基づいた生活習慣の形成を図っている。

将来へのイメージを具体的にもっている児童は少ないものの、身近な存在である中学部・高等部生徒への憧れから「中学部になったら○○の勉強を頑張りたい」「高等部生徒のよ

うに作業学習で作った製品を販売したい」といった声が聞かれる。「好きなもの、こと＝将来の夢、仕事」というように将来生活へのイメージを漠然ともっている段階である。

3 実践の意義

2009年に告示された特別支援学校幼稚部教育要領及び小学部・中学部並びに高等部学習指導要領において、個別の教育支援計画の作成が義務付けられた。

本校でも個別の教育支援計画を作成し、その重要性を認識する一方で、学校が主体となって作成していることへの疑問や、有効に活用されていない現状が生じてきた。そのため、計画の目的の整理と作成・活用の在り方の改善、本人主体の計画の重要性の観点から、児童生徒と保護者が主体となって作成することで本人が活用でき、有効性のある計画とすることを目指し、学校主体で作成してきた個別の教育支援計画を、本人・保護者が主体となり作成する「私の応援計画」へと改変した。

作成にあたっては、「将来なりたい自分」「そのために何を頑張りたいか」「応援してくれる人は誰か」など、願いや目標、目標達成のための方法を明確にするため、児童生徒と教師との対話を重視した。

小学部児童の場合、将来へのイメージが具体的にもてていなかったり、自分の思いを言葉で伝えることが難しかったりするため、児童の願いを後述する「思いいっぱいシート」（次頁、図2）で具体化し、児童の願いを反映させた教育的ニーズを導き出した。導き出された教育的ニーズは指導目標や内容等の選定に生かしたり、授業のねらいや支援へ反映したりするなどして、日々の学習指導へ活用した。「私の応援計画」の作成と授業等への反映の手順は、図1のとおりである。

図1　「私の応援計画」作成手順

4 実践の概要と児童の変化

ここでは児童の「思い」をくみ取る「思いいっぱいシート」（図2）に記入された情報の整理の仕方と、児童の「思い」を「願い」に変換し児童一人一人の教育的ニーズから、算数科学習グループの指導内容を設定するまでの過程を紹介する。

（1）私の応援計画の活用～「思い」を「願い」に変換する～

①　「思いいっぱいシート」の記入～児童の行動から以下の３点をくみ取る

◆児童の好きなこと、得意なこと（赤色）
◆興味が出始めたもの（青色）
◆苦手なこと（黄色）

②　関連性を見付ける

「なぜ好きか」などに着目し、共通する項目を集めて、「児童の思い」を記入する。

③　「児童の願い」を把握する

「児童の思い」から、「やりたいこと、なりたい自分」を推測し、「児童の願い」として「私の応援計画」記入する。

以上の手順を踏まえ、「児童の願い」を反映させたことにより、適切な「教育的ニーズ」を把握できるようになった。「教育的ニーズ」は3つの柱（「知識・技能」、「思考力・判断力・表現力等」、「学びに向かう力・人間性等」）を考慮し設定した。

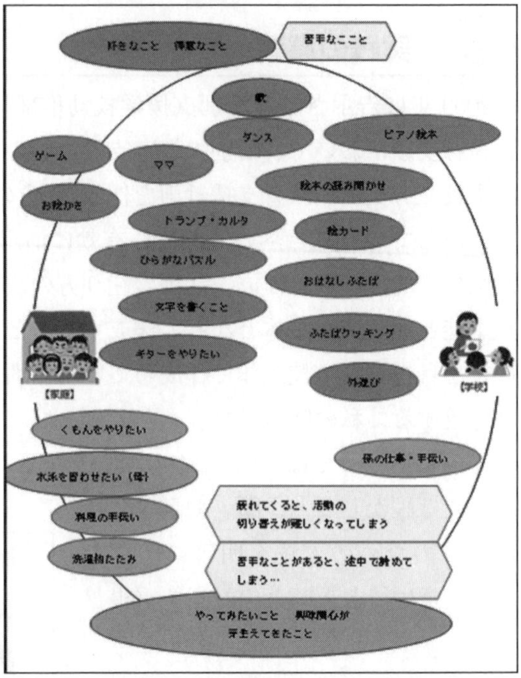

図２　「思いいっぱいシート」

（2）教育的ニーズと授業をつなぐ

①　「教育的ニーズシート」（図３）の作成～教育的ニーズから各教科等で身に付けたい力を考える～

ア　私の応援計画を活用し、教育的ニーズを把握する。

イ　「教育的ニーズ」を達成するために必要となる力を、「生活する力を育てる視点」※1から選択する。

ウ　「生活する力」を育むために「各教科等で身に付けたいこと」を新学習指導要領の目標及び内容、キャリア教育の視点に基づいて決定する。

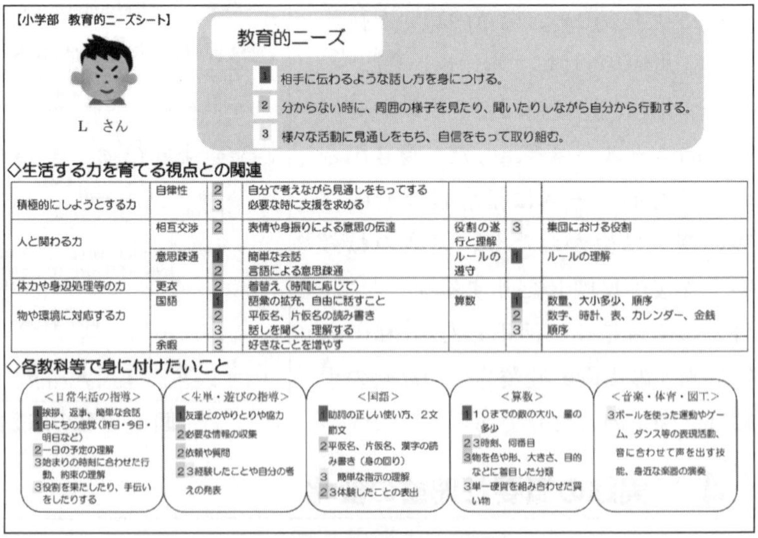

【小学部　教育的ニーズシート】

L　さん

教育的ニーズ

1　相手に伝わるような話し方を身につける。
2　分からない時に、周囲の様子を見たり、聞いたりしながら自分から行動する。
3　様々な活動に見通しをもち、自信をもって取り組む。

◇生活する力を育てる視点との関連

積極的にしようとする力	自律性	2 3	自分で考えながら見通しをもってする 必要な時に支援を求める			
人と関わる力	相互交渉	2	表情や身振りによる意思の伝達	役割の遂行と理解	3	集団における役割
	意思疎通	1 2	簡単な会話 言語による意思疎通	ルールの遵守	1	ルールの理解
体力や身辺処理等の力	更衣	2	着替え（時間に応じて）			
物や環境に対応する力	国語	1 2 3	語彙の拡充、自由に話すこと 平仮名、片仮名の読み書き 話しを聞く、理解する	算数	1 2 3	数量、大小多少、順序 数字、時計、表、カレンダー、金銭 順序
	余暇	3	好きなことを増やす			

◇各教科等で身に付けたいこと

＜日常生活の指導＞
1挨拶、返事、簡単な会話
1日にちの感覚（昨日・今日・明日など）
2一日の予定の理解
3始まりの時刻に合わせた行動、約束の理解
3役割を果たしたり、手伝いをしたりする

＜生単・遊びの指導＞
1友達とのやりとりや協力
2必要な情報の収集
2依頼や質問
2 3経験したことや自分の考えの発表

＜国語＞
1助詞の正しい使い方、2文節文
2平仮名、片仮名、漢字の読み書き（身の回り）
3　簡単な指示の理解
2 3体験したことの表出

＜算数＞
1 10までの数の大小、量の多少
2 3時刻、何番目
3物を色や形、大きさ、目的などに着目した分類
3単一硬貨を組み合わせた買い物

＜音楽・体育・図工＞
3ボールを使った運動やゲーム、ダンス等の表現活動、音に合わせて声を出す技能、身近な楽器の演奏

図３　「教育的ニーズシート」

②　「指導内容デザインシート」（図４）の作成～集団の授業で取り上げる内容を考える～

ア　「教育的ニーズシート」から、「教育的ニーズ」と「算数科で身に付けたいこと」を転記する。

イ　一人一人の「算数科で身に付けたいこと」を算数科の４領域（「数量の基礎、数と計算」「図形」「測定」「データの活用」）から分類する。

ウ　指導内容の系統性に配慮しながら、授業で取り上げる内容を考える。

エ　個別の指導計画から、学習グループで取り入れたい「学びのスタイル」※2を検討する。

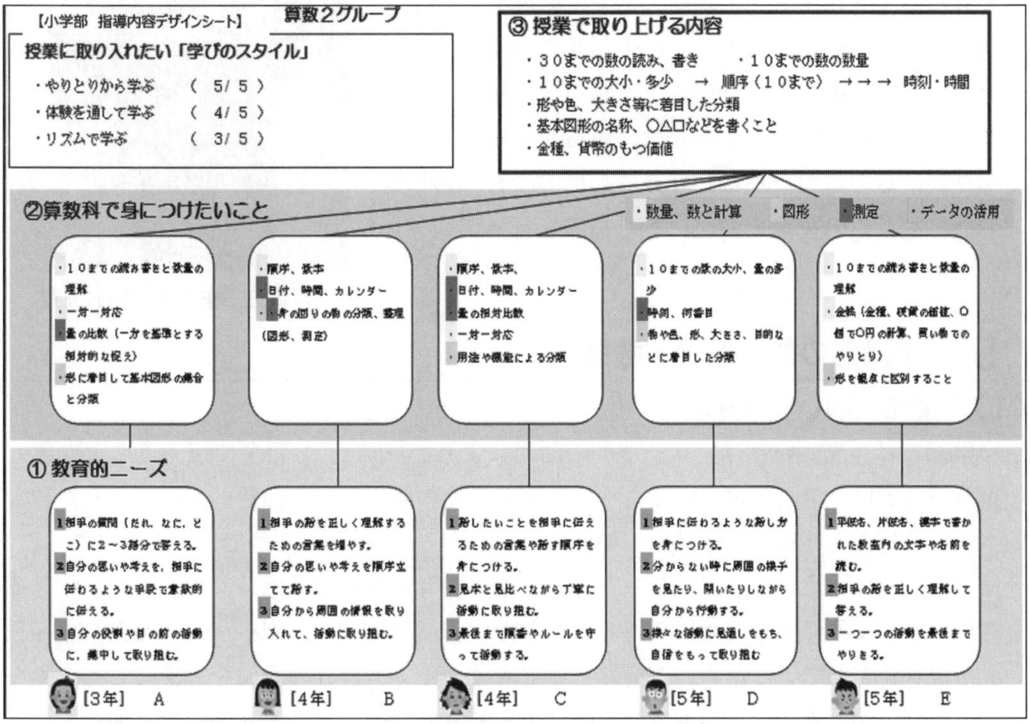

図４　指導内容デザインシート

※１：生活する力を育てる視点～本校では児童生徒の社会参加や自立に必要な「生きる力」を「生活する力」と捉え、教育実践の根拠としている。さらに、「生活する力」を「それぞれの生活場面で直面する問題を児童生徒自身が解決していく力の総称」であると定義付け、４視点（物や環境に対応する力、人とかかわる力、体力や身辺処理等の力、積極的にしようとする力）13 領域から捉えている。

※２：学びのスタイル～本人主体の授業づくりを行っていくために、「マルチ知能（MI）」を根拠とし、より多面的に児童の学び方を考える際の手掛かりにしている。

（３）算数科の授業実践「つむつむランド　～つんでみよう　くらべてみよう～」

児童の共通の教育的ニーズとして「周囲の情報を自分で整理して取り入れること」や「自分の気持ちを相手に伝わるように話すこと」が挙げられた。児童が日常の生活や遊びの中で身に付けつつある数量を整理・確認し、ものの集まりと数詞や数字を対応させることや、数と量の関係性を適切な言葉で表現できるよ

写真１　空き缶を積む児童

うにすることが教育的ニーズの達成につながると考えた。

児童の「教育的ニーズ」から、算数科の各学習グループの指導内容を決めるための手順を明らかにできたことは大きな成果と言える。実践をとおして、基礎・基本を大切にした指導が児童一人一人の生活する力を育むことが分かった。基礎・基本を踏まえた物事の理解や、様々な学習への興味・関心の広がりは、児童が生涯にわたって学び続ける力につながると考える。他の教科等の指導においても、この視点を大切にした指導を行っていきたい。

写真２　空き缶を積む児童

５　実践者の振り返り・考察

（１）児童の「願い」の具体化

小学部では「思いいっぱいシート」の活用により、「思い」を言葉で伝えることが難しい児童の「願い」を具体化できるようになった。その結果、児童の願いを反映させた教育的ニーズの把握や「私の応援計画」の作成､授業づくりを行うことができるようになった。今後も継続的に「思いいっぱいシート」を、児童自身が自分の「思い」や「願い」や目標を意識できるようにするために活用していきたい。「思いいっぱいシート」で､児童の「思い」が視覚化されているため、児童にとって考えやすく、自分の思いを言葉にしやすくなるのではないかと考える。保護者と教師による読み取りに、児童本人の言葉が加わることで、より本人主体の「私の応援計画」の作成・活用につながると考える。

（２）「教育的ニーズ」から「集団で取り上げる学習内容」の設定

「教育的ニーズシート」や「指導内容デザインシート」を用いたことで､児童一人一人の「教育的ニーズ」から各学習グループの指導内容を決めるまでの手順が明確になった。集団での学習内容を考えるときに、指導内容を選定する視点が明らかになり、担任の主観に偏らずに指導内容を決定することができるようになった。

（３）「長所を生かした学びのスタイル」の授業づくりへの活用

各学習グループに在籍する児童の「学びのスタイル」から共通する３つの「学びのスタイル」を取り上げて授業づくりを行ってきたことで、「繰り返しの活動を多く取り入れる」「友達や教師とのやりとりを取り入れる」など、大まかな学習活動の流れを考えることができた。「指導内容デザインシート」に記載はしていなかったが、実践していく中で児童一人一人の「学びのスタイル」は､個別の支援を考えるときに参考となることが分かった。個別の「学びのスタイル」や「思いいっぱいシート」、面談で明らかになった好きなことなどを「指導内容デザインシート」に記入し、より授業づくりに生かせる資料となるようにしていきたい。

（4）保護者や関係機関との連携

「私の応援計画」の作成に向けて、「思いいっぱいシート」を用いて、保護者と教師、または教師同士が児童の様子について話し合うことで子ども理解が深まった。「思いいっぱいシート」は児童の「思い」を読み取るためだけのツールにとどまらず、他者と情報を共有するときに有効な資料となることが分かった。児童が利用する放課後等デイサービスの職員との情報交換資料にするなど、活用の場を広げていきたい。「思いいっぱいシート」で好きなことなどを確認し、「私の応援計画」で本人の願いや必要な支援を共通理解することで、実態に即したより適切な支援を関係機関と協力しながら行うことができるのではないかと考える。

6 今後の展望

ここまで記述した実践をとおして、自分で気持ちを伝えることが難しい児童の「思い」をどうくみ取るのかを明らかにできたことは大きな成果と言える。その結果として、児童の「思い」が「教育的ニーズ」や授業づくりに反映された。今後も継続的に自分の好きなことや得意なことを教師と一緒に話し合ったり、新たに見つけたりするためのツールとして「思いいっぱいシート」を活用し､児童との対話から「思い」や「願い」を掘り起こし、授業実践に結び付けていきたい。

一方で、今後の学校全体で児童生徒のキャリア発達を促していくためにも、児童生徒の「思い」や「願い」、目標を具体化したり、広げていったりする工夫を続ける必要があると考える。小学部段階で､中学部や高等部生徒への憧れを抱いたり､将来への大まかなイメージをもったりする姿を育てるためにも､「ＩＣＴの効果的な活用」と「実体験」の両面から、先輩の様子を知ったり､地域と共に学んだりする授業づくりを行っていき､児童生徒の「思い」「願い」を広げていきたい。

最後に、研究実践から数年経過し、研究当時の取組を知らない教員もいる中で、「私の応援計画」の作成の手順や、その利点、効果的な活用方法について、学校全体の風土として引き継がれるとともに、よりよい形にしていくための体制も整えていきたい。

【文献】

秋田大学教育文化学部附属特別支援学校 (2017) 研究紀要第 43 集
秋田大学教育文化学部附属特別支援学校 (2018) 研究紀要第 44 集
秋田大学教育文化学部附属特別支援学校 (2019) 研究紀要第 45 集
髙橋基裕・藤井慶博 (2020) 当事者主体の個別の教育支援計画の実践とその効果に関する研究．日本発達障害学会

07 小学校

意欲的に活動する児童の育成を目指して

日常生活の指導、生活単元学習の実践

東京都立水元特別支援学校主任教諭　井上　久美子
（前 東京都江東区立有明小学校主任教諭）
東京都江東区立有明小学校主任教諭　鈴木　多恵

キーワード
●育成を目指す資質・能力　●主体的・対話的で深い学び
●「思い」や「願い」を踏まえた実践

1　学校の概要とキャリア教育の取組

江東区立有明小・中学校は、平成23年4月に江東区初の施設一体型校舎、江東区の小中連携教育モデル校として開校した。令和２年度は、小学校は380名、その内、特別支援学級には13名の児童が在籍している。中学校にも特別支援学級があり14名の生徒が在籍している。児童・生徒数が増え続けている有明地区の発展と併せて、学校としても大きな発展を遂げてきた。本校の大きな特色として、小学校棟と中学校棟が一体化している校舎の利点を最大限に生かした小中連携教育の推進、充実が挙げられる。開校以来、一貫して研究主題を「９年間のこどもの学びと育ちを支える～９年間を通した学校教育の創造～」とし、連携教育を研究の柱の中心に据えてきた。研究をとおして、中一ギャップの解消が図られるとともに、児童生徒の自然なふれあい、かかわりが増えてきた。さらには小中学校の教職員間の連携も密になり校種を越えた教育が定着してきている。特別支援学級では、小中学校それぞれで特にキャリア教育の視点に基づいた教育活動を行ってきた。「小中ふれあい活動」では、特別支援学級児童・生徒それぞれの発達段階に応じて「願い」を生かした活動を計画し、主体的に学びを深められるよう支援の工夫・充実を図っている。

2　児童の実態

本校の特別支援学級（仲よし学級）には、１年５名、２年２名、３年３名、５年２名、６年１名の合計13名が在籍しており、知的障害のある児童に対して教育を行う特別支援学校の各教科の目標や内容を踏まえた教育課程で学習を行っている。

国語や算数は、学年を超えて習熟度別の学習グループを編成し学習を進め、音楽・体育等や生活単元学習は、学級全体での学習や少人数グループの学習を、授業のねらいによって柔軟に組み合わせて行っている。集団を確保し異年齢集団の中でかかわる力を養いたい場合は学級全体で、より細やかに個々の障害特性や発達課題に対応する場合は少人数グ

ループで学習を進めている。

児童は日直の仕事や係活動に取り組むことが好きで、「自分の仕事を頑張りたい」「役に立ちたい」という気持ちをもっていると感じられる。また、友達とかかわりながら共につくり上げる活動が好きで、これまでも生活単元学習において“お店屋さん活動”や“ゲームコーナー作り”等の活動を行ってきた。

隣の施設には有明中学校の特別支援学級があり、普段から中学校の先輩の姿を見かける機会は多い。小学校の特別支援学級から同中学校の特別支援学級に進学する児童も多く、児童は中学校の先輩に対して近しい気持ちを抱いており、校内で出会ったときは親しく話かけ、自然と交流が生まれている。

3 実践の意義

江東区では、小中学校において「こどもたち一人一人の確かな学びや育ちを支えるものとして、すべてのこどもたちに確実に身に付けさせたい内容を明らかにし、その定着を目指す」ことを目的として「こうとう学びスタンダード」に取り組んでいる。小学校に設置されている本学級では、学習習慣について示している「学び方スタンダード」を身に付けられるよう、日常生活の指導を中心に教育活動すべてで意識し、取り組んでいる。

また、本校がある江東区有明地区は歴史の新しい土地で、ほとんどの児童が高層マンションに住んでいる。神社仏閣はなく、古くからある地域のお祭りもないため、児童はお祭りに参加する経験がほとんどない。さらに今年度は感染症予防の観点から多くの行事がなくなり、夏休みに小学校校庭で行われていた地域のお祭りもなくなった。昨年度の夏祭りに参加した児童は「楽しかった。また行きたかった」と言っていた。そこで児童の気持ちを受けて、生活単元学習でお祭り活動を行うことにした。

4 実践の概要と児童生徒の変化

（1）「日常生活の指導」での実践の概要と児童の変化

①　1週間の予定表の活用

毎日の学習に見通しをもち、その日に必要な物を準備できるようにするため、金曜日の帰りの会で翌週の週予定を配布した（図1）。教室にはいつでも見ることができるよう掲示し、まだひらがなを読むことが難しい児童でも内容が理解しやすいよう簡単な絵を入れた。児童は予定表をとてもよく見ており、日付や曜日が分かるようになったり、下校後に翌日の学習を確認して、自分から進んで持ち物の準備ができるようになったりと、学校生活に見通しをもち楽しむとともに、自分のことを自分で行おうとする意欲が高まった。

②　係・当番活動

朝の会の司会や授業前後の挨拶を行う日直、給食の配膳台準備や片付け、配膳の手伝いを行う給食当番、学級の様々な仕事を行う係活動を、年間をとおして行った（図2）。どの係も自分のためだけでなく学級のみんなのために行う大切な仕事であることを伝え、自

分で選択して決めることとした。はじめは、どの仕事も手を添えての支援や、頻繁な言葉がけが必要な状態だったが、多少時間はかかっても児童がやり遂げられるまで待つこと、感謝の言葉をかけること、できた仕事を学級全体で確認し、認め合うことを続けることで少しずつ児童に変化が見られるようになった。日直の朝の会での司会は、児童の良い点(声の大きさ、姿勢、話し方等)を、具体的に児童に伝え、共有していくことにより、どの児童も上達した。いつ自分が日直になるかを、カレンダーを見ながら確認したり、翌日の日直に向けて家で司会の練習をしたりするなど、意欲も高まった。また、給食当番は自分の支度に時間がかかり、配膳の手伝いに間に合わなかった児童が、仕事をするために自分の支度を素早く行えるようになった。牛乳やストローを配る仕事ではどのように配ったら効率よくできるかを考え、工夫して行う姿が見られた。さらに係活動では、言われなくても仕事を進んで行い、責任をもってやり遂げられる児童が増えた。

2月1日～2月5日　3年

	1日 月曜日	2日 火曜日	3日 水曜日	4日 木曜日	5日 金曜日
	ほうそう朝会	B6	とくB 午前		
1	なかよしタイム	図工	算数	算数	体育
2	国語	図工	音楽	音楽	国語
3	算数	国語	国語	体育	生活たんけん ゲームランド
4	体育	生活たんけん ゲームランド	書写	道徳	生活たんけん ゲームランド
	給食　そうじ　昼休み				
5	生活たんけん じしゃくのふしぎ	わくわくタイム		総合 オリパラがくしゅう	図書
6		算数		国語	総合 パソコン
下校	2時20分	3時00分	12時50分	3時10分	3時10分
もちもの	月曜セット			図書の 本	

図１　１週間の予定表

仲よし学級の 当番

黒板《こくばん》	
配《くば》り	
保健《ほけん》	
生《い》き物《もの》	
体育《たいいく》	
整列《せいれつ》	
献立《こんだて》	
時間割《じかんわ》り	

図２　係活動表

(2)「生活単元学習」での実践の概要と児童の変化

①　導入期

　お祭りに行ったときの体験を発表してもらい、お祭りのイメージを皆で共有した。「夏休みのお祭りがなくなってしまったから、自分たちで秋のお祭りをやりたい」という意見が挙げられた。お祭りのキーワードとして、お神輿、盆踊り、屋台等が出てきたので、その３本柱で「有明秋祭り」をみんなで開くことになった。

② 展開期

ア　お神輿

ダンボール、色紙、牛乳パック、廃材のプリンカップ等を利用し、手作りのお神輿作りをした。グループに分かれて、屋根作り、提灯作り、お神輿にのせる人形作り、神輿担ぎを煽る祭りうちわ作り等を行った。完成したお神輿を担ぎ、学校内を練り歩いた。通常の学級の児童や職員が見にきてくれ、児童は「わっしょい！わっしょい！」と神輿担ぎを楽しんだ（写真１）。

イ　盆踊り

オリンピック会場にほど近い本校では、昨年度の運動会で「2020東京五輪音頭」を全校で踊った。運動会の時の練習を思い出し、東京五輪音頭の練習を行い、お祭り本番では楽しく踊った（写真２）。

ウ　屋台作り

屋台作りは４グループに分かれ、話し合い活動を大切にし活動を進めた。グループではリーダーを中心に、どんな屋台を作りたいかを相談して決めた。その結果、“たこ焼き屋さん”、“お好み焼きやさん”、“りんごあめ&チョコバナナ屋さん”、“焼きそば屋さん”の４つを作ることになった。商品作りは、新聞紙、色紙、割り箸、紙皿、廃材、毛糸、ダンボール、芯材等、使えそうな素材を用意し、児童が自分たちで見立てて作ることを大切にした。商品の他には、何が必要かを全体で話し合い、看板、値札、お金が必要だという意見が児童から出された。他にも児童の発想から、「お好み焼きを焼く鉄板がほしい」「へらが必要」「チョコバナナは台に刺して売ってるのを見たことがあるよ」「たこ焼きを焼く機械を作りたい」等の意見が出され、準備を進めた。本番の活動では、お互いの店に買い物に行き、楽しそうにやりとりする姿が見られた（写真３・４）。

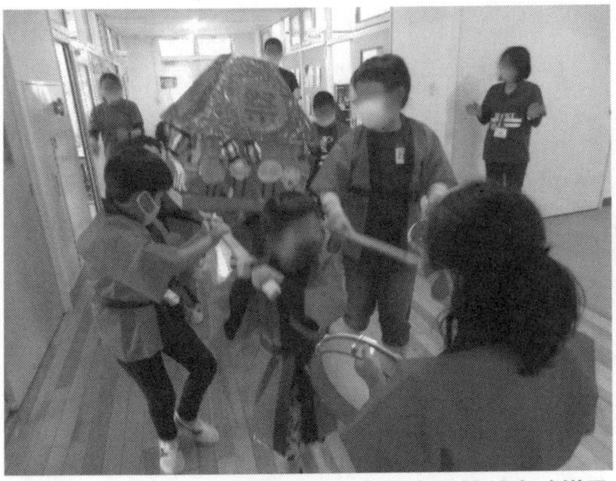

写真１　手作りのお神輿を担いで校内を練り歩く様子

写真２　音頭を踊る様子

写真３　出店「りんごあめとチョコバナナやさん」の様子

写真４　出店「お好み焼き屋さん」の様子

写真５　中学校特別支援学級生徒との交流の様子

③　まとめ

あるグループでお店の看板の場所、商品の置き方について、友達と意見が食い違い、けんかになってしまった。この出来事について、次時に全体で振り返りをし、“話し合いのときの約束”について①自分の意見を伝える、②友達の話を聞く、③意見が合わないときは相談して良い解決方法を考える、の３点を踏まえて話し合った。解決方法として、多数決で決める、相手に譲る、両方の意見を合わせた新しいアイデアを考えてみる、じゃんけん等、いろいろな解決方法が考えられることを皆で確認した。怒っていた児童は、看板の場所と商品の置き場について、友達との折衷案を考え、無事にお店を開くことができた。

お祭り活動の感想を発表し、中学校の先輩にもお店に来てほしいという意見が出された。後日、中学校の特別支援学級の生徒にお客さんとして来てもらい、お祭りの屋台を開き、交流活動へと発展させた。中学生からは、作業学習で作成した恐竜や花の切り紙のプレゼントがあり、お互いに笑顔あふれる楽しい時間となった（写真５）。

5 実践者の振り返り・考察

これまで特別支援学級で大切にしてきた「自立」を目指す学習活動をもとにしながら、新たにキャリア教育の視点を取り入れ、必要な力は何か、将来必要となる力は何か、それを身に付けるためには、今どういった活動が必要かを考えながら授業づくりや日常生活の支援に取り組んだ。児童同士の話し合いや、自分で考えたり判断したりして決めること、児童に活動への見通しや目標をもたせることなどを大切にしながら、指導にあたったことが、児童の主体的で意欲的な姿を引き出すことにつながったと考えられる。特別支援学級は、大多数の通常の学級の児童の中で生活するため、これまで教師はスキルの獲得に目が行きがちであったが、「できた・できない」ということだけでなく、「どのように取り組んだか」という学習過程に目を向けた言葉がけができるようになり、児童の自己肯定感を高めることができた。

6 今後の展望

本学級の今年度のキャリア発達を目指した取組の中では、教師や支援員の意識が高まり、児童への言葉がけや活動内容、支援方法が改善され、児童の意欲的な姿を引き出すことができた。引き続き、児童一人一人の力を高め、意欲を引き出す学習を工夫していきたい。

また、今後は特別支援学級の中だけでなく、通常の学級との交流や、地域・社会とのかかわりをとおして、より豊かな経験を積み重ねていくことが必要だと感じている。学校での活動として、公共の施設等に積極的に出かけていくことと合わせて、保護者に対しても、保護者会や面談、学校公開等の機会を生かして、低学年からのキャリア教育の大切さを伝え、キャリア発達を促すかかわりや、地域活動への参加等について、よりよい方法を一緒に考えていきたい。

第２章 中 学部・中学校

中学部・中学校段階では、生活単元学習や作業学習を中核に据え、小学部・小学校段階での学びで培った力を発揮するとともに、身近な友達や教員とのかかわりだけでなく、活動の場を地域・社会に広げ、多様な他者との接点を大切にした実践が展開されている。また、ここでは活動そのものの楽しさや手応えが得られる実践から「なぜ・なんのため」活動に取り組むのかを問い、意識化することを大切にした実践が展開されている。

本章で紹介する異年齢を含む多様な他者とのかかわりをとおした実践では、成功経験だけではなく失敗経験を含めた生徒の様々な学びや育ちの姿が報告されている。生徒たちの思いは、時には揺れ動きながらも、問い直しや意思決定を繰り返し、自身の「こうありたい・なりたい」姿を見いだしていく。

また、生徒たちは葛藤しながらも、自分たちで作り上げていくことや描いていく経験を積み重ね、その喜びを感じつつ、自分のことだけではなく、仲間やコミュニティにも目を向けるとともに、その中の自分と向き合うようになっていく。心身共に変化し揺れ動く時期である中学部・中学校段階の実践ポイントはまさにここにあると考える。

ここでは活動そのものや結果だけでなく、生徒の内面の育ちが引き出されていくことに着目したい。そして教師にはその丁寧な見取りやよりよいかかわりに努めていくことが求められるのである。

08 中学部

町を飾ろうプロジェクト

関わりを深め、地域と共に!!!

千葉県立夷隅特別支援学校教諭　平野　彩夏

キーワード　●主体的・対話的で深い学び

1　学校の概要とキャリア教育の取組

本校は知的障害のある児童生徒を対象とした特別支援学校で、小学部・中学部・高等部（以下、小中高）を設置し、全校児童生徒は60名弱と、千葉県内の特別支援学校では比較的規模の小さい学校である。学校教育目標を「生きる力を身につけた、心豊かなたくましい児童生徒の育成を図る」とし、「いつも明るく元気、すすんで学び自分の思いを伝える、みんな仲よくがんばる『いすみの子』」を目指す児童生徒像として、一人一人の発達段階に応じた教育活動を展開している。

本校は平成29年度から令和元年度の３年間、文部科学省及び千葉県教育委員会の指定を受けて「キャリア教育」に関する研究を進めてきた。研究開始時は、キャリア教育というと職業教育、自立していくためのスキルを身に付ける教育といった考えが多く見られたが、研究を進める中で、「キャリア発達を促す教育」という理解が進むとともに、「キャリア発達とは、できた・できないだけではなく、そこに至るまでの過程を大切にする」という本校の定義を確立し、取り組んできた。

また、小中高の連続性・系統性のあるキャリア教育を目指し、各学部の教師で構成されている校務分掌組織を活用した学習活動の検討、学部縦割りグループでの授業研究会や研修会での協議、経験のない学部への他学部体験研修などを実施し、小学部から高等部に至る「学びのつながり」を捉えられるように実践を積み重ねてきた。さらに、弘前大学大学院の菊地一文教授の講話からキャリア発達支援における「地域」の有効性を学ぶとともに、児童生徒のほとんどが卒業後に地域で生活する現状から地域とのかかわりを深めることの重要性を考え、地域協働活動に取り組むこととした。実践にあたっては、各学部段階での「地域」「協働」の捉えを整理し、教師間で共通理解を図って地域協働活動に取り組んだ。

2 生徒の実態

中学部生徒は１～３年生で計14名であり、障害の程度は重度から軽度まで幅広く在籍している。生徒の関係性として、上級生は下級生の手本となるように努力する姿、下級生は上級生の姿を目標に取り組む姿などが増え、互いに刺激を受けながら高め合っている様子がうかがえる。

写真１　学年を越えて協力してクリーン作戦に取り組む姿

本校中学部では、総合的な学習の時間に「いすみクリーン作戦」を位置付け、取り組んでいる（写真１）。この活動は中学部全員で学校周辺のごみ拾いをして地域をきれいにしようという取組で、過去数年にわたり実施してきた。

平成30年度に「なぜ・なんのために」の視点で活動を見直し、毎月１回とごみ拾いの実施回数を増やした。学年縦割りのグループで活動したことで互いに声をかけ合い、学年を越えて協力しながら取り組む姿が見られた。

生徒たちは活動当初、「たくさんごみを拾えてうれしい」「きれいになってうれしい」という思いで活動していたが、事後の振り返りを重ねる中で、「もっと地域をきれいにできないか」「もっとごみを減らせないか」という思いが生まれ、自分たちの活動をよりよくしようという気持ちの変化が見られた。さらに、「地域の人に『ありがとう』と言ってもらえて、またごみ拾いをしたいと思った」という活動の結果だけでなく他者とのかかわりを踏まえた感想が出るようになり、クリーン作戦は「ごみを拾う」だけではなく、「町をきれいにするために自分たちが取り組んでいることを地域の人に知ってもらう活動」でもあることに気付く姿が見られた。

3 実践の意義

令和元年度、中学部では地域の捉え方を「地域をよりよくしたいという同じ思いをもつ地域の方々」、協働を「地域をよりよくしたいという同じ目的に向かって、地域の方々と生徒が相談したりされたりしながら取り組む」と定義して地域協働活動に取り組んだ。いすみクリーン作戦は、学校周辺の地域でのごみ拾いが主な活動であったが、生徒の思いが「町をきれいにするための発信活動」と変容したことを受け、生徒と共に年間活動計画の見直しを行うこととした。６月には、市役所職員を講師に招き、環境美化活動に取り組んでいる団体やその取組について教えていただいた。その話を受けて、生徒たちは自分たちにできることやや

写真２　夷隅庁舎に看板を設置

りたいことを考え、年間活動計画を作成した。これまでは、教師が立案し提示していた計画であったが、生徒が自ら課題と感じていることやできること、やってみたいことを話し合って計画することで、生徒の主体的な取組につながると考えた。

この計画をもとに、ごみ拾い活動に加えて、9月にはクリーン作戦をPRするための看板作成と設置（写真2）を、10月にはいすみ市主催の「菜の花プロジェクト」に参加した。自ら地域に出て、直接地域の人とかかわる活動が増えたことで、声をかけられることも増え、生徒からは「またやりたい」と意欲的な感想が聞かれるようになった。一方で、「何をやっているの」「どこの学校なの」と声をかけられることもあり、自分たちの活動が十分に認知されていないことを知る機会にもなった。この経験をとおして、もっと自分たちの活動を地域に発信する必要があるという気付きへとつながったことから、生徒たちは再度年間活動計画を見直し、11月に「町を飾ろうプロジェクト」に取り組むこととした。

4 実践の概要と生徒の変化

（1）実践の概要

単元「町を飾ろうプロジェクト」は、作業学習で培った技術や「いすみをきれいにしたい」という思いを生かして地域を飾るとともに、自分たちの活動を発信する学習でもある。地域を飾る活動として、ごみ拾いをする道沿いにある商店や公共施設等に、クラフトテープで作ったプランターカバーと花苗を渡し、飾ってもらうこととした。花苗とプランターカバーは、作業学習で培ってきた知識や技能を活用して製作できるため、生徒自身が身に付けたことを生かして地域に貢献できることを実感しやすいと考えた。また、活動を発信する取組としては、「クリーン作戦の活動をPRするチラシづくり」「製品に飾るプレートづくり」「クリーン作戦で使用する台車の改良」を3グループに分かれて行った。自分の得意なことや興味のあることを生かして製作に取り組むことで、より主体的な活動になることを期待した。

単元は、作業製品や発信するための製作物を飾ってもらう商店に、生徒たち自身が訪問して許可を得る活動から始めた。これまで外部との交渉は教師が事前に相手先へ連絡していたが、成功体験だけでなく様々なかかわりの経験をしたり、自分の力で成し遂げる成就感を感じたりしてほしいと願い、事前連絡はせずに直接交渉に行くこととした。自分たちの力で許可を得た商店だからこそ、より相手を意識し、意欲的に取り組む姿を期待した。

単元のまとめでは、それぞれの活動を相互に伝え合う、報告会を行った。地域の方々の声や反応を全員で共有することで、自分たちの活動が様々な場所で認められていることを実感することをねらいとした。自分たちで考えた計画を実践する中で、よりよい方法を考えたり自分の考えを伝えたりして、地域の方と共に地域を盛り立てていくために協力しながら主体的に取り組んでいくことを期待した。

（2）生徒の変化

活動を発信するグループ活動では、パソコン入力や道具を使った制作活動など、生徒の

実態を考慮した活動を設定することで、一人一人の長所や特技を生かして主体的に活動に取り組むことができた。許可を得るための交渉では、どのような反応が返ってくるか生徒も教師も緊張していたが、チーム内で「説明をする」「チラシを渡す」「花を渡す」など役割分担したことで、自分の役割を自覚して活動することができ、全部で22件の商店から許可をいただくことができた。許可を得るに至るまでには様々な学びがあり、その中で生徒たちがキャリア発達したと捉えられる場面が多くあった。その一つを紹介する。

普段から人前で話すことが苦手であり、声が小さくなることを課題としていた生徒が、商店の方から「今なんて言ったの？」と聞かれることがあった。一瞬戸惑っていたが、教師が様子を見守っていると、自分で声を大きくして、もう一度伝え直す姿が見られた。商店の方から「今のは分かったよ」と言われたことで自信をもち、次の依頼先では最初から大きな声で伝えようとする姿が見られた。普段から、学校でも声の大きさについては伝えていたが、彼自身が必要性を感じて行動に移そうとする姿が見られ、地域に出たからこそ、学べたことだった。

次に、許可を得た商店に渡す製品作りに取り組んだ。事前に直接交渉に行ったことで、どの商店の誰に渡すのかが明確になり、「○○店の看板と同じ黄色のカバーを作ろう」「○○さんにはパンジーを渡したい」と相手のことを考えてプランターカバーの配色や花苗を選ぶ姿が見られた。製品を届けに行ったときには、交渉のときよりも自信をもって商店の人にかかわる生徒の姿が印象的であった。「ありがとう」「見えるところに飾るね」「また来てほしい」とたくさんの言葉をかけていただき、生徒たちも大変うれしそうな表情を浮かべていた。

最後の報告会では、自分たちが交渉したり、製品を渡したりしている様子の映像を見ながら生徒自身が「できたこと」や「うれしかったこと」を発表することができた（写真３）。また、今後の活動を考えていくときには、写真や学習で使った資料、コミック会話※などを活用することで、今年の活動の中から自分が一番やりがいを感じられた活動を選び、「花で町をきれいにしたい」「もっと多くのお店や学校から離れた地域にも製品を渡しに行きたい」という意見を伝えていた。「いすみクリーン作戦」について自分たちで考え、実践する経験を積み重ねてきたことで、年度初めには意見が言えなかっ

写真３　報告会で発表する様子

た生徒も自分の考えを積極的に伝えようとする姿が見られるようになった。

5 実践者の振り返り・考察

（1）授業の振り返り

1時間ごとの授業の振り返りでは、「振り返りシート」を作成し、活用した(表1)。本シートは、授業者全員が授業を振り返ることで、生徒の学習状況や課題を明らかにし、目標達成に向けた授業改善につなげることや、キャリア発達の姿を教師間で共有し、記録していくことで、生徒一人一人の変容を捉えることを目的としている。振り返りの時間は、負担がなるべく少なくなるように10分間で実施した。

毎時の振り返りを繰り返すうちに、10分では時間が足りなくなるほど、活発に意見が出されるようになった。また、どのように活動に向き合っていたのか、向き合おうとしていたのかといった生徒の細かなキャリア発達の姿を捉えるようになるとともに、「キャリア発達を支援する」という視点から授業者全員で指導・支援を具体的に考え、実践するようになった。「生徒のキャリア発達の姿に気付きたい」という意識が高まることで、教師自身の授業や生徒への向き合い方にも変化が見られ、生徒の気持ちや考えを捉えようと発問を工夫したり、これまでそのまま受け止めていたことでもさらに踏み込んで聞いたりと、対話する場面が増えた。生徒の主体的な活動や教師との対話の増加により、生徒が活躍する場面が増え、授業がより充実していったと捉えている。

また、毎時の振り返りの積み重ねは、授業や単元の改善と評価につながり、単元ごとの評価の積み重ねは、時数配当や他教科との関連等の見直しにつながった。

表1 「振り返りシート」一部抜粋

授業の振り返りシート

<table>
<tr><td>単元名</td><td>「町を飾ろうプロジェクト～関わりを深め、地域と共に!!!～」</td><td>期間</td><td></td><td>担当者</td><td>○○</td></tr>
<tr><td>目標</td><td colspan="5">・自分の役割を知り，制作をしたり地域の方々とかかわったりすることができる。【知・技】
・相手や目的に応じて活動をまとめ，自分なりに報告することができる。【思・判・表】
・これからのクリーン作戦をよりよくしていくために，自分たちの課題に気付くことができる。【学】</td></tr>
</table>

※改善が必要な観点のみ△を記入し、改善案を具体的に記述する。

<table>
<tr><th>月日</th><th>観点</th><th>評価</th><th>課題点・改善点</th><th>児童生徒の変容/キャリア発達の姿</th></tr>
<tr><td rowspan="4">11/24
(木)</td><td>教材・教具</td><td>△</td><td>・写真や動画によって振り返りしやすかった。過去のことまで思い出して振り返ることができた。
・ワークの「次のクリーン作戦の目標」の「次の」が、「12月」なのか「今後」なのか、何をさすのか曖昧だった。
→☆ワークの設問を明確にする。</td><td rowspan="3">(A さん)振り返りの写真をよ～く見ていた。身体の向きも視線もテレビに集中していた。昨日の活動が楽しかったのかなと感じる場面。
(B さん)発表はしなかったが、一貫して「地域をきれいにしたい」という思いがあり「国吉駅に行く」とワークに記入していた。他の生徒が「国吉駅」と発言すると「私も」とつぶやいていた。
(C さん)ワークシートを以前は嫌がっていたが(何を書いたら良いかわからない?)年間予定を自分から見に行き、ワークを最後まで記入することができ、発表も自分から手を上げる様子が見られた。
(D さん)「これからどうしたい?」の問いに対して「僕が作ったチラシをもっと地域の人に配りたい!」と話していた。自分から「こうしたい」という思いを発信することがなかったので驚いた。</td></tr>
<tr><td>場の設定</td><td>△</td><td>・振り返りの時間を十分に確保することができ、丁寧に振り返ることができた。
→☆発表の時に他の生徒と同じ意見だと発表できずにいる生徒がいたので「同じ意見の人」を聞くようにする。</td></tr>
<tr><td>教師のかかわり</td><td></td><td>・MTとSTの共通理解ができていたことで、発表計画(誰を指名するか)がスムーズにできた。</td></tr>
<tr><td colspan="2">特記事項</td><td colspan="2"></td></tr>
</table>

（2）考察

地域の商店や公共施設への交渉の中で感じた緊張や、かけてもらった感謝・前向きな言葉は、生徒たちにとって貴重な機会となった。作業製品の活用という培ってきた学習成果

を発揮して町を飾る経験が､「地域の方に喜んでもらえた」という達成感や自信につながったと考える。

また、「町を飾ろうプロジェクト」の取組をとおして、３つの気付きがあった。①「教師が育てようとしていること」と「生徒たちが必要だと思うこと」が地域とかかわることで一致し、それが主体的な学びへとつながるということ、②感謝や期待の言葉をかけられ、認められる経験を繰り返すことで、「自分は必要とされている」という自己有用感を感じ、「次はこうしたい」という意欲や物事へ積極的に向かおうとする姿につながっていくこと、③教師が地域に一歩踏み出すことで、生徒が地域の人と直接かかわる豊かな経験につながるとともに、教師自身もキャリア発達し、これらの生きた経験が生徒の豊かな学び、深い学びへとつながっていくことである。

本実践をとおして、目的を明確にした地域協働活動は生徒のキャリア発達を支援するうえで有効であることを改めて実感できた。「いすみクリーン作戦」をきっかけとして「菜の花プロジェクト」への参加や「みさき童謡の会」との交流など新たな地域協働活動へとつながり、様々な場面で地域とのかかわりが広がっていった。

また、中学部の実践について、授業研究会をとおして学校全体で共有することで、キャリア発達を支援する地域協働活動の有効性について共通理解を図ることができた。「なぜ・なんのために」地域協働活動を行うのか、「何を・どのようにして」地域とかかわっていくのかの視点からこれまでの地域との活動を見直し、新たな地域とのかかわりを考えるようになり、学校全体として教師のキャリア発達が見られるようになり、児童生徒のキャリア発達を支援するということを踏まえた地域協働活動の充実へつながったと考える。

6 今後の展望

本実践からキャリア発達を支援する地域協働活動の一歩を踏み出すことができ、地域との協働により、学校だけでは得ることのできない「気付き」や「学び」を得たり、児童生徒のキャリア発達の姿を捉えたりすることができた。

一方で、まだ学校からの働きかけが多い状況がある。今後は、今ある地域とのつながりを継続、発展させ、「必要とされる学校」「必要とされる児童生徒」を目指し、地域とのつながりをさらに深いものにすることで、人の求めに応え、人とかかわることの楽しさを感じながら、自分らしい生き方を実現していこうとする姿を育んでいきたい。そのために、今後も「なぜ・なんのために」の視点で学習活動を見直し、学習活動に対する生徒の思いや願いを教師間や生徒と共有しながら、一人一人のキャリア発達を支援する授業の充実を図っていきたい。また、地域の方々から生徒を名前で呼んでもらえるような関係を目指して地域とのかかわりをさらに深めるとともに、身近にある地域資源に教師が気付けるよう常にアンテナを高くし、地域協働活動をさらに発展させていきたい。

※コミック会話：人物などのイラストに付けた吹き出しの中に言葉を入れ、他者の気持ちなどの理解を視覚から支援する手法。

09 中学部

「働くこと」への意欲を高めるための実践

作業学習と生活単元学習を関連付けた教科等横断的な学習の取組

福井県立福井南特別支援学校教諭　品川　貴紀・東　敬雄

キーワード
●主体的・対話的で深い学び　●働くことへの目的意識・意欲
●教科等横断的

1 学校の概要とキャリア教育の取組

本校は、知的障害のある児童生徒を対象とした特別支援学校であり、小学部43名、中学部25名、高等部94名（清水分教室６名を含む）の児童生徒が在籍している（令和２年４月現在）。

本校は、校訓として「明るい子・強い子・働く子」を掲げている。この中の「働く子」とは「地域の中で役割を果たしながら、自分らしく生きる子ども」を意味しており、平成23年に中央教育審議会答申にて示されたキャリア発達の考え方と重なるものである。学校教育全体の中で、児童生徒一人一人の発達段階や特性、ニーズ等に応じたキャリア教育の実践に取り組んでいる。

本校の教育の基盤となるものの一つが、児童生徒一人一人に対する「個別の教育支援計画」「個別の指導計画」である。これらを作成する際には、キャリア発達の視点を踏まえ、卒業後の進路に関する希望や課題、家庭や地域社会・進路に関する目標や課題を記載している。そして、この「個別の教育支援計画」「個別の指導計画」をもとにして、小学部から高等部まで、学校教育目標や各学部の教育目標に沿って系統的な指導・支援を行うことを目指している。

2 生徒の実態

本校中学部では、生徒の発達課題や障害特性等に合わせて、４つの教育課程を編成して教育活動に取り組んでいる。それぞれを「海課程」「花課程」「空課程」「雲課程」という名称で呼んでいる。

今回の実践の対象は、空課程（日常生活に必要な知識及び技能や、身近な人とやりとりをする力を伸ばすことを主な目的とする課程）と、花課程（身辺処理をする力や、基本的なやりとりをする力を身に付けることを主な目的とする課程）の生徒11名である（以下、

「空花課程」)。空花課程の生徒は、生活単元学習や作業学習などの授業を合同で行っている。いろいろな活動に自ら意欲的に取り組むことができる生徒が多く、授業では教師の問いかけに対して積極的に発言したり、友達と仲良く活動したりするなど、とても活発な様子が見られる。一方で、言葉を用いたやりとりができるものの、文字の読み書きが苦手な生徒が多く、文字だけでは指示や説明などの理解が難しいので、絵や写真を提示したり具体物を用いたりするなどの支援が重要である。

また、空花課程の授業では、他の課程と比較して日常生活の指導や生活単元学習の時間を多く設定している。生活単元学習では、郵便の仕組みを学ぶための暑中見舞いや年賀状を題材とした学習、自分の役割を理解して友達と協力しながら活動に取り組むためのクリスマス会など、生徒の生活に身近な内容や、生徒が興味や関心のある内容の学習を設定することで、自分から進んで取り組む姿が多く見られている。

3 実践の意義

空花課程では、作業学習が週２回設定されており、レザークラフト（コースター、カードケースの製作など）と軽作業（生徒一人一人の目的やニーズに応じた作業課題）を行っている。授業の始めに、教師と一緒にその時間の目標を決めてから作業を行い、作業終了後には教師と振り返りをして、目標の達成度などに応じて「給料」を受け取るようにしている。

本校の小学部では、中学部の作業学習やその後の将来を見据え、自立課題等の学習の頑張りに応じて児童にお金が支給され、金曜日にそのお金を用いて、校内に設置された模擬商店「みなみっこ商店」で買物学習を行っている。中学部には、小学部でその学習を経験した生徒も複数在籍している。空花課程においても、令和元年度までは、週２回の作業学習で得た給料を用いて、金曜日の学級活動の時間にお菓子やジュースを購入するという学習を行っていた。しかし、自分が作業学習で得た給料と、金曜日にお菓子等を購入するということの関連性を十分に理解できない生徒が多く見受けられた。

また、中学部では保護者や教師を対象に、レザークラフト製品の販売会を年に数回行っていた。「いらっしゃいませ」「ありがとうございました」などのやりとりを楽しむ様子は多く見受けられたが、自分が作った物で相手に喜んでもらえるという意識は低く、販売会が作業意欲の向上につながっている様子をあまり感じることができなかった。今後、生徒が高等部に進学して現場実習などの進路を見据えた学習を行うことを考えると、中学部段階では、働くことへの目的意識や意欲を高める必要性があると考えられた。

そこで、作業学習と生活単元学習における買物学習を関連付けることにより、生徒が働くことと楽しむことのつながりを理解できるようにした。作業学習の仕事で得た給料で好きな物を買うという経験を学習として積み重ねることで、主体的に学習に取り組む態度や、作業学習における働くことへの目的意識・意欲を育てていきたいと考えた。

4 実践の概要と生徒の変化

(1) 実践の概要

本実践では、作業学習と生活単元学習の授業を関連付けるにあたって、主な流れを図1のようにした。

作業学習「レザークラフト」「軽作業」
(それぞれ週に1時間ずつ実施)

○生徒一人一人が授業における自分の「目標」を設定し、その達成度合い等に応じて「給料」を受け取る。
○受け取った給料(10円シール)を「給料表」に貼り、貯めていく。

↓

生活単元学習「給料で買い物をしよう!」
(約2か月に1度、3時間配当で実施)

○買いたい物を2~3つ決める。
○それまでの給料を「通帳」で受け取り、模擬の銀行で引き出す。
○所持金で欲しい物が(いくつ)購入できるかを確認する。
○模擬の通信販売の「注文票」を記入して、校内のポストに入れる。
○支払いのための両替をする。
○模擬の宅配便(教師が配達)で届く品物を受け取り、代金を払う。
○残金を銀行に預ける。

図1 本実践の主な流れ

(2) 作業学習における実践

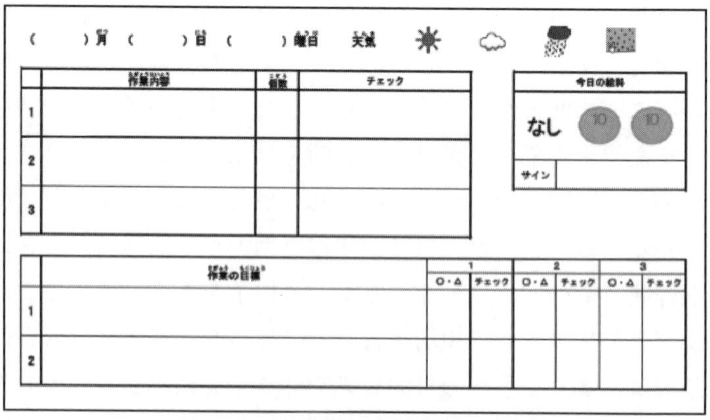

図2 作業学習の「目標シート」

授業において、生徒一人一人が自分の目標などを意識できるためのツールとして、授業担当者で様式を検討して令和2年度用の「目標シート」(図2)を作成した。生徒はこのシートを用いて、授業の開始時に作業内容(工程)や目標(「静かに取り組む」「できたら先生に報告する」など)を考えて記入したり、授業の最後に教師と一緒に振り返りを行ったりした。そして、生徒一人一人の目標の達成度合い等に応じて、0円から20円の給料を支給することにした。

令和元年度までの取組では、作業学習で貯めた給料で買物をするということをイメー

ジすることが難しい生徒が多かった。そのため、令和２年度は給料が貯まっていくことを分かりやすく示すために、大きな「作業学習給料表」（写真１）を作成して、授業ごとに給料（10円硬貨のシール）を貼って貯めていくようにした。そこには他の生徒の給料も一緒に表示してあり、「○○さん、たくさん貯まっていてすごいな」「僕も頑張ろう」と前向きに捉える生徒の姿が多く見られた。また、生活単元学習で自分の買いたい物を決めた後には、購入できる金額の位置に商品のイラストを貼ることで、「あとどのくらい給料を貯めれば欲しい物が購入できるか」ということを視覚的に捉えやすいようにした。

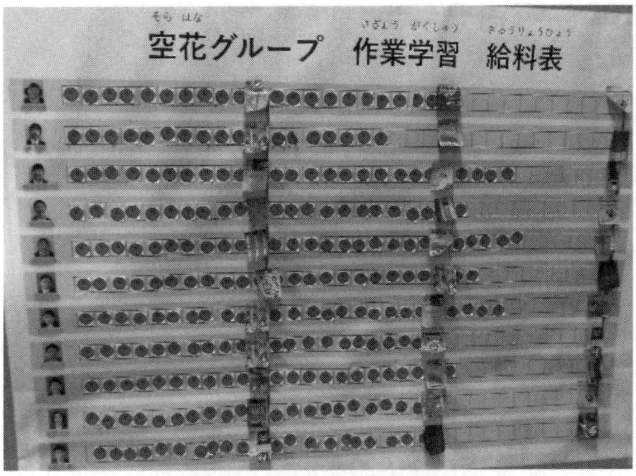

写真１　「作業学習給料表」

（３）生活単元学習における実践

生活単元学習では、作業学習をとおして貯めた給料で欲しい物を模擬的に購入するという学習を行った。「給料」や「給料日」という言葉は、卒業後もよく耳にする言葉だと思われるので、授業において意図的に使うようにした。

また、卒業後の生活を考えると、給料等を受け取る際の方法の一つとして金融機関の利用が考えられるので、銀行の役割や、模擬の通帳を用いた利用方法なども一緒に学習できるようにした。

商品の購入に関しては、模擬の通信販売で商品を購入するようにした。家族が通信販売を利用するのを見た経験があるからか、有名な通信販売の企業名を知っていたり、トラックで荷物が届くことを知っていたりするなど、通信販売についてイメージがもてている生徒もいたため、今回の学習で現代社会の仕組みを体験できるよい機会になると考えた。

本学習の中には、「通帳を使って給料を引き出す」「所持金で欲しい物が買えるかを確認する」「注文票を校内のポストに入れて注文する」「支払いのための両替をする」「残金を銀行に預ける」など、多くの手順があった。また、「通帳」「銀行」「通信販売」という言葉の意味理解や、金銭に関する知識などにおいて、一人一人の生徒の間に大きな差が見られた。そのため、多くの視覚的･操作的な補助教材を用意することで、「分かる」「できる」活動を提供し､生徒たちが学習に興味や見通しをもって主体的に取り組むことを目指した。その一部について以下に記す。

模擬の通帳は、通常のような形ではなく、貯まった給料分の10円硬貨がイラストで書かれたものを用意した（写真２）。また、金額（硬貨の数量）が分かりやすいようにし、模擬の銀行から給料を引き出す際に使用した（写真３）。

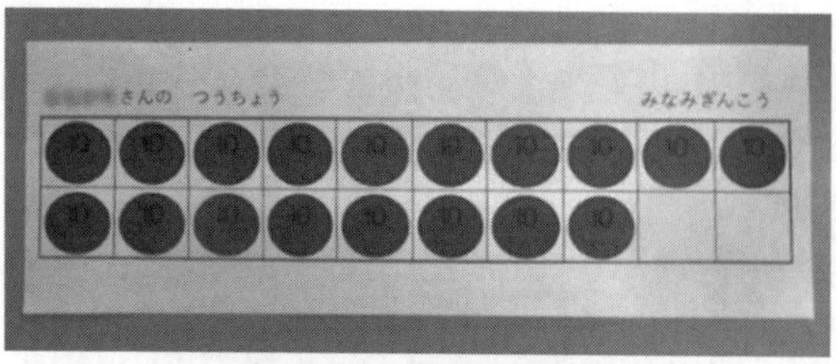

写真２　模擬の通帳
（硬貨のイラストが描かれている）

写真３　模擬の銀行
（窓口役の教師から給料を引き出す）

また、所持金で欲しい物がいくつ購入できるかを確かめる際には、「確認シート」を活用した。生徒は、事前に教師と相談して決めておいた、自分の買いたい物の写真を３枚、欲しい順番にシートの枠の中に貼った。そして、銀行から引き出した10円硬貨を確認シートに並べて、買えるのか買えないのかを確認した（図２、写真４）。マスに10円硬貨を並べる活動なので、金銭実務が苦手な生徒でも取り組める内容であり、視覚的にも分かりやすく、「２つ買える！」「１つしか買えないから、（買う物の希望の順番を）変えよう！」など、購入の可否を自分で判断したり、それに応じて購入する物の再検討をしたりする様子が見られた。

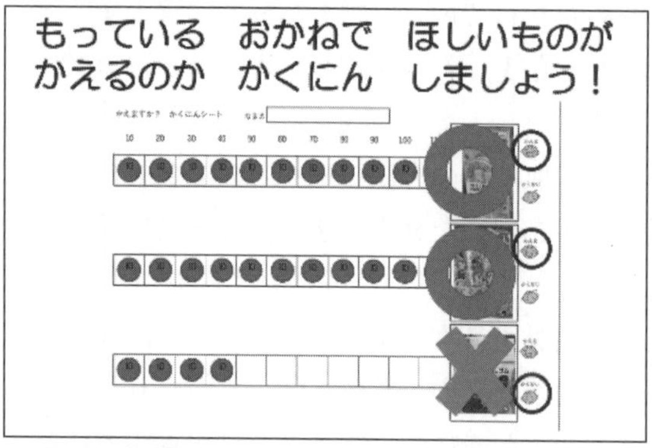

図２　「確認シート」の使い方を示すスライド

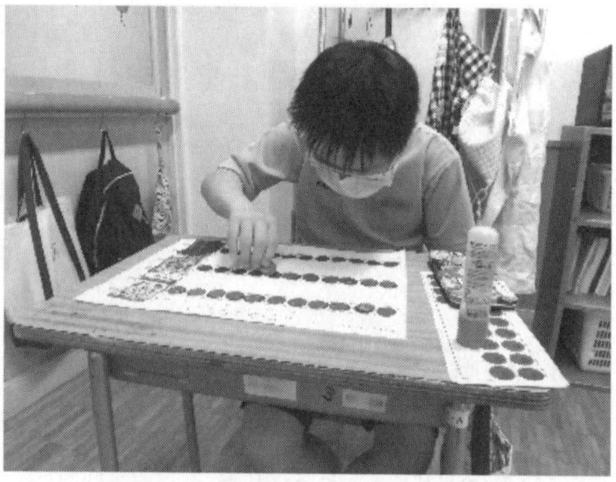

写真４　「確認シート」を用いて
品物がいくつ購入できるかを確認

（４）生徒の変容

約２か月のサイクルで同様の実践を繰り返す中で、生徒は活動の意味を理解し、見通しがもてるようになった。模擬銀行で窓口役の教師とやりとりをしながら給料を引き出したり、注文票を書いてポストに投函したりする活動を一人で行う生徒が増えてきた（写真５）。また、作業学習で給料を得ることと、好きな物を買うということが生徒たちの中でつながるようになり、作業学習の前には「今日も頑

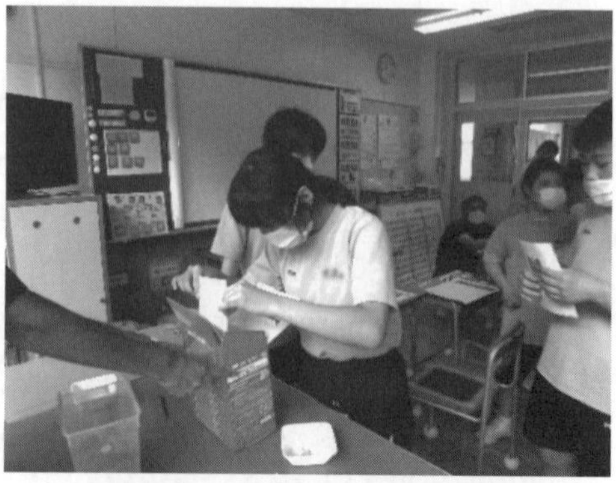

写真５　注文票をポストに投函

張って給料をもらって、ノートを買う」などの意欲的な発言も多く聞かれるようになった。

5 実践者の振り返り・考察

本実践は、作業学習と生活単元学習の２つの授業を結び付けた学習であり、多くの活動手順が含まれる学習であることから、生徒にとって活動の見通しや意味が理解しにくい学習になることを懸念していた。しかし、作業学習給料表、模擬の通帳などの多くの視覚的・操作的な補助教材を活用することで、生徒はそれぞれの活動に自ら取り組めるようになり、作業学習への意欲の高まりも見られるようになった。生徒が「分かる」「できる」ための支援ツールや環境設定の大切さを再認識することができた。

また、作業学習と生活単元学習では授業を担当する教師が異なり、本実践を行ううえでは教師間の共通理解や連携が重要であった。実践の進め方などについて、空花課程の教師間の話し合いを丁寧に行ったことが、学習効果を高めることにつながったと思われる。

本実践の目的や内容などについて、授業参観や校内ネットワークの活用をとおして、中学部全体の教師で共通理解を図った。作業学習の目標シートの記入の仕方を検討・改良したり、事前に教師を対象に欲しい製品のアンケートを取ったりするなど、生徒が目的意識をもって主体的に作業学習に取り組めるようになるための工夫が学部全体で行われるようになった。

中学部の生徒は卒業後、ほぼ全員が本校の高等部に進学する。３学期になると３年生の生徒から、「高等部に行っても軽作業がしたい」「窯業班に入りたい」など、高等部の作業学習に向けて前向きな発言が多く聞かれるようになった。中学部において身に付けた「働くこと」への目的意識や意欲が、高等部での作業学習や産業現場等における実習で生かされていくのではないかと考えている。

6 今後の展望

本実践をとおして、生徒の多くは「作業学習で頑張る（給料を得る）」ことと、「欲しい物を購入する」ことのつながりを理解し、そのことが作業学習における意欲の向上につながった。今後は、これまでの取組に加えて、「製品を購入してくれた相手」を意識できるような取組も検討していきたい。具体的には、製品を購入した教師や保護者が製品を使用している様子や感想を、写真や動画で生徒に紹介することなどを考えている。「給料がもらえて欲しい物が購入できる」ためだけに働くのではなく、「人に喜んでもらえる」「人の役に立てる」などの、働くことの喜びを実感できるような実践に取り組んでいきたい。そのことが生徒一人一人の自己有用感をさらに高める一助となるのではないかと考えている。

10 中学部

中学部カフェ！オープン!!

学びを「つなぐ」作業学習における取組

広島県立呉南特別支援学校教諭　小田　麻子

キーワード　●主体的・対話的で深い学び　●カリキュラム・マネジメント

1　学校の概要とキャリア教育の取組

広島県立広島南特別支援学校呉分校（聴覚障害）であった本校は、平成25年4月に知的障害部門小学部・中学部を、平成27年4月に同高等部を開設し、広島県立呉南特別支援学校として開校した。令和2年度現在、聴覚障害部門6学級16名（幼稚部2名、小学部13名、中学部1名）、知的障害部門36学級174名（小学部62名、中学部30名、高等部82名）の幼児児童生徒が学んでいる。

本実践の対象である知的障害部門中学部単一障害学級の教育課程は、日常生活の指導（350）、生活単元学習（140）、作業学習（210）、国語（35）、数学（35）、音楽（35）、美術（35）、保健体育（105）、職業・家庭（70）、総合的な学習の時間（35）、特別活動（35）の合計1,085単位時間を設定している（カッコ内は単位時間）。

本校では、部門ごとに「キャリア教育全体計画」「キャリア教育指導計画」を定め、学部ごとに「進路指導の手引」を作成している。「児童生徒一人一人が、将来の夢、働くことや社会の一員としての生き方について考えていける」というキャリア教育の視点を大切にしながら、進路指導を行っている。

知的障害部門の教育課程においては、「単元等系統表」を用いて各教科等の単元等を整理し、小学部・中学部・高等部の系統性の確認を行っている。また、生活単元学習における単元等のカテゴリとして「キャリア教育」を位置付ける等、キャリア発達の視点をもってカリキュラム・マネジメントに取り組み、系統的に単元等を設定するなどして、各教科等の内容を取り扱っている。

2　生徒の実態

対象生徒は、中学部第2学年の知的障害を併せ有する自閉スペクトラム症のある男子である。今やりたいこと等の自分の思いを伝えたり、物の名前を問うような質問に答えたり

するなどの簡単な会話は可能である。これまでに経験のないこと、苦手なことに対しては、文字やイラスト等の視覚的支援により、見通しをもち、落ち着いて活動することができる。好きなことは、絵を描くこと・調理をすること・音楽を聴くこと等であり、主に創造性を発揮できる活動に興味・関心が高い。その中でも調理活動には興味が高く、自宅のタブレット型端末でドーナツの作り方の動画を見て、学校で動画の内容をイラストと文字でかき出して楽しむ姿も見られた。家族は、生徒が高等部を卒業する18歳の姿として、「自信をもって社会に出られるようにしたい」という思いをもち、学校の学習内容を家庭でも実践している。「○○をやってみたい」という「動機付け」はしやすいが、「何のために学習するのか」という「意味付け」や「やってみてよかった」という「価値付け」はまだ難しかったため、「意味付け」「価値付け」をしていくために、まず「誰のために」を明確化する必要があった。

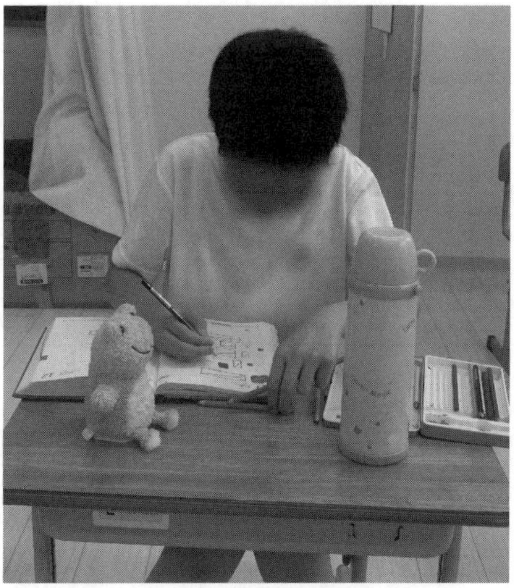

写真1　休憩時間に絵を描く生徒

3　実践の意義

本校中学部単一障害学級の作業学習は、第1学年は学級、第2・3学年は一部の題材において学級課題別（A・Bの2グループ）での授業形態としている。主な題材としては、①「清掃」、②「軽作業」、③「食品製造（Aグループ）／軽作業（Bグループ）」、④「接客サービス」、⑤「農業」、⑥「呉南中学部版検定」、⑦「中学部カフェ（第2・3学年は合同）」がある。いくつかの題材設定の意図を挙げると、「軽作業」は中学部において、手指の巧緻性や作業の持続性等の基礎的な力の向上を図ることが課題であるため設定している。「呉南中学部版検定」は、それぞれの題材で学習したことの確認や、高等部での「広島県特別支援学校技能検定」受検を見据えて学習意欲・態度の育成を目指して設定したものである。そして「中学部カフェ」は、先の①～⑤の題材で付けた力を実践・活用する場として、年度末に保護者等を対象として開催するカフェ活動である。「中学部カフェ」は高等部でのダイナミックな活動に向けて系統性を踏まえ、内容の工夫を図るとともに、第1学年は学級、第2・3学年は2学年合同での授業形態をとっている。少しずつ大きな集団へと変化する中で、自分の課題を発見・解決することをとおして実践的な力を付け、高等部そして社会へのスムーズな移行を目指している（表1）。

特別支援学校小学部・中学部学習指導要領解説各教科等編において、「作業学習の成果を直接、児童生徒の将来の進路に直結させることよりも、児童生徒の働く意欲を培いながら、将来の職業生活や社会自立に向けて基盤となる資質・能力を育むことができるように

していくことが重要である」と示されている。既習事項を総合的に関連付けて実践・活用できる「中学部カフェ」は、「人から感謝される」「人が喜んでくれる」「人から必要とされる」等の成就感や達成感を数多く感じることができ、生徒の「働く意欲」を培うために効果的であると考える。

表1　年間指導計画における題材一覧（令和元年度）

	第1学年	第2学年		第3学年	
		Aグループ	Bグループ	Aグループ	Bグループ
通年	農業（17）	農業（17）		農業（17）	
通年		軽作業（35）		軽作業（35）	
1学期	オリエンテーション（1）	オリエンテーション（1）		オリエンテーション（1）	
1学期	清掃（24）	清掃（13）		清掃（13）	
1学期	接客サービス（18）	接客サービス（10）		接客サービス（10）	
1学期	軽作業（25）	食品製造（13）	軽作業（13）	食品製造（13）	軽作業（13）
1学期		呉南中学部版検定（18）		呉南中学部版検定（18）	
2学期	清掃（22）	清掃（14）		清掃（14）	
2学期	接客サービス（15）	接客サービス（17）		接客サービス（17）	
2学期	軽作業（20）	食品製造（14）	軽作業（14）	食品製造（14）	軽作業（14）
2学期	呉南中学部版検定（20）	呉南中学部版検定（18）		呉南中学部版検定（18）	
3学期	清掃（20）	清掃（12）		清掃（12）	
3学期	軽作業（15）	グループ職場体験（15）		グループ職場体験（15）	
3学期	中学部カフェ（13）	中学部カフェ（本実践）（13）			

4　実践の概要と生徒の変化

（1）実践の概要

「中学部カフェ」における役割分担と他の題材とのつながりを表2に示す。また、国語科、数学科、職業・家庭科、美術科と関連付けて指導した。「②カフェ実施」については、既習事項や生徒実態を考慮し、4つの役割を分担することとした。

表2　中学部カフェ当日の役割分担

役割		内容	他の題材とのつながり
①準備	会場準備	会場清掃・飾り付け	「清掃」「軽作業」
②カフェ実施	接客係	お客様のご案内、注文を取る	「接客サービス」
	調理係	カップケーキ製作、運搬	「食品製造（Aグループ）」
	飲み物係	水出し、飲み物（コーヒー・ジュースを運ぶ）	「接客サービス」
	片付け・プレゼント係	テーブルの片付け、お土産のプレゼントを作る・渡す	「接客サービス」「軽作業」
③片付け	会場片付け	会場片付け・清掃	「清掃」

指導は、表3の指導計画に示すように、役割別の練習で流れの確認・練習を行った後、本番と同じ形でのリハーサルを2回行うこととした。第1回リハーサルで自分たちの課題を発見し、第2回リハーサルで課題の解決に向けて探究的な活動に取り組み、そして、「中

学部カフェ」本番を迎えられるように計画した。

表3　指導計画

時数	学習内容	授業形態
2時間	カフェづくりについての話し合い 会場飾り等の必要物品を製作	第2・3学年の各学級
1時間	役割別練習	第2・3学年（合同）
3時間	第1回リハーサル 振り返り	第2・3学年（合同）
3時間	第2回リハーサル 振り返り	第2・3学年（合同）
4時間 （本番）	①準備 ②カフェ実施 ③片付け 振り返り	第2・3学年（合同）

（2）生徒の変化

本実践は、対象生徒が第2学年のときのものである。対象生徒は、表2の「②カフェ実施」の「調理係」を担当した。本実践の前段階で実施した「食品製造」の学習では、「全工程を自分でやりたい」「好きな材料を多めに入れる」「焼くまで待ち切れず、製造途中で食べたい」「マスクをずらしてしまう」等、自分のためにカップケーキを作っている印象が強かった。手順書を活用し、生徒主体で繰り返し学習をする中で、そのような様子も減っていき、「友達と協力する」「自分の役割を責任をもって果たす」「手順に沿って作業する」という様子が徐々に増えてきた。「人のために作っている」という意識をもち始め、「誰のためのカップケーキ作りなのか」の「意味付け」ができてきたと考える。本実践や学校に

写真2　自分の役割を手順に沿って果たす生徒

写真3　カップケーキをカフェ会場に運ぶ生徒

おけるその他の学習、家庭･関係機関等における生活や経験をとおして、第３学年次には、「仕事したい」「給料で粘土を買いたい」等、抽象的な「働くこと」のイメージにつながる発言をするようになってきた。さらに、家族と一緒にスコーンやクッキー作りを楽しんだり、簡単な食事を自分で作ったりするなど、「自分で作っておいしい」「家族に喜ばれてうれしい」という価値を感じる経験を積み重ねる機会が増えてきた。

5 実践者の振り返り・考察

（1）振り返り

第２・３学年が協力し、「中学部カフェ」を実施することにより、生徒は達成感を感じることができたと捉えている。自分の保護者が目の前で、「おいしい」「ありがとう」と言いながら喜び、楽しんでくれる。そのような様子に対して、生徒一人一人の表情はとてもにこやかで、成功の喜びや自信に満ち溢れていたように感じられた。自分たちが主体で何かを成し遂げる経験や、人のために何かをし、喜んでもらう経験は、どの生徒もまだまだ必要である。この日はそのような貴重な経験を多く積むことができたと捉えている。

写真４　カフェ会場の様子

（2）考察

はじめに示した２つのキーワードと、本実践における「意味付け」「価値付け」との関連について考察する。本実践では、「誰のために」を明確化して取組を行った。人のために何かをするといった経験は、結果として生徒の主体性を高めることにつながった。これは、学習の「意味付け」ができたためと考える。また、生徒の生活において最も大きな存在である保護者が相手であったことがより効果的であったとともに、保護者の反応が「価値付け」につながったと考える。さらに、第２・３学年合同の授業形態では、すでに一度経験している第３学年が第２学年に教えるという場面設定が生まれ、先輩としての自覚や

先輩への憧れ等、キャリア発達につながる学びを展開することができた。これは、第1学年で、学級単位の小さな集団での経験、第２・３学年合同の「中学部カフェ」における生徒主体で学習を展開しやすい状況づくりがあったためであると考える。さらに、カフェという題材設定は、生徒間・教師間に加えて客との対話の必然性が生まれ、自分たちで考えて行動することをとおして深い学びが実現できたと考える。

これらのことから、「主体的・対話的で深い学び」を促進する要素として、①学習活動の中に「誰のために」を明確に仕組むこと、②既習事項とのつながりを考慮し、適切な時期に、適切な題材を設定して取り組む「カリキュラム・マネジメント」を意図することの２点が本実践においては有効であったと考える。

6 今後の展望

今後は、高等部に向けて、よりスムースに学びをつなげることが課題と考えられる。高等部では毎年、11 月初旬に実施する文化祭において販売学習を行っている。販売学習を取り入れることで、お金のやりとりの場面設定ができ、数学科との横断的な学習を展開することが可能となる。そこで、高等部の学習へのつながりを意図して、中学部第２・３学年の３学期に実施する本題材において、令和２年度から新たに販売学習を取り入れることを計画した。しかし、新型コロナウイルス感染防止措置として、物品の動画 PR による注文販売のみで学習を展開したため、十分に活動が展開できなかった。令和３年度以降は、生徒にとってよりよい学びとなるように、カリキュラム・マネジメントを図り、実践を工夫していきたい。

また、令和２年度からキャリア教育の視点を意図した単元「先輩・後輩から学ぼう」を、小学部・中学部・高等部の系統性を踏まえて生活単元学習で実践している。計画では、先輩（上級生）によるおもてなしを受けて学んだことから、後輩（下級生）へのおもてなし活動に生かすように設定している。令和２年度は、初めての実施であったが、生徒たちが主体的かつ意欲的に学習する姿が多く見られている。全学部のつながりを意識した単元を設定することで、より一層 12 年間を見通したキャリア教育の視点をもち、学びを「つなぐ」ことができるように取組を進めていきたい。

筆者は、生徒たちの成長する姿を近くで感じられる教師という仕事がとても好きである。本実践をとおして「次はこうしたい」「こんなふうになりたい」と感じることが多くあり、筆者自身のキャリア発達を促したとも考えられる。これからも自分らしく教師として成長していきたい。

11 中学部

「とくしんピック2020」を成功させよう！

「働く生活」につながる
地域と連携・協働し、貢献を実感する学び

愛媛大学教育学部附属特別支援学校教諭　土居　克好・井上　真佐子

キーワード　●社会に開かれた教育課程　●主体的・対話的で深い学び

1 学校の概要とキャリア教育の取組

本校は愛媛大学教育学部の附属校で、小学部から高等部まで60名の児童生徒が在籍しており、同じ敷地内には、附属幼稚園、小学校、中学校も設置されている。

本校では、平成20年度より、キャリア教育の視点から12年間の学校生活と教育内容の見直しを図るとともに、「子どもの内面（意識・意欲・主体性）の育ち」に焦点を当てたキャリア発達を支援する授業づくりに継続して取り組んでいる。「貢献」をキーワードに子どもの年齢・段階に「ふさわしい地域（子どもたちが意識できる、顔が見える相手)」での学びを重視し、「他者や自己との対話を大切にした学習活動」を展開してきた。令和元年度からはこれまでの取組を踏まえ、「地域で豊かに生きる子どもを育てる～地域と連携・協働し、貢献を実感する学びを通して」という研究主題で２年間の研究をスタートさせた。

2 生徒の実態

中学部には各学年６名、計18名の生徒が在籍している。３年生は中学部のリーダーとしての自信と自覚をもち、進んで活動に取り組もうとする生徒たちである。２年生は１年生の手本となる「かっこいい先輩」を目指し、自分の役割を果たしながら中学部の活動の中核を担っている。１年生は入学以来「かっこいい中学生」になることを目標に、先輩を手本にしながら様々な活動にチャレンジしてきた。

本校では、中学部の段階を「自分の役割を果たし貢献できたことを周りの人から認められる経験を積み重ねることにより、社会自立・職業自立の土台を形成するとともに、家庭や学校で身に付けた力を地域生活に応用する時期」と位置付け、学校から少し広がった身近な地域を舞台に、幼稚園児を招待してのゲームコーナーを継続して開いてきた。生徒たちは「園児さんに喜んでもらいたい」という明確な目的意識をもち、役割を最後までやり遂げ、貢献できた「よい自分、役立つ自分」を実感し、自らの価値を確かに理解する経験

を積み重ねてきている。

平成30年度、愛媛大学の大学院生との授業研究において、「ボッチャ」などの３種目で競う競技会「とくしんピック2018」を実施した。「する・見る・支える」の視点で、競技や運営、応援に取り組むことで、役割を果たして活動に貢献したという達成感や成就感を得ることができた。令和元年度は「ボッチャ」を体育の授業に取り入れ、職場体験に訪れた附属中学校の生徒（以下、附中生）等と一緒に競技する機会を得た。共に活動することでいつもに増して活動が盛り上がったことから、生徒たちから「いろいろな人たちと一緒に『ボッチャ』をしたい」と望む声が聞かれるようになった。

3 実践の意義

中学部では研究テーマの副題の「地域と連携・協働し、貢献を実感する学び」を「学校から少し広がった身近な地域で共に活動することを通して、人に感謝されたり喜んでもらったりすることによって、自分のよさを実感しながら学習を進めていく」ことと捉えている。そこで、生徒たちが「多様な人々と協力しながら目的に向かって活動すること」を目指して、生徒から挙がった声をもとに、同年代の附中生と一緒に、競技会「とくしんピック2020」を運営する活動に取り組むことにした。この活動は、生徒にとって目的が分かりやすく、見通しをもって主体的に取り組むことができ、附中生と同じ目標を共有しながら受けもった役割を自分の力を発揮してやり遂げることのできる活動である。「多様な人々と協力しながら目的に向かって活動する」ということは、「地域で豊かに生きる子どもを育てる」という本校の研究主題に迫る方策でもあり、私たちが願う生徒の将来像でもある。「ふさわしい地域（附属校園）」を舞台とした広がりのある活動を通して、内面を働かせて他者（附中生）や自己と真剣に向き合う学習は、中学部段階の生徒にとって、将来生活とのつながりからも意義があると考える。

4 実践の概要と生徒の変化

（1）実践の概要

①　事前の話し合い

両校にとって意味のある活動になるよう、事前に教師が話し合い、お互いの思いや願いを共有する中で、活動の目標を「生徒がより多様な人々と協力･協働しながら目的に向かっ

表１　活動の流れ

実施時期	活　動　内　容	※必要に応じて教師の話し合いを行う
１学期	事前学習	活動の呼びかけ、作業学習・ボッチャ体験
	「とくしんピック2019」	プレ大会として実施
２学期	交流会①	特別支援学校体育館で開催
	交流会②	中学校体育館で開催（附中生の主催で実施）
	本大会準備活動	本大会の準備（特別支援学校で実施）
３学期	「とくしんピック2020」	本大会の開催

て活動する」という点に置くことにした。また、年間を通して活動できるよう留意するとともに、活動後に必ず振り返りを行うようにした。

② 「とくしんピック2019（プレ大会）」の実施（１学期）

まず全員が「なぜ、何のためにするのか」ということが分かり、活動への具体的なイメージをもって明確な目標に向けて取り組めるよう、プレ大会を１学期に実施することにした。共通の目的に向けて活動に取り組む中で、生徒同士の自然なかかわりが生まれることを期待してのことでもある。競技会は「とくしんピック2018」の枠組を用い、競技を「する」、応援しながら「見る」、競技の準備、審判などをして「支える」の３つの役割を本校生徒一人一人が果たしながら大会を運営することにした。また、「協力して競技をする」ということを体感できるよう、４人でフープを持って大きなボールをキャッチする「スクープボール」というオリジナル競技を加えた（写真１）。本校生徒・附中生混合の２チームの対抗戦とし、附中生にも「する・見る・支える」に相当する役割を一人一役で設定し、競技や、準備・審判などの運営、応援などにおいてもお互いに協力しながら活動できるように環境を設定した。

写真１　スクープボール

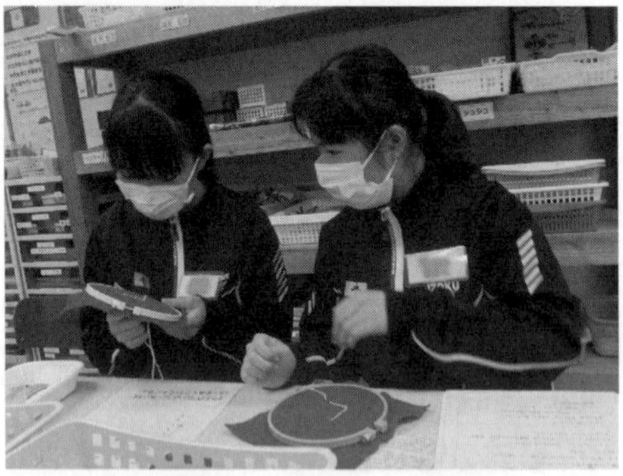

写真２　ワッペンの製作

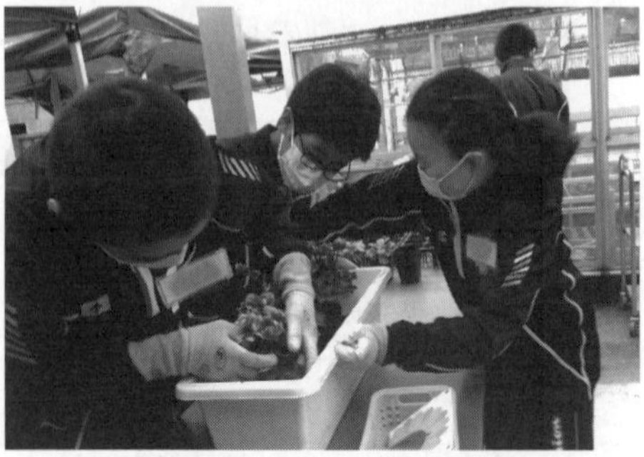

写真３　プランター作り

③ 交流会の実施（２学期）

２学期には交流会を実施することにし、活動に見通しがもてるよう、風船バレーなど本校の生徒がこれまでに経験したことのある内容を中心に企画した。１回目の活動終了後、附中生から「自分たちが企画してもう一度やりたい」という申し出があり、「どうしたらお互いに楽しむことができるか」という視点で、リーダーに立候補した附中生と本校教師が話し合いながら活動を考え、２回目を実施した。

④ 本大会に向けた準備の実施（２学期）

お互いに協力しながら目的意識や意欲が高められるよう、本大会に必要な準備を一緒に行う機会を設けた。本校の生徒が体育や作業学習等で身に付けた力を生かして「ボッチャの練習」「ワッペンの製作」（写真２）、「プランター作り」

（写真３）など７つの活動内容を設定し、両校の生徒が７つの班に分かれて本校生徒が活動の内容や方法等を附中生に伝え、協力しながら活動を進めていけるようにした。附中生に伝える方法については、生徒たちと話し合いながら、それぞれに応じた伝え方を工夫するようにした。

（２）生徒の変化

写真４　ボッチャの審判

事前学習では、ぎこちなく挨拶を交わし、お互いの様子を見ている、という状態であったが、プレ大会当日は、お互いが役割を果たす中、スクープボールで声を掛け合いながらキャッチしようとしたり、ボッチャの審判で協力しながら距離を計測し、順位を確定しようとしたりする自然なかかわりが見られた（写真４）。また、素晴らしいプレーにハイタッチをして喜び合う姿も見られるようになった。活動後の本校生徒たちの振り返りからは「中学生と活動できてうれしかった」「同じチームの人と楽しく応援できた」など、同年代の友達と出会った喜びや新しい仲間と一緒に大会をやりきったという手応えが感じられた。附中生からは、「自分の仕事に取り組めた」「試合が白熱して楽しかった」という感想とともに、「もっと自分から話しかけたらよかった」といった積極的にかかわれなかった自分を反省する感想も多く聞かれたが、併せて記されていた「いろいろな人と進んでコミュニケーションをとる」「親しくなるように交流会をもつ」などの前向きな意見からは、本校生徒とのかかわりを通して自分と向き合い、「他者」との向き合い方を模索しようとする姿勢が感じとれた。お互いにかかわりたい、協力したい気持ちをもちながら、なかなか行動に移すことができない生徒たちにとって、具体的にかかわる場面を作っていくことは、対話的な学びにつながる有効な手立てとなった。

生徒たちに大きな変容が見られたのは、本大会の準備においてである。活動そのものはどれも本校の生徒たちが自信をもっているものであったが、附中生にその内容や方法を「伝える、教える」ということは、初めての経験であった。「どうすれば附中生によりよく伝えられるか」を考えながら、「実演しながら伝える、文字で書いて示す、言葉で説明する」など自分に合った方法で当日に向けた準備をしていく中で、多くの生徒たちから「緊張するけど、とても楽しみ」という言葉が聞かれるようになった。当日、緊張しながらも一生懸命活動の仕方を伝えようとする本校の生徒の気持ちを附中生たちはしっかりと受け止め、分からないときには聞き返し、必要なところは協力をし、本校生徒が困っているときにはさりげなく手伝うなど、１学期には考えられなかったかかわりが見られるようになった。活動後には、「丁寧に教えてくれたのでボッチャがうまくなった」「○○さんはクロスステッチがうまく、すごいと思った」「協力してとくしんピックを成功させたい」といった感想が附中生から寄せられた。本校の生徒にとっては、これまで身に付けた力をもとに、

伝えたい相手を思い描き、「どうすれば伝わるか」ということを考えていく過程が「他者と向き合い、自己と向き合う」対話的な学びであり、そのような過程を経て自分が伝えようとしたことを附中生が受け止めてくれたという実感や、共に活動して大会に必要な準備ができたという確かな手応えが「深い学び」そのものといえる。

このような活動を経て迎えた本大会では、両校の生徒は最初から最後まで一生懸命競技し、応援し、運営を行った。そこで見られたのは、「自然にハイタッチをする」「互いの名前を呼び合う」「笑顔でアイコンタクトを交わす」などの姿であった。生徒一人一人が活躍し、共に協力し、生き生きとした表情を見せていた。競技会が終わり、互いの健闘を称え合ったあと、記念撮影をした。予定時刻を過ぎても別れを惜しむ生徒たちの姿がそこにあった。

写真５　競技前の各チームの円陣

5　実践の振り返り・考察

（１）振り返り

これまでの幼稚園児との活動の中では「ゲームコーナーで楽しませてくれる優しいお兄さん、お姉さん」という立場であった生徒たちが、今回は「共に活動する仲間」として、同年代の附中生との活動に取り組んだ。普段違う場所で生活している同年代の友達と互いに認め合い、助け合いながら活動するという経験は生徒たちにとって初めてのことであった。今回、附中生と協働することで「お互いに教えたり教えてもらったりする」というこれまでとは異なる新しい関係性が得られたことは、本校生徒にとって大きな自信となり、自分の新しい価値に気付く経験でもあった。生徒にとって、「多様な人々と目的に向かって協力しながら活動する地域」が確実に広がったといえる。

附中生にとっても本校生徒との出会いは文字どおり「他者」と向き合うことであった。「交流しなかったらまだ障害のある人への『怖い』という気持ちがあったかもしれない」「自分とは立場が違っても、その人と交流を深め、かかわり合うことで視野やものの見方が広がりいろんな考え方できるようになると思う」「最初はやらされている、合わせている感じだったが、今は自分でやっている。自分を出して成長できた」という活動後の感想から、今回の活動をとおして改めて「自己」と向き合い、考えを広げ深め、さらに次の活動へ踏

み出し、自分なりに学びに意味付け・価値付けをしようとしている附中生の主体的・対話的で深い学びの様子がうかがえた。

このような学びが成り立つためには、「なぜ、何のために行うのか」を理解し、目的意識をもって自分の役割に主体的に取り組むことのできる、「とくしんピック」という活動が不可欠であったことは言うまでもない。

（2）考察

本校では、「貢献」をキーワードに、子どもたちの年齢・段階に「ふさわしい地域」と、一過性でない相互作用による学びを目指して丁寧に活動を展開していくことが、「開かれた教育課程」の形成につながると考えている。今回の取組では、「社会に開かれた教育課程」の実現に向けて、両校の教師が話し合いを重ね、目標を共有し、どのような力を身に付けさせたいか、そのために具体的にどのような活動を行うか、ということを検討してきた。異なる校種の教師が、子どもたちの変容を同じ視点で見守り、校内の活動だけでは見られなかった姿や、生き生きと活動する様子を見てその成長を語り合えたことは、大きな成果であり、喜びであった。「社会に開かれた教育課程」というにはまだまだ小さな一歩であるが、「一過性でない相互作用による学び」が生徒たちだけでなく私たち教師にも必要であることや、教師同士の「協働」「対話」の重要性を感じとることができたのは、私たちにとって大きな学びとなった。

6 今後の展望

教育課程上の位置付けや、各教科等の目標に照らした評価の在り方をさらに検討すること、取組を中学校の１学級から学年全体に広げていくことなどを次年度の課題として活動する予定だったが、コロナ禍によって中断を余儀なくされ、「今できること、今だからできること」という視点で検討を加えた結果､令和２年度は新たに「とくしんピック･リモート大会」に向けての活動を進めていくことになった。附中生と共に活動できることに喜びを感じ、140名の附中生を前に自信をもって堂々と呼びかける本校生徒の姿や、その呼びかけを真剣に受け止め、応えようとする附中生の姿に、前年度の活動が生徒の中に確かに息づいていることを強く感じることができた。

本校の研究主題にあるように、卒業後、地域で豊かな生活を送ることを目標にするのであれば、現在の生活の中にも目指す将来と同じ「豊かな生活」が実現されてしかるべきである。今回の取組の中で、同年代の中学生たちが見せた生き生きと活動に向き合う姿は、生徒たちの現時点での「地域で豊かに生きる」姿であり、同時に卒業後の「あるべき姿」にほかならない。

「地域で豊かに生きる」とは、これまでも本校が研究主題として掲げ、追究し続けてきた「働く生活の実現」と同義である。これからも、活動ありきに陥らず、奇をてらわず、今回のような、それぞれの年齢段階にふさわしい地域と連携・協働した取組を、地道に着実に積み重ね、社会に開かれた教育課程の実現、「働く生活の実現」を目指していきたい。

12 中学部

これからのよりよい学校生活について考えよう

新しい生活様式を学び、新型コロナウイルスから身を守る方法を知る

大阪府立東住吉支援学校教諭　土肥　美恵・田中　隆樹・西川　真由

キーワード　●育成を目指す資質・能力　●主体的・対話的で深い学び

1 学校の概要とキャリア教育の取組

本校は大阪府にある肢体不自由教育と知的障がい教育の２部門を併設する特別支援学校である。現在、知的障がい教育部門には小中高の３学部で330名を超える児童生徒が在籍している。

学校におけるキャリア教育については、平成29年度にキャリア発達の各段階において育てたい力をキャリアプランニング・マトリックス表としてまとめた。各学部がマトリックス表に基づき、各教科や教育活動全体をとおしてキャリア発達を促す教育に取り組んでいる。そして、現段階の学習を土台として次の段階へと引き継ぎながら、個々の適性に応じ高等部卒業後における進路の決定へとつなげている。

令和２年度は新型コロナウイルス感染症拡大による臨時休業のため、年間計画が一時ストップしてしまった。また、マスクの着用やソーシャルディスタンスといった新しい生活様式での学校生活や授業は一体どうなるのか､最初はイメージすることが困難であったが、ICTを活用した授業を積極的に取り入れていくなど、今できることを考え、工夫しながら実践してきた。先が見えにくいときだからこそ、今の時代を生きる子どもたちに身に付けたい力は何なのか、児童生徒が興味をもって主体的に取り組み、成就感を感じられるような授業は何かを試行錯誤しながら探っていくことが大切であると考えている。

今回は「新しい生活様式」を題材に取り上げた、中学部２年生の道徳の授業実践を紹介する。

2 生徒の実態

本校中学部２年生は男子17名、女子13名の合計30名である。言語指示のみで内容を理解し、活動に取り組むことができる生徒から、カードや文字などの視覚的支援によって、内容の見通しをもつことができる生徒まで実態は様々である。その実態に応じた課題の設

定や配慮によって、生徒たちが生き生きと主体的に学べる学習環境を整えたいと考えている。学習習熟度別に取り組む授業では、主に自立活動を中心に学習しているグループ、生活に関する内容を中心に学習しているグループ、教科を中心に学習しているグループ、の３つに大別し、それぞれ発達段階が近い生徒で構成し、各々の課題に合った授業を５つのグループで行っている。

本クラスの生徒は８名で明るく素直な子どもが多く、クラスで決めた約束ごとや掃除などを率先して行ったり、子どもたち同士がお互いに声をかけ合って一緒に活動したりする姿が見られる。様々なことにおいて他者を思いやり意欲的に取り組もうとするクラスである（写真１）。

写真１　クラスの生徒たち

3 実践の意義

本校中学部２年生の今回の道徳の授業は学年全員で行う形態で取り組んでいる。本学年では道徳の時間を週１回実施しており、他者と日常生活を共に過ごしながら、意識や行動の変化を教師が評価するなどして、自分自身を見つめ直し、学校生活をより良く送ろうとする道徳性を養うことをねらっている。１年生から３年生まで年間をとおして学習のテーマを決めて授業を行っており、１年生では「主として自分自身に関すること」、２年生では「主として人との関わりに関すること」、３年生では「主として集団や社会との関わりに関すること、生命や自然、崇高なものとの関わりに関すること」をテーマとしている。各学年のテーマを教師が分担して順番に授業を行っており、令和２年度は１組が「思いやり・優しさ・感謝」、２組が「より良い学校生活」、３組が「礼儀」、４組が「友情・希望」となった。本クラスの２組は「より良い学校生活」を考えていくにあたり、新型コロナウイルスの感染拡大を防止するために政府の専門家会議が示した「新しい生活様式」に着目した。感染防止のためにはどのようにして人と人とがかかわり合い、学校で集団生活を送ればよい

写真２　作成動画のタイトル

のだろうか。本来は上記に示した３年生の「集団や社会との関わり」で扱う分野とも考えられたが、マスクの着用やソーシャルディスタンス等の新しい生活様式を今学ぶ意義が大きいと考えた。そして「新学校生活様式～東住吉支援学校編～」と題する動画を作成することとした（写真２）。動画としたのは学年全員が一同に集まる授業が困難になったことが理由であるが、各クラスをオンラインでつないで授業ができれば、場所が離れていても生徒同士がかかわり合える新しい形ができるのではないかというチャレンジでもあった。

4 実践の概要と生徒の変化

（1）実践の概要

動画の作成にあたり、まずクラスでの話し合い活動をとおして内容を考えることとした。はじめは「正しいマスクのつけ方」「人のものを触らない」「換気をしよう」の３点で動画を作成する予定であったが、「先生、これを動画にするのはどう？」「こんなのもある！」等、生徒たちのイメージがどんどんとふくらみ、たくさんのアイデアが出てくるようになった。その結果、①水分補給、②友達が落としたものを拾ってあげるとき、③あちこち触らない（写真３）、④ウォータークーラーの使い方、⑤手洗い（写真４）、⑥換気しよう（写真５）、⑦給食のルール、⑧正しいマスクのつけ方、⑨屋外に出たら、⑩規則正しい生活という 10 点でまとめることとなった。生徒への配慮として、発語が難しい子どもにはジェスチャー（写真６）、文章が読める子どもにはセリフでの出演（写真７）など個々のよさを活かし、クラス全員が参加できるように工夫した。教師からの提案を理解して生徒が積極的に動画作成に取り組んでいきながら、生徒たちが自分なりにできることを考えてアイデアをひと工夫プラスするなど、主体的に取り組みながら動画を完成させることができた。道徳の授業当日は予定どおり各クラスへ同時に動画を配信し「みんなで新しい学校生活様式を守りながら過ごしていきましょう」というメッセージを全クラスに伝えることができた。

写真３　消毒の場面

（2）生徒の変化

５月までの臨時休業が終わり、新年度がようやくスタートしたが、これまでの学校生活とはガラリと変わり、常にマスクをつけなければいけないことや、給食の運搬や配膳はせず、友達と話をしないで静かに食べなければいけないなど、今までできていたことができなくなり、様々なことが制限されるようになってし

写真４　手洗いの場面

まった。生活の少しの変化にも敏感で、大きなストレスを抱えて落ち着かず不安になる生徒もいた。そのような中で今回の学習を６月早々に設定することで、生徒たち自身が感染症拡大防止のための方法を知り、これまでの生活様式を変えて自分や周りの人の健康を守ろうとすることの大切さを主体的に学ぶことができた。今回の授業をとおして、以前給食中にもよく話をしていた生徒が、声を出すことに気を付けて静かに喫食するようになった。また、マスクから鼻が出るとマスクをつけ直すようになるなど、授業で学んだ内容を理解して実践することができるようになった。また、生徒たちが自分自身のことだけでなく、周囲を見てできていないことや気になることにも気付いたことを挙げていった。自分の行動を振り返ると同時に友達への注意喚起にも意識ができるような変化が感じられた。授業をとおして生徒たちで協力して頑張ろうとする気持ちが学年全体に芽生え、日々の生活を前向きに過ごしていこうとするきっかけとなったように感じた。

写真５　換気の場面

写真６　ジェスチャーで表現

写真７　原稿を読む

5 実践者の振り返り・考察

（1）振り返り

今回の取組は生徒たちにとってはもちろん、私たち教師にとっても有意義なものになった。新型コロナウイルス感染症を防止するための対策として提示された新しい生活様式は、私たち教師も今まで体験したことがないことである。生徒と生徒、生徒と教師が距離的にも密接にかかわり合える学校という場所にとって、受け入れがたい価値観や考え方であった。どう授業すればよいか、どう生徒を指導すればよいのか等、最初は戸惑いの声も多かった。さらに、障害のある生徒たちが学校生活に戸惑い、不安になっていくことは想像するに難くなかった。その中で、安全な学校生活の過ごし方を生徒も教師もみんなで一緒に考え、意見を出し合いながら一つの動画を完成させることができた意義は大きいと考える。

筆者らの担当は２年生であったので、昨年から一緒に過ごす中で生徒がお互いの得手不得手をいくぶん分かり合えていたことも大きく、役割分担を積極的にしようとしていたことも驚きであった。そのような生徒たちの意欲に応えていきたいと学級担任間で十分相談し合い、学級活動などの学級の時間を使い、納得がいくまで何度も動画を撮っては確認作業を重ねるなど、生徒たちと一緒に作り上げることができた。動画「新学校生活様式～東住吉支援学校編～」の作成を振り返ると、友達へ大切なことを伝えることができたという成就感を得られただけでなく、クラスの絆を深めることにも大きくつながった活動であったと確信している。

（2）考察

本校のキャリアプランニング・マトリックス表では、教科や学校の教育活動全体をとおして「人間関係形成能力」「情報活用能力」「将来設計能力」「意思決定能力」４つの能力の育成に取り組んでいる。そして、中学部という時期を「小学部段階で積み上げてきた基礎的な能力を職場や生活の場において変化に対応する力として般化できるようにしていく時期」として捉えている。今回の道徳の授業における一連の取組は、教科のねらいを達成する学習にとどまらず、キャリア発達を促す活動として横断的に結び付いている。また、生徒たちが成就感を得ることをとおして、自己を肯定する気持ちや自己のよさの発見にもつながっている。そして、相手の気持ちや考えに思いを巡らせ、人間関係を形成する能力の育成を含む活動にもなった。また、コロナ禍という新しい社会における仕組みやルールを知る活動でもあり、これは情報活用能力を育てる要素であり、生徒の主体的な態度からたくさんのアイデアが生まれた。

6 今後の展望

長期休業で生徒が登校できないという事態はもう経験したくはないが、あらためて振り返ると、学校は子どもたちがお互いにかかわり合いながら人間関係を形成することができる重要な場所であることを再確認する機会でもあった。感染症の収束にはまだ時間がかかるであろうといわれている。そのような社会の変化に先駆けて行えた活動が今回の取組であったと自負している。今後、どのような社会へと変化するのかは分からないが、正しい情報を知り、自己がどうあるべきかを考え、判断していきながら、主体的に生活を送ろうとする態度の育成に引き続き取り組んでいきたい。

これまで道徳の授業で「自己を見つめる」ことを大切にしてきた。そして、道徳的価値を自分自身の問題として捉えたり考えたり感じたりしながら「自他との関わり」へと広げてきた。３年生においては、「より良い生活や人間関係を築いていく力」の育成へとつなげていきたい。集団の一員としてより良い人間関係を築き、学級づくりや学校生活を目指そうとする力は一人一人の職業的・社会的自立へ向けたキャリア発達を促す教育とも密接に結び付いている。今後も教科としての目標を踏まえつつ、キャリア教育の観点（育てたい力）を軸としながら日々の教育活動に邁進していきたい。

大阪府立東住吉支援学校　知的障がい教育部門　児童生徒の「キャリアプランニング・マトリックス　（キャリア発達段階・内容表）」

			小　学　部	中　学　部	高等部
キャリア発達の段階			職業及び生活にかかわる基礎的な能力獲得の時期	職業及び生活にかかわる基礎的な能力を土台に、それらを統合して働くことに応用する能力獲得の時期	職業及び卒業後の家庭生活に必要な能力を実際に働く生活を想定して具体的に適用するための能力獲得の時期
キャリア発達段階の解説と発達課題			・未分化であるが、職業及び家庭・地域生活に関する基礎的能力の習得と意欲を育て、後の柔軟性に必要な統合する能力習得の始まりの時期である。 ・キャリア発達の視点からは、学校及び生活に関連する諸活動のすべてにおいて、遊びから目的が明確な活動へ、扱われる素材が身近なものから地域にある素材へ、援助を受けながらの活動から自主的・自立的活動へと発展しながら全人的発達をとげる時期であり、働くことに対する夢や意欲を育てる。	・小学部段階で積み上げてきた基礎的な能力を、職場（働くこと）や生活の場において、変化に対応する力として般化できるようにしていく時期である。 ・キャリア発達の視点からは、職業生活に必要な自己及び他者理解（自らのよさや仲間のよさ）を深め、実際的な職業体験を通じて自らの適性に気づき、やりがいや充実感の体感を通して、職業の意義、価値を知ることを学ぶ。 ・自己の判断による進路選択を経験する時期である。	・中学部段階で培ってきた能力を土台に、実際に企業等で働くことを前提にした継続的な職業体験を通して、職業関連知識・技術を得るとともに、職業選択及び移行準備の時期である。 ・キャリア発達の視点からは、自らの適性ややりがいなどに基づいた意思決定、働くことの知識・技術の獲得と必要な態度の形成、必要な支援を適切に求め、指示・助言を理解し実行する力、職業生活に必要な習慣形成、経済生活に必要な知識と余暇の活用等を図る時期である。
職業的（進路）発達にかかわる諸能力 能　力　領　域			**小学部段階において育てたい力**	**中学部段階において育てたい力**	**高等部段階において育てたい力**
人間関係形成能力 他者の個性を尊重し、自己の個性を発揮しながら様々な人々とコミュニケーションを図り、協力・共同してものごとに取り組む。	具体的な活動を通して、自分や他者のよい点を知り、学校教育における諸活動をより良く展開していくために必要な人とのかかわりを形成するとともに、協力・共同して集団活動における役割を果たすための能力の育成に関する領域である。 また、社会生活を送る上で必要となる適切な意思表現の力を高め、社会生活における様々な活動に参加するために、状況に応じて適切に行動するための能力の育成に関する領域である。	**<人とのかかわり>** **<自己理解・他者理解>**	●自分の良いところを見つける。 ●友達の良いところを認める。	●達成感に基づく肯定的な自己理解 ●相手の気持ちや考え、立場の理解	●社会生活における自己理解 ●他者の考えや個性の尊重
		<集 団 参 加> **<協力・共同>**	●大人や友達とやりとりする。 ●集団生活に参加する。	●集団における役割の理解と協力	●集団（チーム）の一員としての役割遂行
		<意 思 表 現>	●日常生活に必要な意思を表現する。	●社会生活に必要な意思表現	●必要な支援を適切に求めたり、相談したりできる表現力
		<挨拶・清潔・身だしなみ> **<場に応じた言動>**	●挨拶・身だしなみの習慣をつける。	●状況に応じた言葉遣いや振る舞い	●ＴＰＯに応じた言動
情報活用能力 学ぶこと・働くことの意義や役割及びその多様性を理解、幅広く情報を活用して、自己の進路や生き方の選択に生かす。	それぞれの職業が人々の生活にとって欠かせないものであることを実際的な活動を通して理解するとともに、自らにとって興味のある活動や職業等に関して様々な情報を収集し活用するための能力の育成に関する領域である。また、労働の対価としての報酬の価値に気づき、社会生活を営む上で必要なルールの理解とそれに沿って行動することや社会の様々な制度の理解とそれらを活用するために必要な能力の育成に関する領域である。	**<様々な情報への関心>** **<情報収集と活用>**	●分からないことを聞く。 ●分からないことを調べたり、質問したりする。	●進路をはじめ様々な情報に触れ、興味・関心をもつ	●職業生活・社会生活に必要な事柄の情報収集活用
		<社会資源の活用とマナー> **<法や制度の活用>**	●日常生活に必要な簡単なルールを知る。 ●地域社会資源を活用した生活経験を増やす。	●社会の仕組み、ルールの理解	●社会の様々な制度やサービスに関する理解とルールやマナーを踏まえたうえでの実際の生活での利用
		<金 銭 の 扱 い> **<金銭の使い方>** **<消費生活の理解>**	●体験を通して金銭の大切さを知る。	●消費生活に関する基本的な事柄の理解と計画的な消費	●労働と報酬の関係の理解と計画的な消費
		<はたらくよろこび> **<役割の理解と働くことの意義>**	●家族の存在や家庭での役割に興味をもつ。 ●身近で働く人々に興味・関心を持つ。 ●身の回りの環境に興味・関心を持つ。	●社会には、いろいろな職業があることを知る。 ●職業見学や就業体験に興味・関心を持って取り組む	●職業及び働くことの意義 ●社会生活において果たすべき役割の実行
将来設計能力 夢や希望を持って将来の生きや生活を考え、社会の現実を踏まえながら、前向 きに自己の将来を設計する。	職業に対する憧れをもち、様々な活動において達成感や充実感をもつ経験を積み重ねることを通して、新しい生活や働くことに期待をもつ。 また、職業や社会の中で自立した生活を送るための必要な役割遂行の能力、及び職業生活に必要な習慣形成のための能力の育成に関する領域である。	**<習 慣 形 成>**	●学校・家庭生活に必要な習慣を身につける。	●職業生活に必要な習慣形成	●職業生活に必要な習慣形成
		<夢 や 希 望>	●身近な仕事やテレビなどで知った職業に関心やあこがれを持つ。	●憧れとする職業や夢をもつ	●働く生活を中心とした新しい生活への期待
		<やりがい> **<生きがい・やりがい>**	●最後までやりきる。 ●様々な活動に意欲的に取り組む。	●様々な学習活動への自発的な取り組み	●職業の意義の実感 ●将来設計に基づいた余暇の活動
		<進路計画>		●目標を実現するための主体的な進路計画	●将来設計に結びつく進路計画
意思決定能力 自らの意志と責任でよりよい選択、決定を行うとともに、その過程での課題や葛藤に積極的に取り組み克服する。	選択肢の意味を理解して選択・決定することとともに、選択に伴って実行することを通して責任を果たすことの意味を理解する。 また、課題解決する力を育てるために、自らの判断で目標を決めること、及び結果に対して自ら評価するための能力や、葛藤場面に対して様々な選択肢があることを理解し、より良い選択を目指す態度の育成に関する領域である。	**<目 標 設 定>**	●目標を意識して活動する。	●自分の仕事に対して責任をもち、最後まで行う。 ●自分の将来について考えることができる。	●将来設計や進路希望の実現を目指した目標の設定とその解決への取り組み
		<自 己 選 択>（決定・責任）	●自分の好きなあそびや活動を選ぶ。	●自分のやりたいことを選択し、進んで取り組む。	●実習などの体験に基づく進路選択
		<振 り 返 り> **<肯定的な自己評価>**	●活動を振り返る。	●活動場面での振り返りとそれを次に生かそうとする努力	●実習などの活動の自己評価 ●自己の課題の克服への努力
		<自己調整>		●課題解決のための選択肢の活用	●課題解決のための選択肢の理解と活用

13 中学校

生徒の「たくましさ」を育む作業学習

各教科等での既習事項に考えをめぐらせながら取り組むことを目指して

北海道札幌市立東栄中学校教諭　田外　真也

キーワード
●育成を目指す資質・能力　●主体的・対話的で深い学び
●「思い」や「願い」を踏まえた実践

1 学校の概要とキャリア教育の取組

（1）学校の概要

札幌市では、市内中学校99校のうち、90校に特別支援学級が設置されている。本校は令和３年度、知的障害特別支援学級が２学級、自閉症・情緒障害特別支援学級が２学級設置され、25名の生徒が在籍している。作業学習では、木工、窯業の２作業種目を設定している。生徒は中学校入学後に各作業種目を体験し、生徒の希望と手指技能等の生徒の実態とを踏まえて、所属する作業班を決定している。

（2）キャリア教育の取組

現代社会の激しい変化については、各学習指導要領解説に示された改訂の経緯でも触れられているが、社会生活の営みにおいて、人間同士のよりよい関わりが不可欠であることは、これまでも、そしてこれからも変わらないものと考える。子どもたちが、社会の変化を前向きに捉え、人間ならではの感性を働かせながら、自分の生活をよりよいものにしていこうとする。そして、社会の担い手の一人としての役割を果たしたり、持てる力を発揮しながら自分の未来を切り開こうとしたりする。本学級では、そのような姿こそ、生徒が「たくましく生きている姿」であると考え、“目指す姿”や、その姿に至る過程において“身に付けたい力”を具体的に設定している。このうち“身に付けたい力”については、特別支援学校小学部学習指導要領「生活科」で示される内容分類を参考にしたうえで具体的に設定しており、各教科や領域別の指導をとおして、人間力を高めることを目指している。この人間力こそが、学校教育がこれまで育成を目指してきた「生きる力」であるとも考える。

2 生徒の実態

本学級では、作業学習を週５単位時間設定しており、入学後に担当する作業班の決定後は、３年間同一作業班で学習に取り組むこととしている。

作業学習への取り組み方については、この他にも、１年ごとに担当する作業班を変更したり、一定期間ごとに各作業班をローテーションしたりするといった方法も考えられる。これらの取り組み方には、それぞれのよさがある。生徒が複数の作業種目に取り組むことで、経験や技能の幅を広げることにつながる。また、様々な職業への視野を広げたり、高等支援学校進学時の学科選択の一助となったりもする。一方、同一作業種目に取り組むことのよさとしては、技能の向上による自信や自己有用感の高まり、自分ができるようになったことを仲間や後輩に教え伝えたいという気持ち、困っている仲間への気付きや気配り、手助けをしようという他者意識や主体的な行動が引き出されることなどが挙げられる。

本学級の生徒の実態としては、「人との関わり」「援助を求める」「役割を果たす」「憧れをもつ」「自分を理解し、自分に自信をもつ」などといったことに課題があり、これらを“身に付けたい力”として目標を設定している生徒が多い。これらのことを踏まえ、本学級では３年間同一作業種目に取り組むことによって高まる生徒の感情や、引き出される姿に意義を感じ、学習活動を設定している（表）。

表　本学級が考える“身に付けたい力”と“引き出したい姿”

失敗を受け入れ、失敗から学ぶ ＊ ケガをした経験から、安全に気を付けて道具を扱うようになる ＊ 設計図を見ずに失敗した経験から、設計図をよく見るようになる
人との関わり ＊ 仲のよい友達がいる ＊ 感謝の気持ちを伝えることができる ＊ 人の助言を素直に聞くことができる ＊ 信頼し、相談できる人がいる ＊ 協力して活動に取り組む
援助を求める ＊ 分からない時は「分からないので、教えてください」と伝えられる ＊ 書き逃した時には「見せてもらっていいですか」と伝えられる
憧れをもつ ＊「あの仕事を、次は自分がやってみたい！」という気持ちをもつ ＊「将来の一人暮らしのために、自分にできることを増やしたい！」という気持ちをもつ
自分を理解し、自分に自信をもつ ＊ 自分の苦手なことやストレス状態が分かり、その解決方法を知る ＊ 自信をもって前向きに挑戦し続ける

3　実践の意義

作業学習が各教科等を合わせた指導の形態の一つであるということは、各教科等におけるねらいが達成される学習活動が設定され、展開される必要がある。

例えば、長さや重さ等の測定や、金銭や個数等の計算については、算数・数学科の学習でも取り組んできており、同様の内容を作業学習においても扱うこととなる。しかし、各教科等における学習と作業学習における学びには大きな違いがあると考える。

各教科等の時間における学習では、各教科の学習内容を学ぶことそのものが子どもたち

の目的となりがちである。言い換えると、長さの理解のために長さを学習し、計算理解のために計算を学習しがちとなる。したがって、これらを机上で学習することが苦手な生徒にとっては、自分の苦手さに真正面から向き合うことになる。

作業学習では、生徒の意識（目的）は、製品を上手に作り一つでも多くの製品をお客様に購入していただくことにある。この目的を達成するための手段として、各教科等での既習事項を思い返したり、活用したりしながら製品づくり（学習活動）に取り組むこととなる。このことは、生徒が教科学習の苦手さだけを意識することにならずに、既習事項に考えを巡らせながら知識や技能を生かし、目的達成のために、必要感をもって活動に取り組む姿を引き出すことにつながる。このように、各教科等の時間における指導だけではなく、各教科等の指導内容と関連付けた学習活動を設定することで、生活や学習に生かす力が生まれるものと考える。

4　実践の概要と生徒の変化

本単元で取り上げたティッシュボックスの製作で用いられる部品はすべて四角形である（写真１）。生徒はまず、箱の側面となる４枚の材料を、隙間がないようにガムテープでつなぎ合わせる。その際に、机上には、直線をとった木材を補助具として固定しておく（写真２）。生徒はこの補助具に対して材料を“ぴったり”合わせ、さらに、隣り合う材料同士も、ずれや隙間なく“ぴったり”くっついていることを確認しながら、並べた材料をつなぎ合わせていく（写真３）。

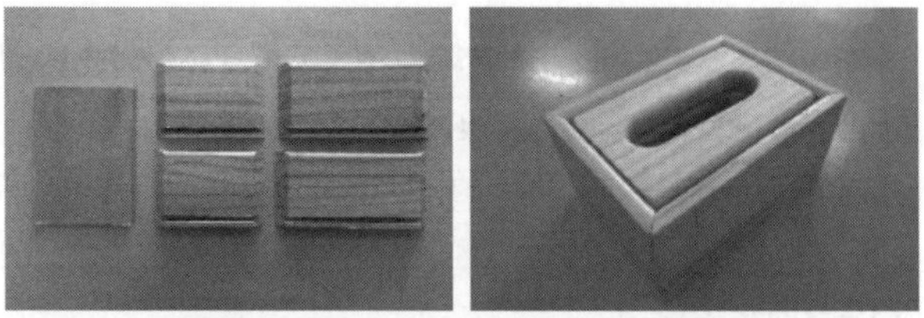

写真１　ティッシュボックスの素材

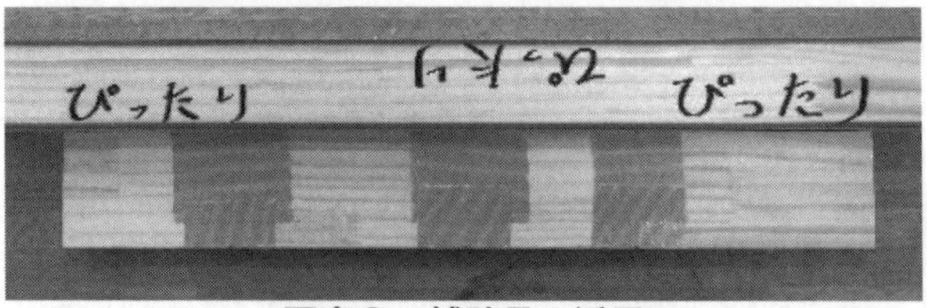

写真２　補助具の活用

写真３　並べた材料を接着剤でつなぎ合わせる

教師がこのような工程を準備し、生徒が繰り返し作業に取り組む中で、「先生！この部品、隙間ができるので曲がっています！」「この部品は四角じゃありません！」といった発言や、同じ形の部品を交換しながら“ぴったり”する部品の組み合わせを探す姿が見られるようになった。

このような姿は、製品の作成過程に生じる部品同士の“ずれ”がきっかけとなって、数学科で学習した、辺や角を思い起こしている姿であると考える。部品の形を四角形として捉え、そこから、図形の構成要素である辺や角を捉え直しながら取り組んでいるものであ

り、各教科等での既習事項に考えを巡らせている姿である。

前述したように、本学級では、生徒が３年間同一作業班で学習に取り組むこととしている。入学当初は、材料の研磨や角を丸める面取りの工程に取り組むことが多い。そして次第に、ボール盤を使った穴あけや、糸鋸での切断なども行うようになり、生徒は、仕事を任されることの喜びや、できることが増える充実感を高めていく。また、自分がまだ行ったことのない工程に取り組む仲間や先輩に対する憧れの気持ちも抱いていく。２年生に進級し先輩という立場になると、生徒の心の中には“後輩に自分の姿を見せたい”“後輩にやり方を教えたい”という気持ちが芽生える。

そこで本学級では、生徒同士で教え合ったり、出来栄えを確認し合ったりする場面を設定している。必要な道具の場所や、作業の手順などについて、経験のある生徒が、初めて経験する仲間に対して説明しながら作業に取り組む。説明の相手が自分よりも後輩とは限らず、同学年や先輩であることもある。生徒たちからは、この時間が学習時間であるという状況や、相手の年齢などを踏まえた言葉遣いを選択しながら伝えている姿が見られた。また、仲間が仕上げた製品の出来栄えをチェックする場面では、どこがダメなのか、どうすればよい仕上がりになるのかについて、伝えたいことが相手にうまく伝わらずにいることもある。しかし、自分がその工程に取り組んでいたときのことを思い返しながら、相手に伝わる言葉を選んだり、実際にやって見せたりするなどしながら、仲間に理解してもらおうとする姿が見られた。

このように、生徒が教師から与えられた仕事に黙々と取り組むだけではなく、製品づくりという活動を共有しながら生徒同士が伝え合う場面を設定することで、自分の取組に対する理解の深まりや、仲間への憧れや手助けといった他者意識、さらには、特別活動で目指すところの集団機能の向上といったねらいに迫ることにもつながると考える。

製品の出品にあたっては、各製品のアピールポイントを名刺大のカードにまとめ、商品ポップとして製品に添付している（図１）。この商品ポップづくりを、通常の学級の１学年の生徒と共同して作成することに取り組んだ。

通常の学級の生徒にとっては、国語科の学習として、要点を端的にまとめて表現することがねらいとしているが、本学級の生徒にとっては、製品ができるまでの工程や、気を付けた点などについて相手に伝わるように要点を整理しながら説明することがねらいとなる。

本学級の生徒たちは、事前に説明の内容を考えて原稿を書きながら、どうすれば自分たちの取組が通常の学級の生徒に伝わるかを考えた。説明の練習中には、「言葉だけでは伝わらないから、実際に商品を触ってもらおう」という意見が出て、

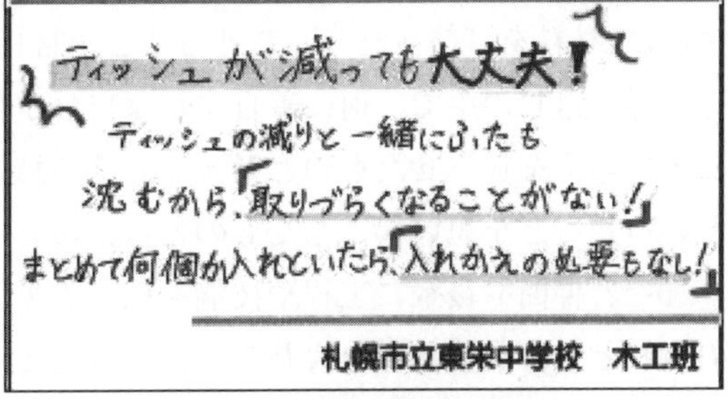

図１　名刺大の商品ポップ

写真４　製品づくりの説明

写真５　ポップについての説明

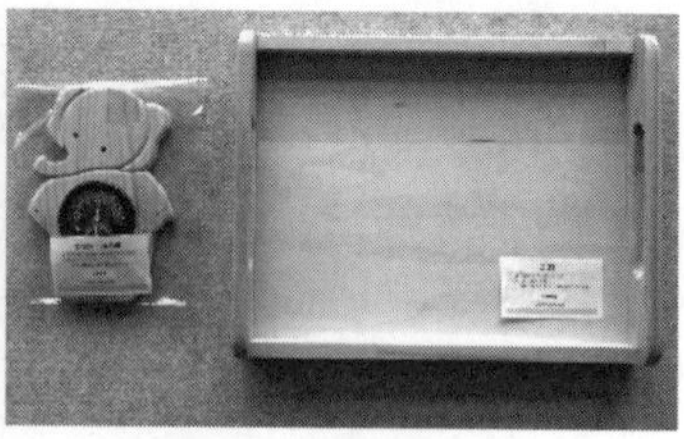

写真６　製品とポップ

自分たちが仕上げた商品の手触りへの自信を相手に伝えたいという思いをもって取り組む姿が見られた。

本時では、学校図書館を学習の場とし、まず、本学級の生徒が通常の学級の生徒に対して、製品づくりに関する説明を行った（写真４）。次に、学校司書の協力を得て、図書館内に掲示してあるポップを参照しながら、ポップの役割や作成する上で心がけていることなどについての説明を行った（写真５）。これらを踏まえ、通常の学級の生徒は、実際に作業製品を手に取りながら感じたことを言葉に表現したり、製品に関することを本学級の生徒に質問したりしながら製品ポップづくりに取り組んだ（写真６）。また、本学級の生徒は、その質問の意図を理解しながら、自分たちの取組について自信をもって答える姿が見られた。

5　実践者の振り返り・考察

（１）振り返り

先に述べたように、本学級では授業づくりにあたって、学習指導要領に示される各教科の「知識及び技能」に関わる指導内容の選択だけではなく、学習活動をとおして子どもたちに“身に付けたい力”や“引き出したい姿や発言”などを具体的に設定しながら取り組むことを大切にしている。このことは、観点別学習状況の評価の観点に示されている「思考力、表現力、判断力等」や「学びに向かう力、人間性等」について、生徒一人一人の実態を踏まえたうえで、具体的な姿を個別に目標設定していることにもつながると考える。

材料の形を図形として捉えることを目指した組み立てでは、“ぴったり”という言葉を使ったことが、教師と生徒とが目指すもののイメージを擦り合わせることにつながった。生徒は、材料を“ぴったり”させることを目指しながら組み立て作業に繰り返し取り組み、その繰り返しの中で、何に着目すれば自分が目指す“ぴったり”の状態になるのかということに考えを巡らせたものと考える。その結果、数学科での既習事項である“辺”や“角”といったことを思い起こしたものと考える。

また、仲間や後輩に工程や技能を伝える場面では、自分の取組に対する自信や、他者への憧れといった気持ちを育むことができたと考える。さらに、通常の学級への商品説明の場面でも、自分たちの取組や商品に自信をもち、堂々とした姿や表情で説明しようとする

姿を引き出すことができた。このような気持ちや姿は、各教科等の内容として示されているものではない。しかし、特別支援学級に在籍する児童生徒の成長や将来像を見据え、今身に付けたい力は何か、そして、引き出したい姿や言葉を具体的にイメージしながら、活動の設定や授業を展開したことが、生徒のたくましさを引き出すことにつながったものと考える。

（2）考察

“身に付けたい力”や“引き出したい姿”を具体的にイメージしながら行う授業づくりは、進路指導にもつながると考える。「進路指導」と聞くと、“高校に合格すること”“高校に合格するために……”と思ってしまう生徒及び保護者、さらに教師も少なくないのではないだろうか。しかし、子どもたちの将来的な社会的・職業的自立を目指した「進路指導」という考え方をすると、その目的をさらに広く捉えることができる。一年一年をどのように過ごすかを考えながら、生活や学習の場所について、本人及び保護者が共に考えて決定していく行為すべてが“進路指導”であると考える。そのうえで、本学級では、進路指導において以下のことを大切にしている。

＊何を学ぶ（身に付ける）１年または３年間とするのか。
＊自分の力を発揮しながら活動に参加することができる学びの場はどこなのか。
＊どんな力を発揮しながら、自信や自己有用感を高める学校生活とするのか。
＊１年後又は３年後、子どもがどのような姿になることを目指すのか。
＊子どもが“夢”をもち、理想と現実に気付き、受け入れながら、社会に向かっていくにふさわしい学びの場はどこなのか。

このようなことを踏まえながら、進路指導及び日々の学習に取り組むことは、子どもたちの自信を高めることにつながる。その自信が生徒の心の余裕を生み、他者意識を高めることにもつながるものと考える。そして、他者への憧れや、誰かの役に立ちたいという感情を育むことにもつながり、このことは「キャリア発達」そのものであると考える。

6 今後の展望

作業学習は、将来の就労を見据えた学習として、知的障害のある児童生徒を対象に多くの学級で行われており、私もこれまで取り組んできた。しかし、作業学習が「各教科等を合わせた指導の形態」であることを再認識し、活動を見つめ直す必要もあると考える。このことは、新たな活動を生み出すということではない。私たちが「作業学習」として行っている取組の中にある工程を分析し、そこに含まれる学習の要素を、各教科等の視点から見つめ直し、意味付けをし直すことで、作業学習が単なるものづくりではなく、「各教科等を合わせた指導の形態」として、さらに有意義な学習になるものと考える。

【文献】
全日本特別支援教育研究連盟（2020）「作業学習と各教科等のつながり」月刊 特別支援教育研究2020年６月号特集．東洋館出版社.
北海道特別支援学級教育研究連盟（2021）未来をたくましく生きるために身につけさせたい力28.

第３章 高等部

高学部段階では、生徒たちが卒業後の主な役割の１つとして「職業人」の役割を担うことを踏まえ、作業学習や専門教科、産業現場等における実習といった、将来の社会的・職業的自立に向けた、より実際的な学習活動を教育課程の中心に据えている。これらの活動をとおして生徒が社会において求められる資質・能力を理解し、目標を意識し、より主体的な取組や自身の力を高めていく姿勢が求められる。そのためには、ホームルーム活動や総合的な探究の時間、自立活動の時間等をとおして、「なぜ・なんのため」を問い、自分がどうありたいか、どうなりたいか、そのためにはどのようなことが必要で、何に取り組み、どのように工夫し、援助を求めなければならないのかなど、「対話」をとおして将来のことを具体的に考えたり、相談したりする、いまと将来をつなぐ取組が肝要となる。

このように社会的・職業的自立に向けた自身の具体的な取組を振り返り、対話をとおして必要な学びや今後の取組を考える必要性や有効性から、本人参画による個別の諸計画の活用（キャリアデザイン）によるキャリア発達支援の充実が求められている。

ここでは、青年期である生徒の「思い」に共感し、共に解決方策を考える姿勢が求められる。また、教師の決めつけではなく、生徒同士や先輩、卒業生、さらには地域の方等との対話をとおして生徒自身の気付きを促すとともに、自己選択や自己決定を大切にしたかかわりに留意したい。

14 高等部

「願い」や「思い」を将来につなぐ キャリアカウンセリングを目指して

対話を大切にする「OKS ライフキャリアプラン」の実践から

北海道小樽高等支援学校教諭　熊谷　英利子

キーワード
- 「思い」や「願い」を踏まえた実践
- 振り返りと対話（カウンセリングとガイダンス）

1　学校の概要とキャリア教育の取組

本校は、学校教育目標「豊かな心をもち　力をあわせて　生き生きと活動する生徒を育てる」のもと、知的障害のある生徒の自立と社会参加を目指し、職業教育を中心とした教育課程を編成する高等部単置の特別支援学校である。生産技術科、木工科、環境・流通サポート科、家庭総合科、福祉サービス科の５つの職業学科があり、地域資源を生かした学習を主眼に、キャリア教育を中核とした教育活動を推進している。

本校では、「学校の教育目標」を具現化した「めざす生徒の姿」に向け、「キャリア教育全体計画」を作成し、学校全体で組織的、系統的にキャリア発達を支援している。本校では、教育課程の工夫として地域に貢献する職業教育と、生徒の内面の変化を大切にするカウンセリングに基づく「OKS（Otaru Koto Shien）ライフキャリアプラン」（以下、「ライフキャリアプラン」）を２本柱として、キャリア教育を支えている。「ライフキャリアプラン」とは、個別の教育支援計画及び個別の指導計画における目標と評価を一体化したツールであり、生徒一人一人の将来の希望に向けて必要な支援をしていくためのものである。また、生徒の「思い」を引き出し、明確化するためのものであるが、作成後も継続的にキャリアカウンセリングを行い、評価・修正・更新していくものである。「本人の希望」「保護者の希望」「生徒の実態」を明確にしたうえで、「ライフキャリアプラン」を作成し、一人一人の夢（将来の希望）の実現に向けた包括的支援の充実を目指している。

2　生徒の実態

本校は、自閉スペクトラム症等の発達障害の特徴を併せ有する生徒が半数程度在籍する。多くの生徒は、言葉でのやりとりが可能であり、簡単な指示を理解し実行することが可能である。

小学校や中学校での学習面や人間関係でのつまずきを繰り返した結果、自分に自信がも

てず、自己肯定感が低い生徒が多い。しかし、高校入学を機に「こんなことを頑張りたい」「こんなことができるようになりたい」という思いを秘めていることがキャリアカウンセリングから読み取れる。具体的には、「互いに助けたり、助けられたりする中で、仲間を大切にしたい」「困ったときに、周りの人に相談しながら、解決する方法を身に付けていきたい」「場面にあった挨拶、言葉遣いができるようになりたい」「働く力を高めたい」といった思いを多くの生徒が抱いている。

これらの思いは、生徒が自ら過去の経験を振り返り、コミュニケーションに対する苦手感、人間関係づくりのつまずきといったものを感じていながらも、これからの人生を考え、成長したいと強く願っている姿であると考える。

3 実践の意義

高等部のキャリア発達段階は、卒業後に社会・職場・家庭生活といった、様々な場面で必要となる基礎的・汎用的な能力を身に付ける段階と捉えられる。また、中学部で培ってきた能力を土台に、企業における継続的な職業体験などをとおして、職業にかかわる知識や技術を学ぶとともに、職業選択及び社会への移行準備を行う時期である。このことから、本校では、この時期のキャリア発達支援の充実を目指し、「人間関係づくり」「コミュニケーション」「働く習慣」「将来設計」「生きがい」の５つの重点項目を設定している（図１）。本人・保護者及び教師が共通の視点をもつことで、教育的ニーズの整理と支援の焦点化を図り、「ライフキャリアプラン」を作成している（図２）。

生徒の夢や希望を実現するためには、「今、これからをどうすべきか（方策、取組）」を生徒自身が考え、決めることが大切である。そのために、本校では、教師との対話をとおして自分で考える過程を重視する「キャリアカウンセリング」が有効であると捉え、総合的な探究の時間を中心に、学習活動全体で取り組み、生徒のキャリア発達を支援している。

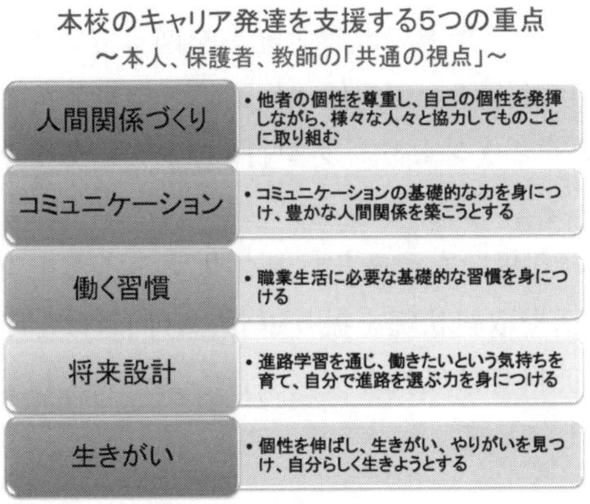

図１　キャリア発達を支援する５つの重点

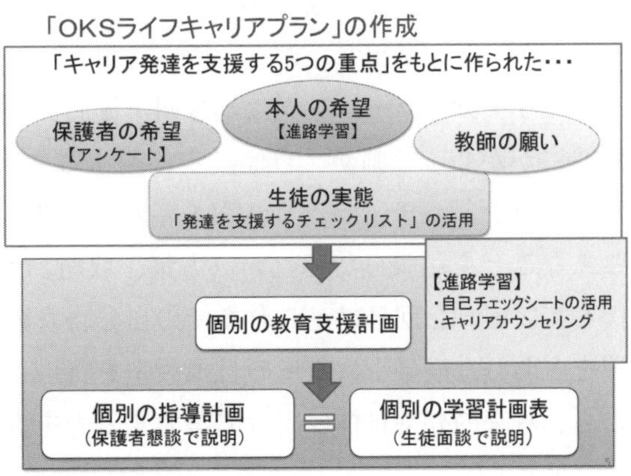

図２　「OKS ライフキャリアプラン」の作成

4　実践の概要と生徒の変化

（1）実践の概要

①　実態把握と支援の方向性の検討

生徒は、「本人の希望」シートに卒業後の夢や希望を記入し、そのために学校生活で頑張りたいことを主体的に考える。同時に「自己チェック」シートを記入し、現在の自分について評価する。教師は、生徒の実態を把握するため、発達を支援するチェックリストを実施する（図３）。担任・副担・所属職員が本人・保護者の希望、生徒の実態を共通の視点で把握し、支援の方向性を検討する。

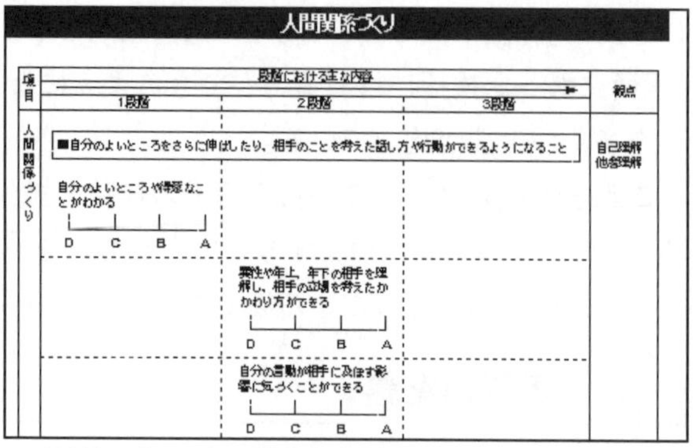

図３　キャリア発達を支援するチェックリスト

②　進路学習とキャリアカウンセリング

本校の「総合的な探究の時間」は「進路学習」の名称で実施し、キャリア教育や進路指導の充実を図っている。「進路学習」において実施しているキャリアカウンセリングでは、カウンセリングシートを活用し、「将来の夢」「本人の希望」「自己チェック」シートをもとに、「学校生活」「家庭・寄宿舎生活」、「コミュニケーション」「仕事」の各項目の目標設定や自己評価などについて話し合うとともに、進路実現に向けて、自ら学び、自ら考え、主体的に判断して行動できる生徒の育成を目指し、適切な支援や助言を行っている。また、定期的にキャリアカウンセリングを実施することにより、これまでの成果や次のステップに向けた方策を明確にし、「ライフキャリアプラン」を活用しながら、PDCA サイクルに基づき指導の改善・充実を図っている。

キャリアカウンセリングは年３回実施し、１回目は担任、副担任、作業学習担当者など生徒にかかわる教師が、目標設定に関するキャリアカウンセリングを行い、「ライフキャリアプラン」やチェックリストを活用し、生徒自身の「こうなりたい（夢、目標）から、こんなことを頑張ってみたい（方策、取組）」という思いを言語化、具体化することを支援している。２回目は、これまでの自分自身の生活や取組状況を振り返り、３回目は１年間をとおした成果や次年度の目標設定を行い、生徒自身に成長を実感できるよう支援しながら、将来の夢や目標に向けて努力する力を育成している。

（2）生徒の変化

キャリアカウンセリングでは、生徒は教師との対話をとおして気持ちが整理され、「私って、こう考えていたんだ」と自身の思いに気付いていく。また、カウンセリングシート（学校生活、コミュニケーション、家庭生活、仕事に関する目標設定するにあたり、生徒が気持ちを整理するシート）に整理・記入することで、漠然と抱いていた「思い」や「願い」が明確になる。生徒が自分の「思い」や「願い」に気付いたとき、目標が見え、「なりたい自分」に近づくために「何をするべきか（努力や工夫）」を生徒自身が気付くことができる。そこで教師は、本人が努力や工夫ができるように、不足している視点を助言し、考えるきっかけを促す。そうすることで、「そういう考え方もあるのか」「今は、思うようにはできていないけれど、やっぱりできるようになりたい」と生徒自身の視野が広がり、さらには、思考を深めることにつながり、結果として行動が変化しているように見て取れる。

振り返りでは、生徒は、完璧にできたかどうかに着目しがちである。完璧にできなければ「失敗」と捉える傾向が強い。しかし、そうではなく、過去の自分と比べて「できていること」「考え方が広がっていること」に教師と一緒に着目することで、自分の成長を認

「学校生活の目標」	
＊個別の教育支援計画の「学校」における支援目標、並びに個別の指導計画、個別の学習計画表の「重点目標」とリンクします。	
前期：カウンセリング	【担当者名： [redacted] 】
【目　標】 思いや体調について自ら報告、相談する	
【生徒の考え】 ・まだ、「できる」と思って、我慢をしている所もあるので、無理だと感じたら先生に報告する ・不安などためこんで、感情が爆発することがあるのできちんと友達や先生に相談をする	【先生からのアドバイス】 ・自分のことを報告・相談すること ・コミュニケーションに気をつけること ・「私」が思っている「大丈夫」は「大丈夫」ではないことを分かってほしい
中間：カウンセリング	【担当者名： [redacted] 】
【振り返り】 ・思いを話すと気持ちが楽になることがわかった。報告相談が大切なのが改めてわかった。次は、できるようになりたい。 ・困ったら、相談する。全部ができるわけではないけど、できるようになりたい。	
【先生からのアドバイス】 ・全部を受け入れるのは、難しいかもしれない。でも受け入れるということを学んでいってほしい。	

「学校生活の目標」	
＊個別の教育支援計画の「学校」における支援目標、並びに個別の指導計画、個別の学習計画表の「重点目標」とリンクします。	
前期：カウンセリング	【担当者名： [redacted] 】
【目　標】 ・自分の思いや体調を分かりやすく相手に伝える	
【生徒の考え】 ・具体的に説明する ・体調チェックシートを書く	【先生からのアドバイス】 ・相手の意見を聞き入れる ・聞きたいことを聞く（我慢しない） ・誰にでも相談ができるようになること ・自分の言動をふり返ってみる
中間：カウンセリング	【担当者名： [redacted] 】
【振り返り】 ・困ったことがあったら先生に話をして、一緒に解決することができた。 ・分かりやすく伝えるのは難しい。 ・自分のげんかいがわかってきた。 ・仲間に頼ることができるようになって、学校に行きやすくなった	
【先生からのアドバイス】 ・自分の視野を広げて自分のやりたいことなど新しい世界を見つける ・片付けなど、最後までやろう ・伝えられるようになってきたので、今度は具体的に伝えられるようになろう	

暑いです（自分の状態を表す言葉）⇒　暑いので、○○してほしい等と伝える
どうして欲しいのか

図4　1年次と2年次のカウンセリングシートの変化

○本人の希望

1「卒業《そつぎょう》後《ご》の生活《せいかつ》」についてお聞《き》きします。

項《こう》目《もく》	内《ない》容《よう》	1年生	2年生	3年生
仕《し》事《ごと》	□どんな仕《し》事《ごと》をしてみたいですか	流通・清掃	バックヤード・流通 （アパレル） （大きな倉庫がいい）	衣服（靴）） 品出しなど ビルクリーニング
暮《く》らし	□どんな暮《く》らしをしてみたいですか	一人で暮らしたい	〃	〃

図5　本人の希望（仕事）3年間の変化（一部）

められるようになる。たとえ失敗したとしても、その経験を教師が正しく評価することで、生徒の新たな「気付き」となり、物事への考え方や取り組む姿勢が変わる。そして、学年が上がり、経験が増える中で、「思い」や「願い」をかなえるために教師に相談することが増え、その相談をとおして生徒の自己理解が深まり、目標はより具体化していく。このように、教師との対話を繰り返すことによって、生徒の「思い」は変化し、内面の育ちが見られ、キャリア発達が促されている（図４・５）。

5　実践者の振り返り・考察

（1）振り返り

本校では、「卒業生アンケート」と称して、社会人となった卒業生を対象に、「学校生活で学んだことで役立っていること」について定期的にアンケートを実施し、教育活動の改善に役立てている。本年度の調査結果では、５年前の結果と同様で「挨拶、言葉遣い」「働くために必要な力」「困ったときに相談し解決すること」を上位（22 項目中）に挙げており、繰り返し学んだ学習が実社会でも役に立っていると実感しているものと考えられる（図６）。これらの内容は、教師が「教えこんでいる」内容ではなく、「なぜ、必要なのか」を生徒一人一人に合わせてキャリアカウンセリングをとおして教師と生徒が繰り返し話し合いながら、お互いに学び進めてきた内容であるともいえる。

生徒は、過去の経験から「できる・できない」に敏感であり、また、自分の思いを言葉でうまく表現することが難しい。教師は生徒の言葉の裏にある「できるようになりたい」という思いを生徒の過去の体験も含め多面的に想像し、生徒の言葉を補うことで生徒の思いに近付くことができると考える。「生徒の思いを叶えるために」という姿勢で教師が対話を重ねることが大切であり、お互いの言葉の「意味すること」を理解し合い、共有する

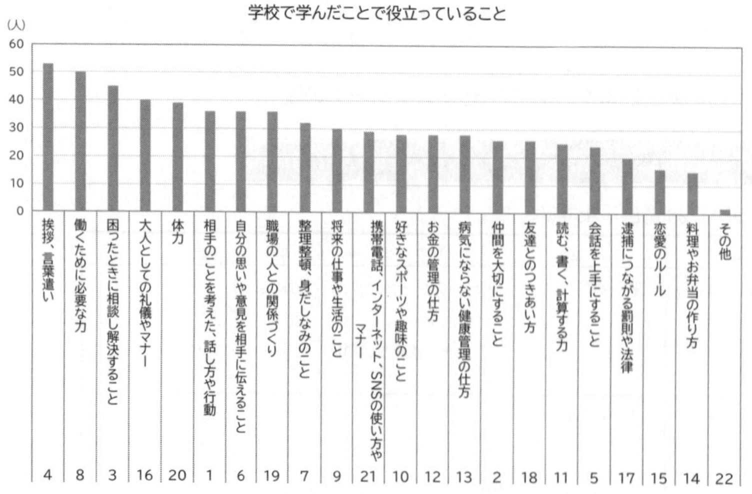

＜ベスト5＞

【2020年度　ベスト5】
1位　挨拶、言葉遣い
2位　働くために必要な力
3位　困ったときに相談し解決すること
4位　大人としての礼儀やマナー
5位　体力

【2015年度　ベスト5】
1位　挨拶、言葉遣い
2位　働くために必要な力
3位　困ったときに相談し解決すること
4位　仲間を大切にすること
〃　整理整頓、身だしなみのこと

図６　卒業生アンケート 「学校で学んだことで役立っていること」

ことで、どちらの言い分も生かせる新たな解決策が生まれる。教師とのやりとりが、生徒の考え方を広め、新たな気付きや行動の変容へとつながり、この変化の過程を生む対話が、キャリア発達につながると考える。

本校の教師は、生徒・教師のどちらか一方の考え方が正しいのではないという発想で生徒の言葉を共感的に聴き、感じたことに価値付けをし、「これから」につながる「今」を大切に対話を重ね続けてきた。これからも生徒のキャリア発達を促すキャリアカウンセリングを進めていきたい。

(2) 考察

本校ではキャリアカウンセリングの時間において、一人の生徒に複数の教師が対応している。ホームルーム担任以外の教師も生徒と時間をかけて対話する機会であり、生徒にとっては、担任以外にもじっくり話せる教師が増える機会となっており、教師にとっては複数の目で一人の生徒を理解する時間になっている。その結果、一人一人の生徒との対話を大切にするという意識が組織に根付いてきている。

生徒支援で中心となるのは学級ではあるが、時には学年全体で一人の生徒の支援をサポートする体制をつくりながら、生徒が安心して学校生活を送れるように、本人・保護者と「ライフキャリアプラン」を共有し、共通理解のもと、生徒の目標達成に向け、支援の充実を図っていく必要があると考えている。

6 今後の展望

「キャリア・パスポート」導入の目的は、「生徒自らの学習状況やキャリア形成を見通したり、振り返ったりして、自己評価を行うとともに、主体的に学びに向かう力を育み、自己実現につなげるものである。教師にとっては、その記述をもとに対話的にかかわることによって、児童生徒の成長を促し、系統的な指導に資するもの」とある。本校は、生徒が自らの将来をデザインできるように、キャリアカウンセリングをとおして思考を深める過程を積み重ね、ライフキャリアプランを作成･活用してきた。課題としては、充実したキャリアカウンセリングを実施するための時間の確保が挙げられる。進路学習の内容の見直しを進め、教師全員がキャリアカウンセリングの意義を見いだし、充実を図っていきたい。また、今後は、「ライフキャリアプラン」を「キャリア・パスポート」として位置付けることについて検討し、活用を図っていく予定である。

【文献】

北海道小樽高等支援学校（2011）社会動向を踏まえた職業教育の実践的研究．研究集録「躍動」第３号，p.4-59.
北海道小樽高等支援学校（2015）本校におけるキャリア教育のおさえ．研究集録「躍動」第７号，p.5-25.
菊地一文（2021）キャリア教育を充実させる授業改善．月刊実践障害児教育，p.10-13.
文部科学省「キャリア・パスポート」の様式例と指導上の留意事項
渡部昌平（2015）社会構成主義キャリア・カウンセリングの理論と実践－ナラティブ、質的アセスメントの活用－．福村出版.
岸本光永･渡辺三枝子（2010）考える力を伸ばす教科書－ダイアローグと倫理で思考力を高める－．日本経済新聞出版社.
堀公俊（2010）ビジネス対話の技術－相手も自分も納得する－．産業能率大学出版部.

15 高等部

夢を叶えようプロジェクト

「私の夢はこれ！」から始まった生徒たちのキャリア発達

福島県立相馬支援学校教諭　飯田　里佳子・富村　和哉

キーワード　●育成を目指す資質・能力　●本人の願い　●基礎的・汎用的能力

1 学校の概要とキャリア教育の取組

本校は、福島県浜通り北部に位置し、令和２年４月から南相馬市鹿島区内の新校舎に学びの場を移し、創立50周年を迎えた。小学部·中学部・高等部があり、学級数25、在籍児童生徒数109名、教職員数79名の学校である。令和元年度、新学習指導要領に対応するために、本校の育成を目指す資質・能力を明確にし、それをもとに学校教育目標や教育課程、各種様式等の見直しと改善を図ってきた。

本校は、キャリア教育について、小学部・中学部特別支援学校学習指導要領解説総則編第２章第５節等で示されている「児童生徒の調和的な発達の支援」の一環として共通理解し、一人一人のキャリア発達を支援する仕組みとして、本校独自のキャリアガイダンスシートを整え（図１）、本人や保護者と将来に向けて話し合いながら、小学部から高等部まで継続した取組を進めている。

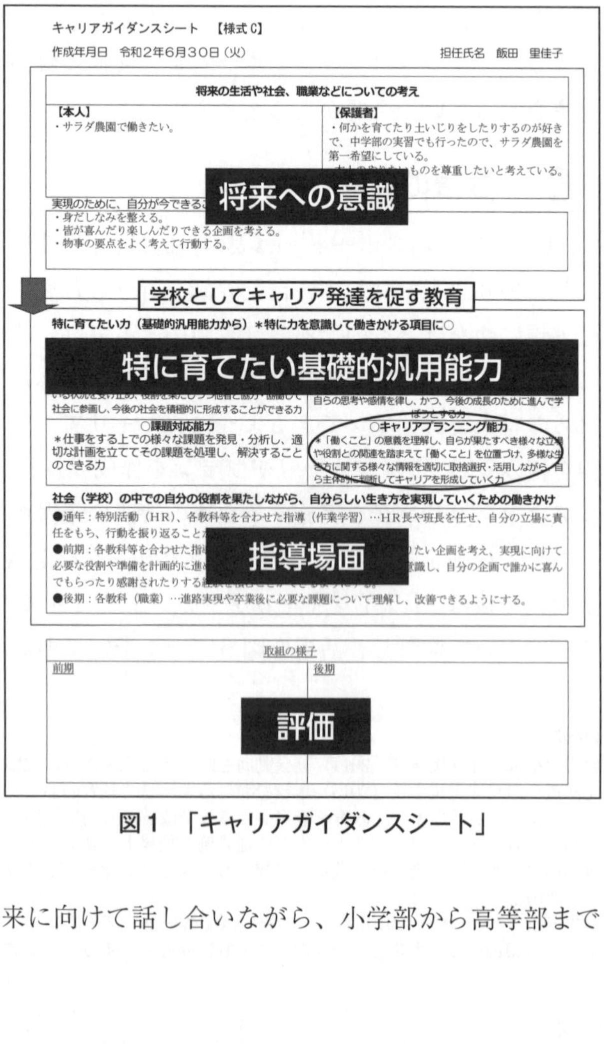

図１　「キャリアガイダンスシート」

2 生徒の実態

本学級は、高等部3年生6人が在籍している。学習面は、生徒によって習得状況は様々であるが、特別支援学校高等部学習指導要領に示されている、いわゆる知的障害教育の各教科の内容を学んでいる。障害による困難さについては、「コミュニケーション」、「心理的な安定」、「環境の把握」等の面において、様々な困難さがある生徒たちが学級集団を形成している。

令和2年度は、学級担任が代わるだけでなく、学級編制も見直されたことから、生徒にとって、変化が大きいスタートであった。その中で、生徒たちは私たち学級担任に「どうして文化祭が（高等部には）ないの？」「高校生最後に、みんなの前で、ステージで歌いたい」等と、その胸に秘めた思いを教えてくれた。それと同時に、「どうせ、難しいよね」という諦めの気持ちがあることも垣間見えた。それぞれの生徒は、教師に言われたことはしっかりと取り組もうとするが、指示を待つ傾向が多分に見られた。日々の生徒の様子から、生徒たちが社会（学校）へ参画していこうとする気持ちをもったり、自分たちが“やりたいこと”や“できること”から活動に意味を見いだし「働くこと」の意義を感じたり、具体的に計画、実行したりしていくこと等の、それぞれの生徒の基礎的・汎用能力*の課題が見えてきた。

＊基礎的・汎用能力：中央教育審議会（2011）「今後の学校におけるキャリア教育・職業教育の在り方について（答申）」において、基礎的・汎用的能力として「人間関係形成・社会形成能力」「自己理解・自己管理能力」「課題対応能力」「キャリアプランニング能力」の４つの「育てたい力」を例示している。

3 実践の意義

小学部・中学部特別支援学校学習指導要領解説総則編第2章第8節では、「各教科等を合わせた指導を行う際にも、学習活動が優先され、各教科等の内容への意識が不十分な状態にならないようにすること」と示されているが、本校でもこのような課題があり、活動ありきではなく、各教科等の指導内容を押さえることが大切と考えている。

単元「夢を叶えようプロジェクト」は生活単元学習として位置付け、主に以下の教科等の指導内容を取り扱うこととした。

【国語科】「高2段階ア（ア）Aエ、ウ（ウ）Bウ」
【自立活動】一人一人の実態に応じて設定
【社会科】「高1段階ア（ア）」
【職業科】「高1段階A（ア）」等

これらの内容に関して、生徒たちの思いや願い、学級の実態から、将来について調べて考える学習も大事であると認識しているが、まずは自分たちが今、学校で“叶えたい夢”を軸に、上記に示す各教科の内容を取り扱った方が効果的に学ぶことができると考えた。

その際、本校で実践している“単元案”（図２）にて、単元をデザインして資質・能力を効果的に育めるようにした。

特に本単元では、「職業科」の改訂の要点である「一人一人の生徒のキャリア発達を一層促すこと」を重点に捉え、生徒が「社会（学校）の中で自分の役割を果たしながら、自分らしい生き方を実現していく過程」を積み重ね、よりよく経験していくことができると考え、一人一人のキャリアガイダンスシートと連携を図りながら実践に取り組んだ。つまり、活動が面白そうだから取り組むというのではなく、生徒たちの思いを踏まえながら、各教科等の学びをとおして、キャリア発達を促すことができるようにと考え、単元を始動させた。

相馬支援学校　単元案

本校の学校教育目標		
知識・技能	思考力・判断力・表現力	学びに向かう力・人間性
基礎的・基本的な知識・技能を習得し、活用できる力	自ら考え、協働し、課題を解決していく力	自ら進んで考え、学ぼうとする力
高等部		
知識・技能	思考力・判断力・表現力	学びに向かう力・人間性
自立と社会参加のために必要な基礎的・基本的な知識・技能を習得し、活用できる力	自分の考えを持ち、他者を理解し、課題を解決していく力	自ら進んで考え、学ぼうとする力

【資質・能力の育成のための教育活動として】

生活単元学習　単元案	単元・題材名	「夢を叶えるプロジェクト」

【単元・題材で育成する資質・能力】　主に高等部２段階で設定

	知識・技能	思考力・判断力・表現力等	学びに向かう力・人間性等
国語（聞・話）	言葉には、人間関係を構築する働き（相手の行動を促す働きにつながっていくこと）があるということに気付くことができる。	資料を活用するなどして、自分の考えが伝わるように表現方法を工夫することができる。	資料等を活用して自分の表現を工夫したり、言葉には相手の行動を促す働きにつながっていくことに気付いたりしようとしている。
国語・書く	用紙全体との関係に注意して、文字の大きさや配列などを決めて書くことができる。	目的や意図に応じて、書くことを決め、集めた材料を比較したり、分類したりして、伝えたいことを明確にすることができる。	目的や意図に応じて書くことを明確にしたり、用紙全体との関係に注意したりして書こうとしている。
職業	自分たちの取り組みたい活動を企画し、自己実現を図ることで、勤労（自分で考え、協力して取り組むこと）の意義を理解することができる。	目標をもって取り組み、その成果や自分と他者との役割及び他者との協力について考え、表現することができる。	自分たちの取り組みたい活動の自己実現を図るために、自分と他者との役割を決めたり、協力したりして取り組もうとしている。
社会（高１段）	周囲のことを考えることを通して、自分の役割や責任を果たすためには周囲の人々の協力が必要不可欠であることが分かる。	社会生活の中で状況を的確に判断し、自分の役割と責任について考え、表現することができる。	自分の役割や責任を果たすために、他者と協力しようとしたり、表現しようとしたりしている。
＊自立活動　個別の指導計画の指導内容による			

単元構想のためのメモ欄

5/26（2h）、6月2、9、16、23、30、7月7、14（2h）、21（2h）、28
計12時間

＊企画内容については、状況応じて、実施できるもの、できないものは指導していく。

図２　資質・能力を育むための“単元案”

４　実践の概要と生徒の変化

（１）実践の概要

本単元は、第一次「計画」、第二次「準備」、第三次「実施」、第四次「振り返り」で構成した13時間扱いの実践である。

まず、高等部２年生までの学習を振り返りながら、「勤労の意義」「今の状況で自分たちができること」等について議論し、それらを踏まえたうえで「自分たちの“やりたい夢”」を語り合い、“なぜ”“何のために”という職業科、社会科の見方・考え方を働かせながら活動を展開した。その結果として、７月に自分たちでオリジナルの“文化祭”を創り上げる流れになり、その名称や方法が10月の「学習発表会」という学校行事に影響を与えた。

（２）生徒の変化

単元の導入時、「何のために働くのか」という問いに対して、生徒たちは、「考えたことがなかった」「お金のため」「自分のため」という意見が多かった。つまり、与えられた仕事や役割をこなしているが、その社会的な意味を見いだすまでには至っていないということが明らかとなった。そこで、“なぜ”という問いを繰り返しながら、自分が取り組みたい夢が周りにどんな影響を与えるのか掘り下げていくと、「現在コロナ（ウイルス感染防止のため様々な制約がある）の状況だから、みんなとダンスをして運動したい、喜ぶ顔が見たい」「学習発表会ではなく、私たちが文化祭をやって次に（後輩たちに）つなげたい！」など、身近な社会である学校のために、自分の行動に意味を見いだしはじめる姿が見られた。まさに、キャリアプランニング能力、

写真１　夢をプレゼン！

自己理解・自己管理能力につながる生徒の変容が見られはじめたと捉えられた（写真１）。

生徒たちが、それぞれ自己の役割に向き合い、成長していった姿を以下に示す。

①　指示を待つ姿勢から脱却！自分の企画に責任をもち、自ら気付き行動する生徒

生徒たちは、今取り組むべきことの手順を示されなくても、自ら担当するコーナーにおいて､本来活動の原点であった“お客さんを喜ばせたい”という目的を達成するためには、どのようにすると良いかを考え抜く姿がたくさん見られた。それぞれの生徒が思考力・判断力・表現力等を発揮し、課題と向き合いながら、具体的な活動の進め方、アナウンスの仕方、必要な道具や衣装の準備など、自らの意思で準備を進めていった。当日までの日程等も考え、生徒は、休み時間も自ら準備をするなど、責任をもって取り組む姿が見られるようになった。また、プレオープンで練習した際には、さらに“お客さんに楽しんでもらう”ためには、どのようにしたらよいのかを生徒同士で考え、お互いに議論し、さらに活動における問題点を見つめ、改善を図るなど、課題対応能力を発揮し学びを深めている姿が見られた。

②　夢を実行する難しさを知ったが、“できること”から、諦めずに実現した生徒

「高校生らしく文化祭をやってみたい」と話していた生徒は、自分で企画、運営する難しさ、その責任の重さを初めて感じていた。その中で、自分の理想を実現することの難しさにぶつかり、一度、自分の夢の企画書を破いてしまった。しかし、“誰のためにやっているのか”という原点に立ち返り、活動の意味を自ら見いだし、“自分にできること”を肯定的に捉え、実現可能な表現の仕方（カラフルなビニールを活用しての衣装作り等）を考え抜き、“みんなに楽しんでもらいたい”と準備を進めるなど、自己理解・自己管理能力を発揮する姿が見られた。

③　「私の夢はステージで歌って、みんなを感動させること。そんな文化祭を創りたい」と言って取り組んだ生徒

昨年度の途中で転入してきた生徒は、本校が「学習発表会」という名称で行事を行っていることに不満を示し、「もう嫌だ」と投げやりになっていた。しかし、社会（学校）に対して不満を言って終わるのではなく、今の状況を受け止め、学級として何ができるのかを話し合った。そして、７月に学級での文化祭を成功させることが、10月の学習発表会へのステージにつなげていけることに気付いた。本人は、自分の歌をとおして、「私も自分らしくいたい、いようと思ってほしい！」という思いを伝えたいという目的をもち、自ら音楽の先生に教えを請い、歌の練習に地道に取り組んでいった。また、学級での文化祭を成功させ、さらにその先の夢（10月の学習発表会での歌のステージ）を実現するために大切なこととして､「みんなの力、協力」と書くなど、友達の担当コーナーの手伝いをしたり、説明に困っている友達にメモをして「これを読んだらいいよ」と手渡したりするようになった。これまで自分の一方的な思いから人間関係等で困難さがあった生徒が、“人のために”という思いをもち、友達や考えや立場を理解し、一緒に協働し、高め合っていく姿が見られるなど、活動をとおして、人間関係形成・社会形成能力を発揮する姿が見られた。

以上のように、生徒一人一人が夢を語り、現実にぶつかりながら課題と向き合って、学級全体で学習活動を進めていった。夢を叶える日は7月21日と決定し、「どんな言葉が一番、相手に伝わるのか」を考えたところ、生徒から、「みんなの笑顔が咲いてほしい」ことから「咲笑祭《さくえさい》」とし、ポスターを描いて、宣伝することとなった。

本単元において生徒たちが活動をとおして実感したと捉えられる言葉を以下に紹介する。

生徒たちの「活動をとおして実感した言葉」

人に喜んでもらうためにすることや楽しんでやってもらうことが仕事に大切だと思いました。

全力を出し切った。お客さんを呼び込むために、工夫することが「働くこと」だと分かりました。
人に喜んでもらうためにすることや楽しんでやってもらうことが仕事に大切だと思いました。

この咲笑祭を今日、実現することができ本当に嬉しく思います。「働くこと」とは、人を喜ばせることだと思います。

仕事場でしっかり働くのも大切だけど、協力して働いたり、工夫したりするなど、常に意識して、働くことができればよいと思います。

みんなで話し合って練習して、協力したから「咲笑祭」をやることができました。働くことは“高み”を目指すことだと思います。

生徒らの等身大の一つ一つの言葉に、社会（学校）の中で自分の役割を果たしながら、自分らしい生き方を表現していく過程、そして実践をとおして味わってきた重みを感じた。一つ一つの言葉に浅い、深いはなく、一人一人の生徒が、それぞれ「キャリア発達」したからこそ出てくる言葉であると考える。どれもがかけがえなのないものであり、キャリア教育の目指すそれぞれが役割に対して自分なりに意味付けし、「働き続ける姿」「学び続ける姿」の１つであると捉えられる。これらの気付きが、その後の生徒らの取組につながっていった。

5 実践者の振り返り・考察

（1）振り返り

「夢を叶えようプロジェクト」で考えた学級主催の“咲笑祭”は無事に成功し、その後、

10月に行われた学校としての学習発表会の名称が、全校生徒と職員の投票により“咲笑祭”に決定した（図3）。高等部の10分間のステージ発表を新設し、「高校生活の最後にみんなの前で歌いたい！」という願いをもっていた生徒たちは、夢を叶えることができた。

本実践では、各教科等の内容をより効果的に学ぶことができるように単元を構想していった。また、生徒たちにとっての“夢”は、いつしか筆者らにとっての“夢”となり、一緒に企画、運営しながら、働く仲間となり、教師や生徒、ホームルーム全体で、学校のために自分たちに何ができるのかを考えることをとおして、相互にキャリア発達していった。

図3　学校の咲笑祭のポスター

（2）考察

本実践をとおして、生活単元学習における各教科等の目標や内容を明確にするとともに、観点別学習状況の評価を行った。その結果、職業科、社会科、国語科の内容である「勤労の意義」「社会生活のきまり」「人を動かす言葉」などについて教師側が意識するとともに、生徒自身の“夢”を軸にした主体的な学びや、対話をとおして実現に向けた追究を図り、生徒それぞれの深い学びにつなげていくことができたと考える。

また、キャリア発達の視点を踏まえて取り組むことにより、改めて筆者ら自身が「社会」や「仕事」とどのように向き合っているのかについて考える機会となった。生徒に教えることをとおして自身の有り様を問い直すとともに、生徒は私たちの後ろ姿を見ているということを忘れてはならないと再認識した。

6　今後の展望

今後は、生徒一人一人が抱えている障害による学習上又は生活上の困難さに対応することに加えて、個別の教育支援計画や個別の指導計画の作成と活用においても、将来に向けて必要な基礎的・汎用的能力を意識し、キャリアガイダンスシートと関連付けながら、実践していく必要があると考えている。

また、各教科等の特質を踏まえた資質・能力や、教科等横断的な視点に立った資質・能力の育成という視点を念頭に置きながら、キャリア発達の視点に基づいて年間指導計画や単元指導計画を見直し、反映していくことが必要であると捉えている。これらのことを踏まえ、生徒にとっての学びのつながりを大切にした組織的取組をとおして、今後も資質・能力の育成に努めていきたい。

【参考文献】

中央教育審議会（2011）今後の学校におけるキャリア教育・職業教育の在り方について（答申）.

16 高等部

自己理解の力を高め、感情を調整しよう

自立活動の内容と関連付けた指導の充実

前 東京都立府中けやきの森学園主幹教諭　宮田　愛

キーワード　●社会に開かれた教育課程　●カリキュラム・マネジメント

1 学校の概要とキャリア教育の取組

本校は肢体不自由教育部門と知的障害教育部門の併置校であり、小学部から高等部までの児童生徒約380名が在籍する大規模校である。教職員数も約230名と多く、小学部から高等部まで「切れ目のない支援」を行う上で、連携の取り方に工夫が必要な学校規模である。

本校では、子どもたちに切れ目のない支援を行い、社会に羽ばたけるようするキャリア教育を推進していくために、平成31年度から「けやきの森スタンダード（キャリア教育編）」（以下、「けやきの森スタンダード」）の作成に取り掛かっている。「けやきの森スタンダード」は、児童生徒が高等部卒業後に「どのような力を身に付けてほしいか」を目標に定め、小学部から高等部までの12年間の各段階における「身に付けておくべき力」を系統的に表に記したものである（図1）。取組1年目は研究研修部等が中心となって取り組んだが、2年目にはすべての教師が学部ごとに単元配列表（写真1）を作成し、「カリキュラム・マネジメント」に取り組んだ。具体的には週1回程度、25分間「カリキュラム・マネジ

けやきの森スタンダード（キャリア教育編）　知的障害教育部門版【職業教育】（No.1）

自立活動の区分		小学部	中学部	高等部	育みたい力
		学びの連続性			子供の未来を考える
健康の保持	(1)生活のリズムや生活習慣の形成に関すること	1日のスケジュールを知ることができる	休日の過ごし方等を考える	自分のスケジュールを考え、書くことができる	規則正しい生活をすることができる
		決まった起床時間、就寝時間を守る	時計を見て、行動することができる	1日の時間の使い方計画できる	規則正しい生活習慣を確立することができる
		体の使い方を知る	身体を動かすことに興味・関心をもつ	運動の習慣を付ける	・働くために必要な体力を保持することができる ・体調管理に自ら気を配ることができる
		暑さや寒さのために衣服を調整することの大切さを知る	衣服を調整により、快適に過ごそうとしている。	気温や発汗により、自分から衣服の調整をすることができる。	体温調節するために衣服の調整する習慣を身に付ける
	(2)病気の状態の理解と生活管理に関すること	体調の異変の有無を自覚することができる	体調の異変を周囲の大人に相談することができる	体調の異変に気がつき、どのように対応したらいいいか考えることができる	自己の体調に応じた生活管理をすることができる
	(3)身体各部の状態の理解と養護に関すること	身体各部の名称と位置を理解することができる	身体各部の状態を言葉などで表すことができる	身体各部の状態を他者に伝えることができる	身体各部の状態について、相手に伝えることができる
	(4)障害の特性の理解と生活環境の調整に関すること	「手伝ってください」が言える	自己の障害の特性で苦手なことを意識することができる	自己の障害特性で苦手なことを意識し、自分から発信することができる。	自分の障害特性を理解し、自己の感情や行動を調整できる
		自己の障害の特性で苦手なことが周囲の大人が把握している			生活しやすい環境にするために自ら他者に働きかけることができる
	(5)健康状態の維持・改善に関すること	てあらい、うがいを心がける	体調不良を訴えることができる	自ら体を休めたり、相談することができる。	体調を考えて行動したり、予防したりすることができる
		自分の身長や体重等を知ることができる	食べ物や睡眠、排泄等について知ることができる	自分の体（身長、体重、視力、平熱、服薬等）について理解し、体調管理ができる	毎日健康に生活することができる
		健康状態を維持する活動を周囲の大人と一緒にすることができる	健康状態を維持する活動の意義を意識して活動することができる	自発的に健康状態を維持する活動を習慣化することができている	健康状態を維持する活動を習慣化する

図1　「けやきの森スタンダード（キャリア教育編）」の一例

メント」を検討するための時間を設け、単元配列表の各教科の授業内容や年間指導計画を縦列に見て、教科間の内容の重なりや系統性を確認した（写真２）。１年間をとおして学校教育目標や学部教育目標を達成するために必要な指導内容が網羅されているか等について、すべての教師でカリキュラムを俯瞰する場を設けている。この取組をとおして「けやきの森スタンダード」の内容のさらなる改善を図った。そして取組３年目となる令和２年度は、各学部で取り組んだ内容を発展させ、小学部から高等部まで、系統的な指導内容となっているかを再確認しながら「けやきの森スタンダード」を作り上げた。

日々の学習指導は、12 年間の指導の系統性を意識し、特に「自立活動の内容と関連付けた指導」に重点を置いて指導を行っている。規模の大きな学校であるからこそ、すべての教師が同じ指標を使い、一貫したキャリア教育を推進していくことを大切にしている。

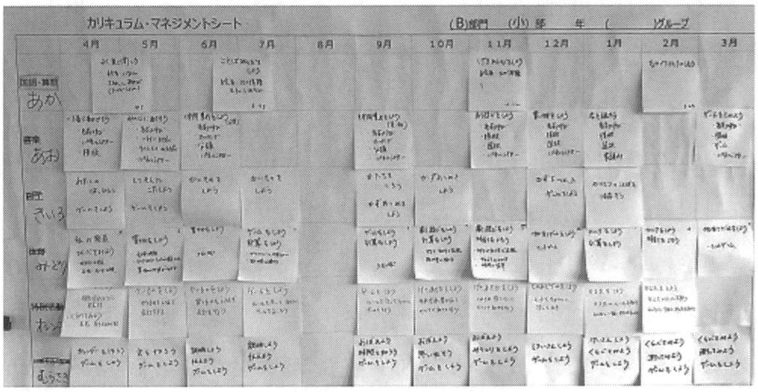

写真１　単元配列表

写真２　単元配列表を教科ごとに並べ、内容の系統性を確認

２　生徒の実態

今回の指導の対象は、知的障害教育部門高等部の生徒である。知的障害の程度がいわゆる軽度及び中度の 15 名の集団であり、高等部卒業後は一般企業での就労を目指している生徒がほとんどである。言語でのコミュニケーションは成立するが、語彙が少なく言語表現が十分でなかったり、相手の気持ちを推し量りながら会話をしたりすることに課題のある生徒が半数以上である。

障害特性による様々な困難さを抱えている生徒ではあるが、学ぶ意欲は高い。また、高等部入学当初は全体として自己肯定感の低さが認められたが、現場実習等を経験し、高等部での生活の中で徐々に自信をつけていく中で、高等部３年の頃には多くの生徒に自己肯定感の高まりが見られた。対話を取り入れた学習形態を多く設定することで、他者に対して自分の考え

写真３　教科「職業」の学習の様子

を述べることにも慣れていき、主体的に取り組む様子が見られるようになった。生徒の課題としては、「自己理解」の力、及び「感情のコントロール」であった。学校生活全体をとおして今後の課題を改善すべく指導を行ったが、生徒たちは自己を客観視する力が十分とは言えないことが明らかになった。

3 実践の意義

高等部を卒業後、生徒たちの多くは就労するが、一定期間が経つと、様々な理由から離職や休職をするケースがある。離職や休職の理由として多く挙げられるのが「就労先からの指摘や注意を受け止められない」こと、また「仕事のことで悩んだときの対処法が分からない」ことなどがきっかけで心のバランスを崩してしまうケースである。

前述したように、生徒の課題である「自己理解」の力、及び「感情のコントロール」については、生徒の離職の原因に関連することから、高等部を卒業するまでに改善する必要があると考えた。

自己を客観視する力が十分でない場合、生徒自身が「できる」と思っていることを就労先から指摘されると、「なぜ？」が生じる。指摘されたことや、自分の苦手なことを理解していない状況で仕事を続けると、ストレスが生じることもある。そのようなことを回避するために、遅くとも高等部段階で生徒が自己の困難さを理解して、その困難さを克服したり、他者に適切に援助要求ができたりするようになるための指導を行うことが大切である。また、仕事等で困難に直面した際の対処法やストレスの解消法についても、社会に出る前により実際的な状況で具体的に学ぶことが、生徒の豊かな社会生活を送るうえで非常に重要であると考える。

本校に在籍する高等部の生徒の通学区域の３市４箇所の就労支援機関に聞き取り調査を行ったところ、高等部段階で身に付けておいてほしいスキルとして最も多く挙がったのが「自己理解」及び「ストレス・マネジメント」であった。また、2017 年度に東京都の特別支援学校の教師を対象として行ったアンケート調査によると、指導の必要性を感じるが指導が難しい内容として、最も多く挙がったのが「自己の感情を調整する力」であった。

以上のことから、生徒が「自己理解」の力を身に付け、「自己の感情のコントロール」ができるようになるための指導を充実させることが重要と考えた。

4 実践の概要と生徒の変化

（1）実践の概要

実践にあたっては、本校で作成した「けやきの森スタンダード」を活用した。これは、自立活動の６区分 27 項目で整理しており、今回の実践は「健康の保持」(4)「障害の特性の理解と生活環境の調整に関すること」に着目し、指導方法を検討した。

けやきの森スタンダード（キャリア教育編）　知的障害教育部門版【職業教育】（No.1）					
自立活動の区分		小学部	中学部	高等部	育みたい力
		学びの連続性			子供の未来を考える
健康の保持	(1)生活のリズムや生活習慣の形成に関すること	1日のスケジュールを知ることができる	休日の過ごし方等を考える	自分のスケジュールを考え、書くことができる	規則正しい生活をすることができる
		決まった起床時間、就寝時間を守る	時計を見て、行動することができる	1日の時間の使い方計画できる	規則正しい生活習慣を確立することができる
		体の使い方を知る	身体を動かすことに興味・関心をもつ	運動の習慣を付ける	・働くために必要な体力を保持することができる ・体調管理に自ら気を配ることができる
		暑さや寒さのために衣服を調整することの大切さを知る	衣服を調整により、快適に過ごそうとしている。	気温や発汗により、自分から衣服の調整をすることができる。	体温調節するために衣服の調整する習慣を身に付ける
	(2)病気の状態の理解と生活管理に関すること	体調の異変の有無を自覚することができる	体調の異変を周囲の大人に相談することができる	体調の異変に気がつき、どのように対応したらいいいか考えることができる	自己の体調に応じた生活管理をすることができる
	(3)身体各部の状態の理解と養護に関すること	身体各部の名称と位置を理解することができる	身体各部の状態を言葉などで表すことができる	身体各部の状態を他者に伝えることができる	身体各部の状態について、相手に伝えることができる
	(4)障害の特性の理解と生活環境の調整に関すること	「手伝ってください」が言える	自己の障害の特性で苦手なことを意識することができる	自己の障害特性で苦手なことを意識し、自分から発信することができる。	自分の障害特性を理解し、自己の感情や行動を調整できる
		自己の障害の特性で苦手なことが周囲の大人が把握している			生活しやすい環境にするために自ら他者に働きかけることができる
	(5)健康状態の維持・改善に関すること	てあらい、うがいを心がける	体調不良を訴えることが[illegible]	自ら体を休めたり、相談することができる。	体調を考えて行動したり、予防したりすることができる
		自分の身長や体重等を知ることができる	食べ物や睡眠、排泄等に[illegible]知ることができる	自分の体（身長、体重、視力、平熱、服薬等）について理解し、体調管理ができる	毎日健康に生活することができる
		健康状態を維持する活動を周囲の大人と一緒にすることができる	健康状態を維持する活動の[illegible]を意識して活動することが[illegible]	自発的に健康状態を維持する活動を習慣化することができている	健康状態を維持する活動を習慣化する

「手伝ってください」が言える
自己の障害の特性で苦手なことが周囲の大人が把握している
自己の障害の特性で苦手なことを意識することができる
自己の障害特性で苦手なことを意識し、自分から発信することができる。
自分の障害特性を理解し、自己の感情や行動を調整できる
生活しやすい環境にするために自ら他者に働きかけることができる

図２　「けやきの森スタンダード（キャリア教育編）」知的障害教育部門　職業教育編
「障害の特性の理解と生活環境の調整に関すること」の項目の内容

①　自己理解の力を付けるための実践

自己理解の力を身に付ける指導として、自立活動の「人間関係の形成」の内容と関連付けて作成したチェックリストを活用した。まず､生徒がチェックリストで自己評価を行い、次に教師が同様のチェックリストで他者評価を行った。２つのチェックリストを比較し、評価の「ズレ」を認識することをとおして自己を客観視できるようになるよう指導した。自己評価と他者評価との｢ズレ｣を受け入れるのが難しい生徒や､チェック項目すべてに｢できる」と回答する生徒もいた。そのような生徒には個別に支援を行い、対話をとおして課題に気付けるようにしたり、対処方法を共に考えたりするなど、直接的な指導を繰り返し行った。この指導を現場実習前後及び半年後の３回にわたり行った。

②　自己の感情をコントロールする力を身に付けるための実践

実際の指導場面においては､｢気持ちのバロメーターシート」（写真４･写真５）及び「感情コントロールシート」（写真６）を活用した。

「気持ちのバロメーターシート」では、「楽しい感情」と「怒りの感情」の２パターンのシートを生徒自身で作成した。どんな場面で一番楽しい気持ちになるのか、逆にどんな場面で怒りの感情が頂点に達するのか、生徒が自らシートに記入し、友達と対話することで自己の感情を俯瞰することができるようにした。

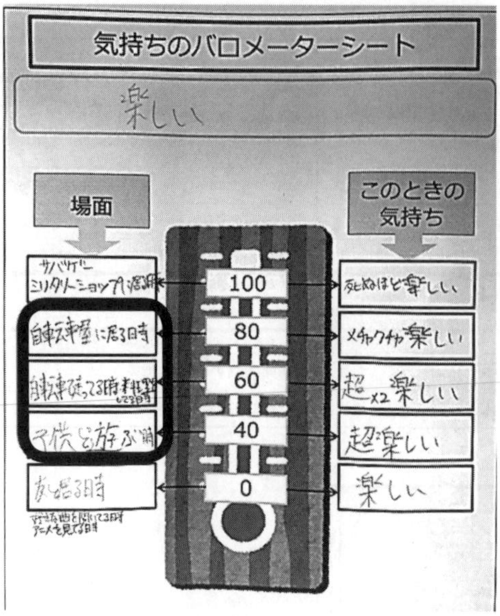

写真４　気持ちのバロメーターシート
「楽しい感情」

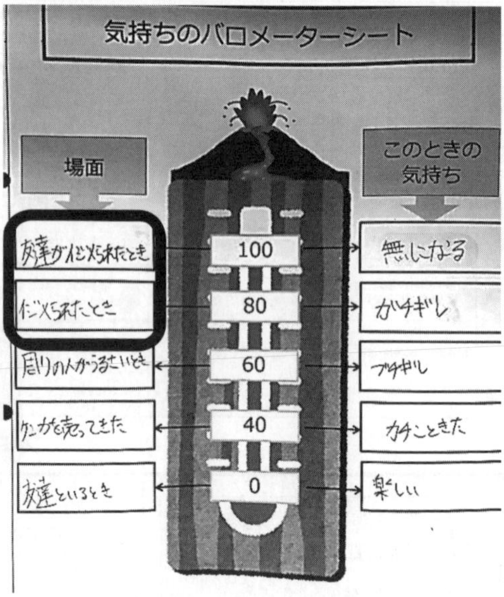

写真５　気持ちのバロメーターシート
「怒りの感情」

「感情コントロールシート」には、怒りなどの感情にどのように対処するか、生徒が自分なりの方法を考え、記入した。その際に、「楽しい感情」のバロメーターシートに記入した内容を振り返り、例えば「好きなことをして気分転換をすると、怒りがおさまるかもしれない」と自ら気付き、シートに記入する実践を行った。

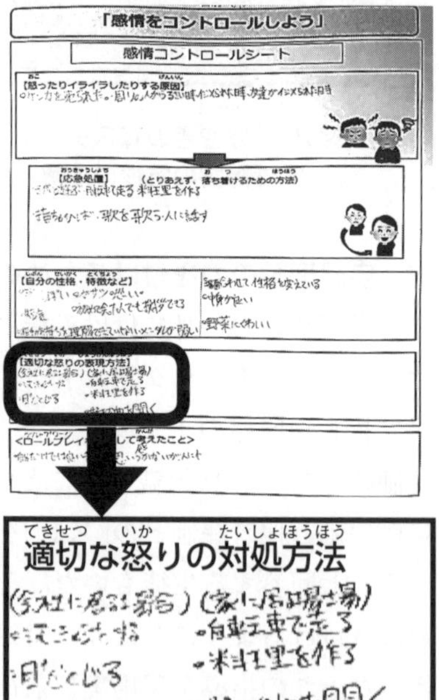

写真６　感情コントロールシート

（２）生徒の変化

①　自己理解の力を付けるための実践後の変化

評価のズレを比較する実践を３回行った結果、ズレが減少した生徒が全体の３分の２であり、これらの生徒は自己を客観視する力が高くなったと推測できた。他の３分の１の生徒は、自己について深く考えて評価できるようになった反面、他者評価より低い評価をする生徒が見られた。いずれにしても、適切なタイミングで実践を繰り返し行うことで、自己を客観視する力が付いてきたと推測される。

②　自己の感情をコントロールする力を身に付けるための実践後の変化

「気持ちのバロメーターシート」への記入をとおして、自分の喜怒哀楽の感情に新たな気付きがあったことが学習の様子から確認できた。「感情コントロールシート」にまとめた内容を日々の生活で実践するためには一定期間継続して指導を行う必要があった。教師間で連携し、学校生活全体で「気持ちのバロメーターシート」に関する言葉がけを教師が行ったり、実習等での実際の場面で生徒自身が実践する機会を積み重ねたりすることが有

効であった。

5 実践者の振り返り・考察

（1）振り返り

本校では全教師が「特別支援学校のすべての子どもたちを社会参加させたい」という思いで、小学部段階からキャリア教育に取り組んでいるが、今回の実践は高等部以前に指導されていなかった内容であった。高等部段階で初めてこのような指導を行うことで、自己を客観視したり自己の障害特性を受け入れることが難しかったりする生徒もおり、指導には様々な配慮が必要であった。キャリア教育は12年間にわたり段階的に、切れ目なく行うものであり、社会参加をする子どもたちの姿を小学部段階から具体的にイメージしておく必要性を改めて感じた。また､教科「職業」の授業での指導内容を学年の教師で共有し、学校生活全体で生徒の力を伸ばすことができるよう、教師間の連携や教科間の関連が欠かせない。「教師の連携」と「教科の関連付け」をこれからも大切にしながら指導にあたっていきたい。

（2）考察

本校で全教員が取り組んでいるカリキュラム・マネジメントは、キャリア教育の充実につながっている。単元配列表をもとに、小学部から高等部までのカリキュラムをつなげて俯瞰し、系統性を確認することで、高等部までに付けておきたい具体的な力を小学部、中学部の教師が具体的に知ることができている。カリキュラム・マネジメントは各学部の指導内容のつながりを改善する機会となっており、小学部段階からキャリア教育はスタートしているという考えが学校全体に浸透してきている。カリキュラム・マネジメントを組織的に行い、キャリア教育を学校全体で推進することで、児童生徒がよりよい社会参加を果たすものと考える。

6 今後の展望

今後、キャリア教育をさらに推進し、児童生徒のよりよい社会参加を目指すためには、自立活動の内容と関連付けた指導を充実させていく必要があると考える。特に、今回の実践の内容である「自己理解」については、小学部段階から取り組む必要があると考える。また、保護者の協力も不可欠である。そこで今後は本校で作成しているようなキャリア教育の指標を保護者と共有し、家庭と学校とで連携し、同じ指標で子どもたちのキャリア教育を進めていくことを目指していきたい。そして組織的な取組を、今後より一層強化していきたいと考えている。

【文献】
菊地一文（2016）気になる子のためのキャリア発達支援．学事出版．
丹野哲也・武富博文（2018）知的障害教育におけるカリキュラム・マネジメント．東洋館出版社．
宮田愛（2019）教師のための対人関係トレーニングサポート集 TTST．ジアース教育新社．

17 高等部

私が未来を切り拓く！

新領域「私の時間」を基軸とした教育実践及びカリキュラム・マネジメント

千葉県立特別支援学校流山高等学園教諭　古江　陽子

キーワード
- ●育成を目指す資質・能力
- ●カリキュラム・マネジメント
- ●「思い」や「願い」を踏まえた実践
- ●振り返りと対話（カウンセリングとガイダンス）

1　学校の概要とキャリア教育の取組

（1）学校の概要

本校は、知的障害のある生徒を対象とし、職業に関する専門学科を設置する高等部単置の特別支援学校である。開校24年目の令和２年度、生徒のキャリア発達を促すことをより明確にするために、学校教育目標を右のように改訂した。

> 流山高等学園教育目標
> 社会自立・職業自立を目指し、
> 自ら学び、自らを磨き、自らを高め、
> **自分の未来を切り拓く**生徒の育成

教育課程は、「教科別の指導」「領域別の指導」を中心として、「総合的な探究の時間」を「ST（Stage Step の略称）」という名称で位置付けている。

（2）キャリア発達を促す教育課程の編成のために

本校は平成28年から令和２年までの５年間、「キャリア発達を促す教育課程の在り方」を主題として研究に取り組んできた。現在は、学校教育目標「未来を切り拓く生徒の育成」を具現化するために、キャリア教育の一層の充実を図ろうとしている。

平成28年度から平成31年度の研究では、キャリア発達を促す教育課程を編成するために、育成したい「資質・能力」を整理・明確化し、それに基づくルーブリック（評価規準）である「自立へのステージアップ表」と、生徒がルーブリックを理解するために具体化した絵カード「ステカ（ステージカードの略称）」を作成した。また、教育課程をとおして一貫して資質・能力を育成できるように年間指導計画、個別の指導計画を再検討し改善した。さらに、資質・能力の育成を目指すポイントとして「主体的・対話的で深い学び」を実現する授業デザインと学習評価の在り方について整理した。さらに、自己と向き合うキャリア形成を目的とした学習内容を単元として構成し、教科等横断的に実践し検証した。

令和２年度（以下、本年度）は、キャリア発達を促す教育課程の充実を図るために

は、系統性を踏まえた見直しが必要と考察し、これまでの研究成果を基盤として、よりキャリア教育の中核に迫る内容に特化した新領域「私の時間」を位置付けた。「私の時間」とは、より主体的に自己と向き合い、なりたい自分に向かって課題解決に取り組む時間である。教育課程の中核に新領域「私の時間」を位置付け、生徒の願いや思いが、各教科等と有機的につながるよう、カリキュラム･マネジメントを進めた。なお、令和２年度より、文部科学省の研究開発学校の指定を受け、『学習指導要領の現行の教育課程の基準によらない特別の教育課程の編成・実施』する制度のもと、研究を行っている。

本稿では、この新領域「私の時間」における取組を中心に紹介する。

図１　本校における研究の全体構造

2　新領域「私の時間」の創設

（1）キャリア発達とエージェンシー

キャリア発達を促す教育課程の在り方について、本研究ではOECD Education2030 において示された「これからの変化する社会」において重要とされる「エージェンシー」を手がかりとした。エージェンシーとは「自ら考え、主体的に行動して、責任をもって社会変革を実現していく力（文部科学省訳）」である。これは「自分の未来を切り拓く生徒の育成」という学校教育目標やキャリア発達の概念と親和性が極めて高いものであり、これからの変化する社会において豊かに人生を送るために重要なものと考えた。

これらのことを踏まえて、よりキャリア発達を促す教育課程を実現するため、令和２年度の研究の柱を、エージェンシーに対する考察と、エージェンシーの発揮における重要な要素である「共同エージェンシー」と「授業」に焦点を当て、実践と検証を進めた。その授業実践を踏まえた提案が、新たに領域として設定した「私の時間」である。

（2）新領域「私の時間」とカリキュラム「私の成長計画」

①　新領域「私の時間」

本領域では、これからの変化する社会においても、主体的に未来を切り拓く生徒の育成をすることを目的とした。また、「私の時間」は以下の３つのサイクルで実施している。

OECD Education 2030「学びの羅針盤」
OECD “Education 2030: The Future of Education and Skills” Figure 1（p.4）を本校研究部にて改編

図２　新領域「私の時間」のサイクル

> **【見通しA】**自分の将来を見つめ、多様な視点を踏まえ自己分析を行い、自分で伸ばしたい力や改善したい力を設定する。
> **【実践A】**成長のための方策を、課題解決のため実践する。
> **【振り返りR】**評価し、次にブラッシュアップをする。

「私の時間」では、まず生徒たちが本校における目指したい資質・能力のルーブリックの絵カード「ステカ」と、その結果をICTを活用して簡便に提示できるExcelマクロ「Ne！クスト」をツールとして用いて自己分析を行う。次に他者評価や過去の自分との比較をもとに、多角的に自己を見つめ、HOPE（なりたい姿）の達成のため、手立てを考え、必要な学びをピックアップしていく。生徒たちは自らの課題を選びとり、実践の中で自己調整しながら、試行錯誤、振り返りをとおして、次に活かしていく。これらをAARサイクル（Anticipation 見通し -Action 実践 -Reflection 振り返り）で繰り返し、実際の学校生活の流れと往還させて、協働的な学びも絡めつつ単元を学習していく流れとした。

②　カリキュラム「私の成長計画」

「私の時間」を基軸に、生徒が自らの「なりたい･学びたい」を各教科において関連付け、デザインすることを意図した「私の成長計画」をもとに教育課程の改善を図った。

現在、教育課程の基軸に「私の時間」をおき、学ぶことと自己の将来とのつながりを見通しながら、各教科・領域等の特質に応じて学びを往還できるように各教科の目標や内容を見直しながらカリキュラム・マネジメントを進めている。さらに個別の指導計画を踏まえた各授業での教師の指導によって生徒の主体的な学びを支えるようにしている。

学校全体の実践をとおして、生徒が「自ら考え、主体的に行動して、責任をもって社会変革を実現していく力」を身に付けることによって、学校教育目標の実現を目指している。図３に「私の時間」のスケジュールを示す（各学年・前期）。

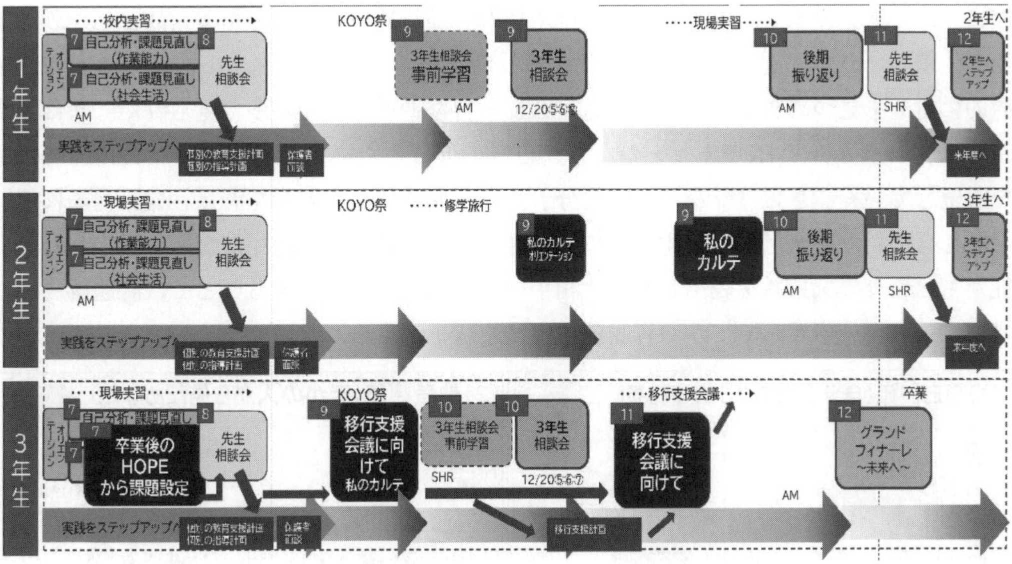

図３　「私の時間」のスケジュール（各学年・前期）

3　実践の概要

（１）私の HOPE

はじめに、自分自身の願い（HOPE）が主体的な課題解決のための大きな原動力となることから、HOPE に着目して掘り下げる学習プログラムを作成した。なお、HOPE とは PATH（Planning Alternative Tomorrows with Hope）（Pearpoint, O'Brein, & Forest, 2001）の技法を参考としたものである。

自立へのステージアップ表の大項目にリンクした HOPE シートを活用して、生徒が理想の自分をイメージし、「なりたい自分」の具体的な姿を探ることで、社会で生活する姿を思い描き、よりよい社会や、幸福な人生を分析する活動に取り組んだ。生徒は自分で考えた HOPE を仲間と共有したり、今までのポートフォリオを見返したりしながら、今の自分やこれからのなりたい自分を考えながら HOPE シートを記入する姿が見られた。3 年生は卒業後を見据えた HOPE の移行や変化が見られ、余暇の充実やどのような働き方をしたいか等の表出が見られた。

（２）自己分析・課題設定

次に HOPE を「どのように叶えるか」について具体的な方策に落とし込んでいく単元を構成し、実施した。導入として HOPE マップで「なりたい自分」になるための道筋をイメージし、長期目標となる HOPE に向かって自己分析する授業を実施した。生徒はルーブリックを絵カー

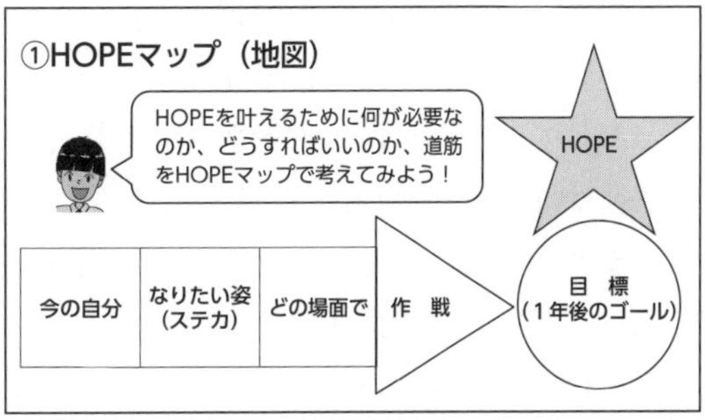

図４　HOPE マップ

ドにした「ステカ」を活用し、自己評価や他者評価を見比べ、自分を多角的に見たり考えたりする。これら一連の学習を可視化する補助ツール「Ne！クスト」を使うことで、俯瞰的に自分を見つめやすくなり、スムースに学習を進める生徒が多く見られた。次に生徒たちは、自己分析とHOPEとをつなぎ、自身の伸ばしたい力を考え、より具体的な目標を設定していく。さらに「なりたい自分」を実現するための方策を考え、悩んだ際に他者と話し合い新たな気付きを促すための場（先生との相談会、仲間相談会）を設定した。生徒たちは自分の気持ちを表出したり、相手へアドバイスしたりすることで、課題解決にむけて、より自分事として、かつ客観的に捉える様子が見られた。

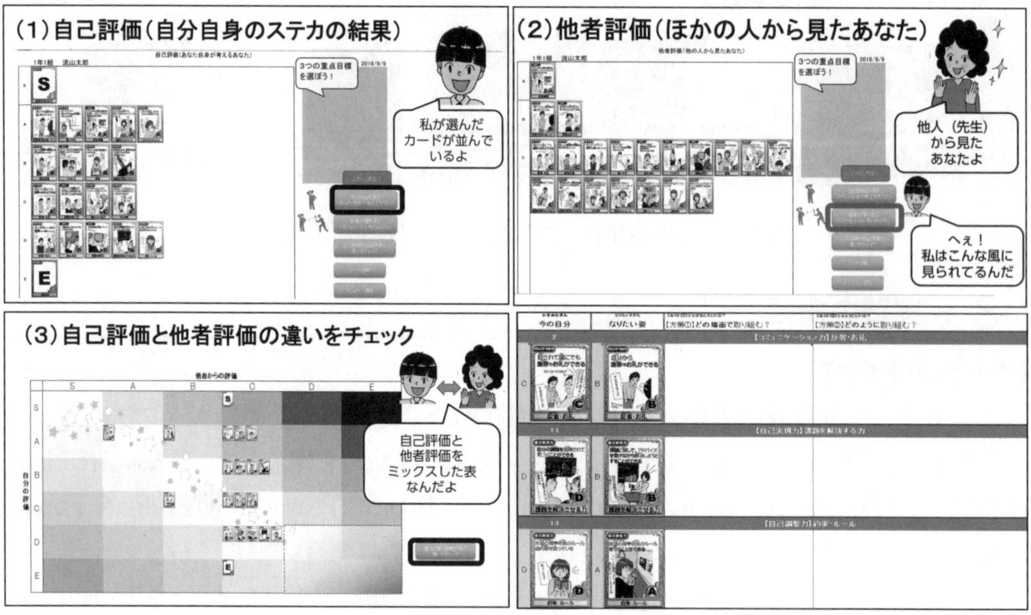

図5　「Ne！クスト」（一部）

（3）実践・振り返り

自分が設定した目標を達成するためには、日々の授業や学校生活で実践する必要がある。生徒がより主体的に課題解決できるよう、日々の対話と支援をとおして、各授業やホームルームで振り返りを行っている。

図6は、専門教科「縫製コース」の実践例である。単元の最初に、教師はステカを活用しながら単元の目標と学習内容を生徒に説明する。生徒は自己分析をし、「今の姿」から「なりたい姿」に近付くために単元の中で取り組む具体的な目標と方策を設定し、教師と対話をとおして、その目標と方策を共有し単元をスタートさせる。

生徒は毎日、自分自身で設定した目標を目指して実践し、振り返る。単元の最後には「単元のまとめの会」を行い、日々の振り返りを総括し自分を振り返る。その際、教師と対話をすることで、次に活かせるよう丁寧に振り返りを行う。生徒はこれらの授業実践をとおして、以前よりも具体的な目標や方策を立てられるようになり、目標達成に向けて意欲的に実践しようとする姿が見られた。一方、振り返りが形式的・作業的になると主体的な課

題解決には結びつかないという課題が挙げられた。自分自身の HOPE と日々の学びのつなぎ方や、授業実践の充実と一人一人の生徒に合わせた適切な支援のあり方等が今後の課題である。

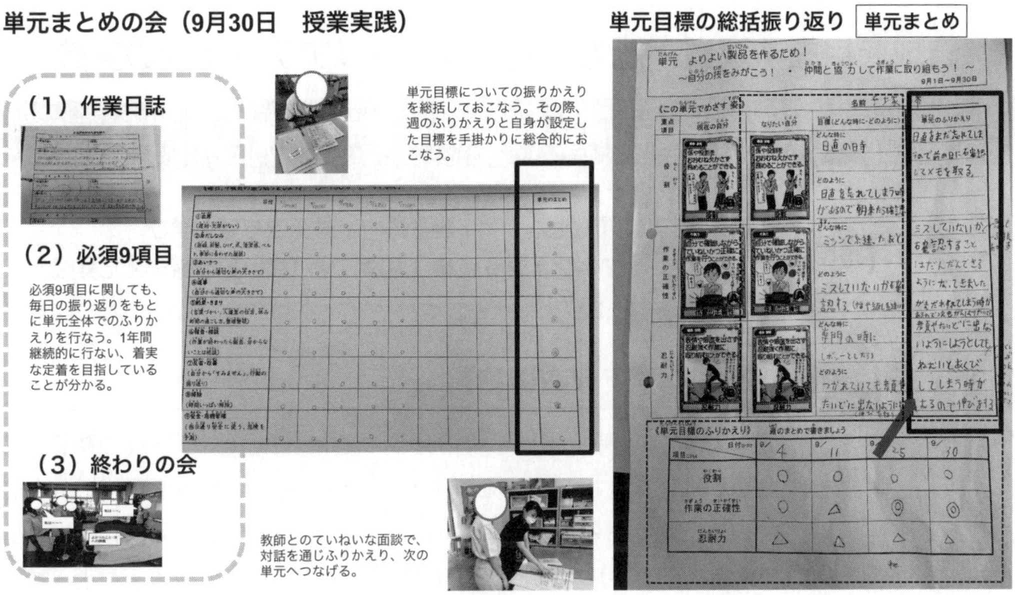

図６　単元まとめの会

4　考察

本年度の実践では、「私の時間」において「ステカを使って自分自身の位置を知り、目標やそのための手立てを考え、普段の学校生活で実践した後、振り返る」という流れで単元を構成した。その結果、生徒が自分の立ち位置を知るだけでは、「主体的な課題解決」への必然的なきっかけにならないことが分かり、自身の原動力となる HOPE と日々の学びをつなげる意識への支援や、授業実践の充実、指導体制のあり方などの課題が明らかとなった。

今後一層、生徒自身が学習への意味付けや見通しをもち、周囲や社会とかかわりながら、より主体的に課題解決できる活動となるよう、系統的な指導内容の配列や年間指導計画の見直しなどによるカリキュラム・マネジメントを進めるとともに、ICT やポートフォリオの活用方法を再検討し、実践を広げ、深め、充実を図っていきたいと考えている。

18 高等部

国語科「詩集をつくろう」の授業実践

育成を目指す資質・能力に向かうキャリアデザインの実践

静岡県立富士特別支援学校富士宮分校教諭　山崎　春奈・山下　憲市

キーワード
●育成を目指す資質・能力　●主体的・対話的で深い学び
●カリキュラム・マネジメント　●「思い」や「願い」を踏まえた実践

1 学校の概要とキャリア教育の取組

本校は平成23年に静岡県立富士特別支援学校の分校として、県立高等学校の隣接地内に開校し、地域での共生・共育を目指している。全校生徒81人のいわゆる軽度の知的障害のある生徒が通う高等部分校である。学校教育目標を「『富士に向かってはばたく　たくましく生きる人』を育てる」とし、学部目標の「働く人を目指し、地域の一員として主体的に社会参加できる人を育てる」ことを目指している。

学校教育目標に迫るために「卒業までに身に付けたい力」を「主体的に問題解決する力」と考え、「自ら考えて取り組む力」「自ら他者と関わる力」「困難を主体的に乗り越えていく力」をキーワードに、学年を段階的にキャリアデザインし教育活動を行っている。その上で、生徒のよさを伸ばし、課題の改善や克服へと方向付けていくために、次の３つの柱を中心に、生徒のキャリア発達を促している。①目指す姿（育成を目指す資質・能力）の明確化、②年間指導計画を活用した教科等横断的な視点でのカリキュラム·マネジメント、③主体的・対話的で深い学びの実現に向けた授業改善。

「卒業までに身に付けたい力」表を活用し、各学年の実態を把握し、１年後に目指す姿を明確にする。その上で、教科等横断的な視点で各教科等の年間指導計画を立案し、主体的・対話的で深い学びの実現に向けた授業改善を日々行っている。

生徒一人一人の視点としては、「ドリームマップ」や「セルフプラン」を作成し、将来目指す自分の姿に向かってキャリア発達を促すようにしている。さらに、様々な活動をとおして目標設定と振り返る場面を設定し、反省を生かして次の目標に向かって取り組む思考を習慣付けている。

2 生徒の実態

高等部３年生は、言われたことを素直に受け止め、物事に対して考えて取り組める生徒が多く、自分の思いを他者に伝えたい気持ちが育ってきている。リーダーとして任される

場面が増えたことで、今まで以上に積極的に取り組む姿勢や思考し表現する力、自分を律する力などが求められている。そこで、「積極的に考えて行動」「セルフコントロール」などを目指す姿と掲げ、それに迫るために「言葉で伝える」ことを大切にしている。

図1　ドリームマップ

対象生徒であるAは物事に対して責任感をもち、苦手なこともあきらめずに取り組む、相手のことを考えて行動したり発言したりする、人と話すことで自分の考えを整理できるなどのよさをもっている。しかしその一方で、自分の考えを整理して話すこと、書くことなどの課題を抱えている。その理由として、語彙の少なさや表現力の乏しさなどが挙げられる。自立活動で作ったドリームマップでは、働いたお金で生活を豊かにしたい、家族を笑顔にしたいなど、将来の夢を発表した（図1）。また、職業科で作成した将来を具体的に考えるセルフプランでは、5年後に「会社で頼りにされる存在になる」という目標をもっている（図2）。目標達成に向けて、卒業後の生活にはコミュニケーション力や働き続ける力が必要と理解し、それらを身に付けるために自己の課題と向き合って学校生活を送っている。

人生設計（セルフプラン）　静岡県立富士特別支援学校富士宮分校

3年 1組　氏名（　　　　）

1　自己PR

希望進路先	株式会社　　業種（製造業）	
よさ 強み	◎一日立ち仕事をする体力がある	
	◎責任感があること	
	◎初めてやることをすぐに覚えられること	
短所 苦手	△知らない人と話すことが苦手	対処法 あいさつは必ずする
	△考えると考えすぎること	対処法 相手にアドバイスをもらいさんこうにする
	△こうしたら、こうなってしまうとマイナスなことを考えて行動できないこと	対処法 考えすぎても挑戦をしてもし失敗しても前向きに考える
趣味・特技	陸上（短距離走）ゲーム（スマホゲーム）アニメ	
学校生活（努力したこと・成長したこと）	・1、2年の時にくらべて言葉遣いが良くなりました。 ・実習をかさねることで働きたいという意欲が高まりました。	
持っている資格（漢検・パソコンなど）	中学の時に空手で初段を取りました。	
自分の適性（単調作業 細かい手作業 接客など）	体を動かす作業 細かい作業	

2　人生設計（セルフプラン）

<私が考える幸せな生活>

家族が幸せな生活が送れること

<私の1日の生活>

				6:00						12:00							18:00				
仕事のある日	〃	就寝	〃	6:20 家を出る	6:55 バス	7:?? 通勤バス	8:20 仕事				昼ごはん	12:40 仕事	〃	〃	〃		17:?? 仕事終わり		19:00 自宅・夕飯	20:00 風呂	21:10 余暇
休日	〃	2:10 就寝	〃	〃	〃	〃	8:00 起床	9:10 余暇	〃	〃		昼ごはん	余暇	〃	〃	〃	〃	夕飯	家事	風呂	余暇

<私の5年後>※現在（17）歳 →5年後（22）歳

仕事面	<理想の姿>しっかり働いて、会社に信頼とか頼りにされる存在になりたいです。
	<達成するために>学校の作業や校内実習で第一希望に行けるように真剣にやる
生活面	<理想の姿>一人で家事をしている
	<達成するために>今から一人でできることを探してやる
余暇面	<理想の姿>いきぬきにドライブをしたり中学の時の先輩や友達と遊んだりする
	<達成するために>卒業後必ず免許を取る

<卒業後の決意>

卒業後ずっと会社に行き会社のプラスになれる存在になりたいです。

図2　セルフプラン

3 実践の意義

（1）カリキュラム・マネジメント

本校では目指す姿に迫るために、職業科、国語科、数学科、総合的な探究の時間、自立活動の年間指導計画を教科等横断的な視点で立案している。例えば、国語科では言葉による見方･考え方を働かせ、言語活動をとおして、国語で理解し表現する資質･能力を目指し、「言葉」や「思考し表現する力」を重点にして、単元を構想し、指導内容を選定している。

また、学年の目指す姿や個々の夢に向かうために、言葉を学び、言葉で考え言葉で表現する国語科は、大きな役割を担っている。その学びを生かし、他教科等で実践的場面を設定し目指す姿に迫っている。

（2）題材設定の理由

２年時に詩の鑑賞や技法を学習し、自由テーマで詩作した「詩集をつくろう」では、鑑賞や技法の学習を経て詩を書いたことで、自分の作品が認められたり、仲間の作品のよさに気付いたりして、表現することへの自信につながった。また、詩の学習をとおして、言葉を大切にすることの意味を知ることもでき、伝えたい気持ちが育ってきた。しかし一方で、前述のとおり語彙の少なさや表現力の乏しさが課題として残っていた。そこで本題材では、昨年度の既習事項を生かし、四季という共通のテーマをもって詩をつくることとした。日本の四季に関する言葉は、多種多様にあり美しい表現も数多くある。さらに五感で感じるものなど、言葉にできないような感覚的なものを言葉にし、普段意識していない気持ちを言葉にすることができる。詩を書くことは、自分と向き合い、感情を整理する作業となり、自己理解を深めることにもつながる。様々な言葉と出会い、表現方法に触れるとともに、今よりも一つでも多くの言葉や表現方法を獲得することができれば、自分の伝えたい言葉を選んで表現することにつながっていくと考えた。

4 実践の概要と生徒の変化

（1）実践の概要

本題材は８時間で構成し、１次は昨年度の学習を振り返り、詩をつくる上で大切にしたい「思いや気持ちを入れること」「言葉にこだわること（推敲）」を共通理解し、詩作をとおして言葉による表現を目指した。２次は、テーマに適した言葉集めを行った。ここでは言葉を書き留めるための手帳を活用したことで、他教科等の時間でも言葉を探求する姿が見られた。また、実際に校舎外に出て、五感で捉えたことや季節に関する言葉を書き留める活動も行い、同じ季節をテーマにした生徒同士で見つけた言葉を教え合う姿も見られた。さらに、語彙が少ないため表現したいことがうまく伝えられないことから、辞書や既存の詩集を参考に、情景や感情などの自分のテーマに必要な言葉を収集するなど、言葉に触れる機会を多く設定した。詩集の図書や掲示コーナーの設置、教師による詩の朗読など、美しい日本の言葉に多く触れることのできる環境にしたことで、自分の詩作の材料にし、言

葉の選択肢を広げることができた生徒もいた。３次は、言葉の推敲を重ね、詩作した。言葉や表現を見直し、詩を練り直すことなどを学習問題とし、グループで友達の詩を読み合った。習った技法などを踏まえ、読み手に伝わりやすい言葉や技法を検討した。検討の中では、作者の気持ちを尊重し、自分の提案を伝える場面が見られた（写真１）。検討を経て自分の詩を読み返すことで、気付きや新たな視点を得て詩作に取り組むことができた。言葉の言い換え、余白やリズムの見直しなど、全体の構成を考えて詩を推敲し、相手に伝わる言葉や技法を使い、練り直した。普段、自分が書いた文章を読み返して、修正や訂正をする生徒は少ない。ここでは推敲する時間に注目し、伝えたいことに合った、よりよい表現を探し、言葉を追求していくことができた。４次では、学年全員の詩をまとめた詩集（図３）を鑑賞した。テーマを統一したことで、共感したり、自分とは違う価値観に気付いたり、認め合う姿が見られた。振り返りでは、言葉を探すことが大変だったという意見も多かったが、推敲することに意味や重みを感じることができたといえる。

本題材で推敲することの必要性を感じたうえで、分かりやすく自分のおススメ図書を紹介するビブリオバトル、３年間のまとめとして自分の一番伝えたいことを強調して書く卒業文集の作文等につなげていった。また、他の教科等で調べたことを話し合ってまとめる総合的な探究の時間の「修学旅行に向けて」、映像資料をもとに自分の気持ちを表現する道徳、さらには作業学習、委員会活動など、自分の気持ちを分かりやすく伝えるための実践の場として、「言葉で伝える」ことをつなげ、新たな気付きや学びへと深めていった。

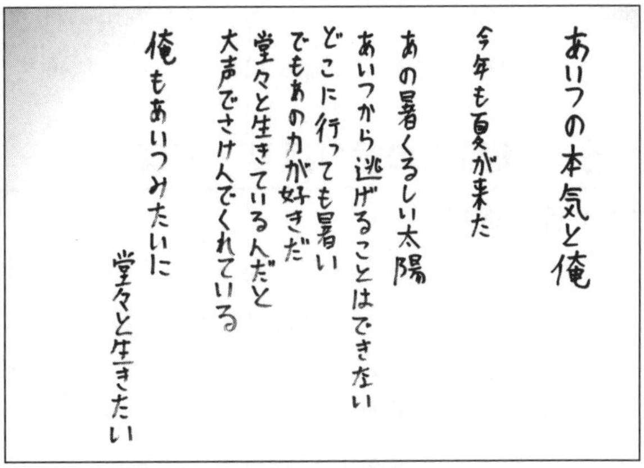

図３　Aの作品

（２）生徒の変化

「言葉で伝える」ことを大切にしながら、教科等横断的視点で教育活動を行い、目指す姿に迫ったことによって、生徒は自分の気持ちを言葉で整理し、自分の言葉で他者へ伝える場面が増えてきた。また、最上級生となって様々な場面で責任感をもって言葉で伝える経験を重ねてきたことで、状況を考えて積極的に行動する姿も見られるようになってきた。さらに、意図的に言葉で他者とやりとりする場面を設定してきたことで、聞く態度だけでなく相手の気持ちに気付き、よさを認めたり、アドバイスを受け入れたり、折り合いをつけたりすることができるようになってきている。働く人を目指して１年時から段階を追って積み上げてきたことで、社会に対応する力としての自己解決力が育ってきたと考える。

Ａは、会社で頼りにされる存在になることを目標にして、コミュニケーション力や働き続ける力を意識して、授業等に取り組んできた。昨年までは思いを言葉にして話す場面に

なると、大人に助けを求めることが多かった。本題材においては、感じたことを具体的に書いたり、何度も題名や最後の一行を書き直したり、最後まで自分の伝えたいイメージに合う言葉や技法を探し続け、自分の力で詩を推敲し完成させることができた。

出来上がった詩が仲間に評価されたことが自信となり、書評会であるビブリオバトルでは、自分の好きな本について要点をまとめ、分かりやすく紹介できた。また、卒業文集の作文では「成長し続けた三年間」と題を付け、自分の思いを長い文章にして表現することもできた。苦手意識のあった「話すこと」や「書くこと」に前向きになり、自分の力で考えを整理して伝えることができるようになってきた。委員会や作業学習の場面においても、リーダーとして下級生にどう話したら伝わるのか言葉を選んで話す姿も見られるようになった。道徳や総合的な探究の時間においても、国語科での推敲や言葉選びの学習が生きており、映像資料をもとに相手や自分の気持ちを考えて、意見を書く姿が見られた。また、進路先の企業の面接試験では、自分の長所や課題、将来の夢などについて、堂々と話すことができた。クラスの中でも話が広がり、自己主張やアドバイスをする姿が見られるようになるなど,物事に対して以前よりも積極的に取り組むことができるようになったと、生徒自身も変化を実感している。まだ表現の拙さはあるが、相手に伝えることを意識して言葉選びや推敲する姿は確実にいろいろな場面で広がってきている。

5 実践者の振り返り・考察

（1）振り返り

キャリア発達を促す教育を実践し、教師自身が学んだことは大きく２点ある。

一つ目は、実態把握の重要性と意識の方向付けである。最初に一人一人の夢や将来の構想について、ドリームマップやセルフプランを使いながら、生徒と話し合い、生徒の内面に働きかけ、生徒の自己理解を促し、卒業に向けた課題を明確にした。また、一人一人の課題を集約の上、学年として目指す姿をスローガン化し、学年全員で同じ方向を向いて成長できるようにした。一人では乗り越えられないことも、集団として目指す姿を方向付けたことで、互いに考えや気付きを共有し成長していくことにつながった。

二つ目は、言葉を大切にした国語科の授業づくりを中心にしたカリキュラム・マネジメントの実践である。身に付けたい力を共通理解し、何のためにどの指導内容を、どの時期に学び、どの教科等と結び付けていくのかを明確にして、授業に取り組んだ。国語科を中心に「話す」「書く」「聞く」の場を様々な場面で設定したことが、目指す姿に迫ったと考えられる。限られた時間の中で、目指す姿に迫っていくには、効果的に教科等を横断して授業をすべきということを学んだ。また、言葉で考えを整理し、言葉で伝えることを意識した取組をしたことで、生徒の自己理解や他者理解が進むことも分かった。

このように将来とのつながりを見通したうえで、一人一人の内面と向き合いながら教科等横断的な視点で授業づくり、授業改善を進めていくことによって、個々のキャリア発達の促進につながるということを実感した。

（2）考察

キャリア発達を促す取組を進めた２年間で、生徒たちは自己表出する姿や他者の意見を聞き入れる姿、かかわりの中で困難にあきらめずに挑戦する姿が見られるようになってきた。その要因として、全教師が「卒業までに身に付けたい力」表や年間指導計画を活用し、目指す姿について共通理解して教科等横断的に授業づくりや生徒指導を進めてきたからと考えられる。

目標や指導内容の設定では、学習指導要領の目標の段階や指導内容表をもとにしたことで、各学年の教師が同じ方向を向いて、各教科における身に付けたい力を意識して指導内容を精選し、授業づくり、授業改善をすることにつながったと捉えている。

また、ドリームマップやセルフプランなど自分の夢や将来の構想、今の自分を理解する取組を進めたことによって、生徒も教師も現時点での目標と課題を明確にすることができた。そのため、生徒が一つ一つの活動に価値を見いだし主体的に思考、判断、表現する姿へとつながった。

6 今後の展望

卒業後の姿に向け、実態や目指す姿を各学年で共通理解し、授業づくりにつなげることができた。しかし「卒業までに身に付けたい力」については、生徒の実態や社会の情勢に合わせて、見直し整理していく必要がある。将来の社会的・職業的自立に向けて基盤となる必要な資質･能力を身に付けていけるよう、学習指導要領や最近の研究資料等をもとに、生徒も教師も活用できるツールへと見直していきたい。

また、国語科で培った力を広げ、深めていくために、教科等横断的視点で様々な場面で言語活動の場面を設定し、自己表現等ができるようにしてきた。今後は、生徒のキャリアプランニング能力の育成を意識して、教科等横断的視点における教師側の評価の視点や生徒へのフィードバックの方法を明確にしていく必要がある。生徒が省察したことについて、思いの変化や内面の育ちを価値付け、方向付けしていくことで、生徒のキャリアプランニング能力の育成へとつなげていきたい。

さらに、生徒と教師が同じ方向を向いて、目指す姿に向けて主体的に様々な活動に取り組むためにも、将来に向けた明確なビジョンが必要である。本人の願いや思いなど、ドリームマップやセルフプランを含めたキャリア・パスポートを作成し、授業づくりや生徒指導に活用していくことで、「これまで」と「これから」をつなぐ「いま」の充実を図っていく必要がある。そして、自分らしい生き方を実現していく過程を大切に、生徒のキャリア発達を促していきたい。

【文献】

菊地一文（2021）キャリア発達の視点を踏まえた授業改善．実践障害児教育２月号．学研プラス

19 高等部

その人のこと、ちゃんと見えている？

多様さを考える授業

和歌山大学教育学部附属特別支援学校教諭　北岡　大輔

キーワード　●主体的・対話的で深い学び　●カリキュラム・マネジメント

1　学校の概要とキャリア教育の取組

（1）学校の概要

本校は知的障害のある児童生徒が在籍する特別支援学校で「個々の児童生徒の実態に応じた教育を行い、積極的に社会生活に参加できる人間を育成する」ことを教育目標としている。ここでいう「積極的に社会生活に参加する」とは、自ら社会とかかわり、もてる力を最大限に発揮して自分らしく生活していこうとする姿を意味している。そのため、小学部・中学部・高等部ともに木曜日を一日「生活」の時間とし、生活力（生活の中で自ら課題を見いだし、自ら解決していこうとする力）を育むことを基軸とした教育課程を編成している。

（2）高等部普通科総合産業コース「セルフデザイン」の取組

本校高等部では、高等部段階から入学する生徒を対象とし、社会的・職業的な自立を目指す総合産業コースを設置している。このコースに在籍する生徒は、青年期入口ゆえの心理的な課題を抱えていることが多い。そのため、将来について目標をもち、よりよく自己実現していこうとする意欲など、内面を育てることをねらいとして、「セルフデザイン」という各教科等を合わせた指導の時間を週に２単位時間、教育課程に位置付けている。

この「セルフデザイン」では、生徒たちが互いにかかわり合うことを大切にしながら、共に課題に向き合い、自他の価値観を認め合っていくこと、自分の将来について目標をもち、自己実現を目指すことができるように指導内容を設定している。また、生徒の状況に応じて、生徒指導上の今日的課題や内在化した心理的課題に関連した内容についても、授業の中で取り上げるようにしている。１年生は「自信回復・仲間づくり」を、２年生は「自己理解」を、３年生は「将来に向けて」を中心課題とし、「３年間指導計画」（P.171 資料参照）を作成して指導を行っている。

2 生徒の実態

高等部普通科総合産業コース１～３年生14名を対象とした。このコースに在籍する生徒は、知的障害の程度が比較的軽度であるが、多くが自閉スペクトラム症等の発達障害あるいはそれに類似した困難さを併せ有している。これまで他者との関係性の中でつらい経験を重ねてきた生徒も多く、極端に自信がなかったり、心理的な不適応を抱えていたりすることも少なくない。その一方で、生徒たちは「人との関係をうまく築けるようになりたい」「自分にできることを増やしたい」「将来働くための力を身に付けたい」といった思いを抱いて特別支援学校である本校を選択し、入学してきている。

現在「セルフデザイン」を教育課程に位置付けて９年が経過した。ここ数年、生徒たちは日頃から互いにかかわり合いながら学習に取り組んだり、休憩時間に互いに教室を行き来し合ったりして過ごす様子がよく見られるようになってきている。また、困っていることや悩んでいることなどを、自ら友達や教師に聞いてもらったりするなど、他者に相談することへの抵抗感も和らいできているように感じる。

その反面、発達障害等の特性や他者に対する不信感などから、相手のことを一面的に捉えてしまったり、自分本位にかかわってしまったりして、結果的にトラブルにつながってしまうことも少なくはない。このことには生徒たち自身も課題と感じているところがあり「友達とうまくかかわりたい」「自分の気持ちをうまく伝えたい」という気持ちを抱えつつも、うまくいかないことに歯がゆさを感じている様子がうかがえる。

3 実践の意義

日頃の生徒の他者とのかかわりを見ていると、相手のことを好きか嫌いかの二者択一で捉えがちであったり、抱えている心の内を汲み取れずに行動面だけを見て相手のことを判断してしまったりすることが多い。そこで、本実践では「人との付き合い方を考えてみよう－その人のこと、ちゃんと見えている？－」という主題でセルフデザインの授業を計画した。この授業では、相手のことを一面的に捉えてしまうのではなく、その人の中にある多様さにも目を向けられるようになること、加えて、自身が普段からどのように相手のことを見ているのかを顧みることができることをねらいとした。

しかし､実際には個人が抱える様々な特性や性格などは簡単に目で見ることができない。とりわけ知的障害や発達障害等のある生徒の場合、それらをイメージし、考えていくことには苦手意識を伴う。そのため、教材としては具体的で目に見えるもの、ある程度直感的に理解できるものを用意する必要がある。これらのことから、本授業では教材として図１のような「４つの人物像」を用いることとした。この人物像は、①生徒の間で日頃から問題として挙がっていること、②生徒自身が悩みとして抱えていること、③生徒たちが日頃見落としがちな人の多様な性格や特性、考え方の３点について教師間でブレインストーミングを行い、作成したものである。

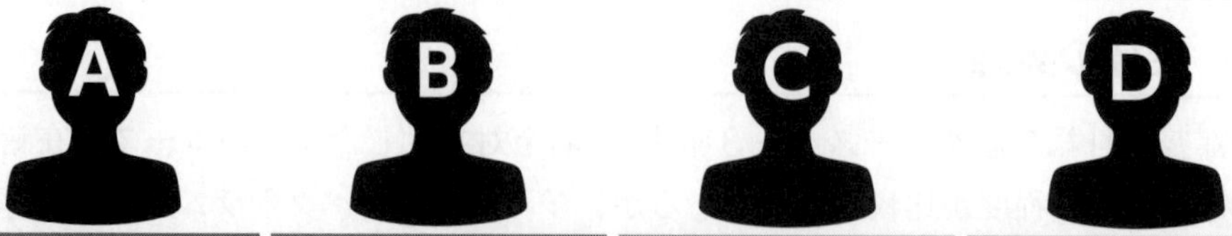

A	B	C	D
怒りっぽい	みんなの前で、マイナスな発言が多い	いつもよく分からないことを言っている	話し合いなどでみんなの意見をまとめて、頼りにされている
人と目を合わさない	気持ちを伝えるのが苦手だが、いつもみんなのことを考えて行動する	楽しいことを見つけるのが得意	友だちが悩んでいるときには何でも相談にのっている
そんな自分のことを何とかしたいと思い悩み、一人のときには涙することもある	ムスッとしていることが多い	人が嫌がることも自分から進んでする	話は面白いが、人のことを悪く言うことも多い
人に見えないところで努力をしている	絶対に人のことを悪く言わない	人と仲よくしたいと思っているが、言葉で伝えることが苦手	ファッションがおしゃれで、人のファッションにもコメントをする
運動が得意で全国大会にも行っている	どんなにしんどいことでも、自分の納得のいくところまでやりきる	運動が苦手	こつこつと勉強して、テストでもよい点をとっている

図１　教材「４つの人物像」

4　実践の概要と生徒の変化

（1）実践の概要

表１に本実践の展開を示す。授業では、指導者が図１の「４つの人物像」の特徴を上から１段ずつ提示していき、その都度「４人のうち誰と一番仲よくなりたいか」を考えるワークを行った。このワークでは、生徒が３名ないし２名のグループで協議し、その結果をミニホワイトボードに書いて、選んだ理由とともに発表できるようにした。そうすることにより、人には第一印象とはまた異なる側面があり、誰か一人を選ぼうとすることで生まれる葛藤に気付けるようにしたいと考えた。

表１　授業の展開

学習活動
１．学習課題を確認する「人との付き合い方を考えてみよう」
２．ワーク「４つの人物像のうち、一番仲よくなりたいと思うのは誰？」
１）スライドで提示された４つの人物像を見る（はじめは一番上の段の特徴のみ）
２）２、３人のグループで、４つの人物像のうち誰と一番仲よくなりたいかを協議する
３）選んだ結果をミニホワイトボードに記入する
４）理由とともに誰を選んだかを発表する
５）４つの人物像の特徴が１段増えるごとに②～④を繰り返す
３．選ぶ中で感じた気付きや葛藤などを伝え合う
４．振り返りシートに自分の考えをまとめる
①このワークをとおして考えたこと　②これから自分ができること

（２）生徒の変化

「４つの人物像」の特徴として一番上の段のみを提示した際には、すべてのグループがＤの人物像を「仲よくなりたい人」として選んだ。その理由として生徒たちは「裏表がなさそうで真っすぐ」「みんなの意見を聞いて周りを思いやっている」などを挙げており、一切迷うような様子は見られなかった。

しかし、２段目の特徴が提示されたときにはグループ間でＢ、Ｃ、Ｄの人物像に意見が分かれ始めた。このときには、「Ｂのことをあらかじめきちんと理解しておいたら、マイナス発言が多いのも気にならない」「よく分からないことを言っているＣだけど、悪いことを言いふらしたりはしなさそう」などの意見が挙げられた。

３段目以降になると、それぞれのグループ内で意見を一つにまとめることを難しそうにする様子が見られるようになってきた。生徒たちは、グループ内でまとめきれずに人物像を複数選んで発表したり、「Ａ、Ｂ、Ｃ、Ｄの４人ともいいとは思うんですけど、強いて選ぶなら」と前置きをしたうえで一つに決めて発表したりしていた。

生徒が記述した振り返りシートからは「①このワークをとおして考えたこと」として「人との付き合い方は楽しいだけで決めたらダメなんだと思いました」「とりあえず、相手のよい点、悪い点が４つや５つでもいいから理解する」などの記述が多く見られた。なかには「嫌いと思っている人は、その部分が大きく見えてしまうので」「改めて考えてみると、仲のいい人の悪いところや仲の悪い人のいいところが、そんなに思い浮かばなかったから、自分は他人をかなり一方的に見ていたんだと分かった」と、つい陥りがちになってしまう自身の人の見方への気付きをまとめている生徒も見られた。また、「自分が苦手なことも克服していき、ＢさんとＣさんのような人になっていこうと思った」など、例示された人物像と重ね合わせて、自分のことを考えようとする生徒もいた。

「②これから自分ができること」については「見方を変えてみて、少しでも人のことを理解すること」「言葉で伝えるのが苦手な人のことを笑わないこと」「まずは自分が嫌だと思っている人に話しかけられたら話してみる。そしてもう一度見つめ直してみる」などの考えが挙げられた。一方、「人との付き合い方が分からなくなったら、先生などに相談する」など、困ったときに自分一人で対処するだけではなく、誰かの助けを借りることも含めて考えている生徒もいた。

5　実践者の振り返り・考察

この授業のはじめ、学習課題を伝える際、生徒たちに「日頃の友達付き合いの中で悩んでいたり、うまくできないと感じたりしている人が多いのではないですか」と尋ねた。そのときには、多くの生徒が静かに頷いた。このような姿からは、生徒自身が日頃の友達関

係に課題意識をもっていること、また、そのことが分かっているにもかかわらず、うまく対応できない歯がゆさを抱えていることがうかがえた。

友達との付き合いについては、どこかで歪みのようなものを感じていたとしても、相手との関係性の中で言葉にはしにくい。それぞれが「何かおかしいな」と感じていても、盛り上がっている話の流れを遮るわけにはいかず、結果として誰かが傷つくような結果に陥ってしまうことも少なくない。

そのため、生徒たちにとって身近で、現実的にかかわることがあり得るような架空の人物像を教材として取り上げたことには、一定の効果があったと推察される。生徒たちは「４つの人物像」と日頃の自分たちの友達関係とを重ね合わせたうえで、俯瞰的な視点から人との付き合い方について真剣に考えを伝え合うことができていた。

また、人物像の性格や特徴などの視覚的、段階的な提示は、他者の心の内を想像することが苦手な生徒たちにとって、理解しやすいものとなったと考えられる。生徒からは「上の方（の特徴）を見るだけでなく、下の方（の特徴）を見たりすると、幅も広がって、見えなかったところも見えてくると思いました」と、これらの人物像を見ながら自分自身の人の見方を省みようとする感想が挙げられた。

しかし、人の内面については本来、この「４つの人物像」のように単純でもなければ、常に定まっているものでもない。そのため、他者の多面的な見方については、誤解を生まないように留意しながら、今後継続して指導を行っていく必要がある。

6 今後の展望

今回の授業に関して言えば、生徒たちは他者との関係がうまくいかないときには相手を責めるだけではなく、自分のことも省みることが大切であるということに気付くことができていた。しかし、現実的な他者との関係性の中で、そのことを実際に行動に移していくことはおそらく容易ではない。今回の授業はあくまで指標であり、生徒が思い悩んだり、トラブルを引き起こしてしまったりした際に、ここに立ち戻って今一度考えることができるように指導を行っていくことを大切にしたい。

【文献】

北岡大輔・武田鉄郎（2020）二次障害を呈する生徒に対応した授業プログラムの構築：関係性を生かした深い学びと自尊感情を高める試み．和歌山大学教職大学院紀要：学校教育実践研究 (4), 43-50.

資料

セルフデザイン　3年間指導計画

指導目標	
指導目標	・他者との関わり合いの中から自己を見つめ、自己理解を深める。 ・自分の将来について目標を持ち、自己実現していこうとする意欲を高める。 ・人との関わりを拡げる中で、自分を表現する力と互いの価値観を認め合える態度を育てる。

1年生中心課題「仲間づくり・自信回復」

	単元	ねらい	関連する行事・取り組み
1学期	・オリエンテーション（1年生のセルフデザイン） ・「わたしの」生活の心得 ・高校生の自分 ・学期の予定・係・目標 ・立会演説会に向けて ・食と健康① ・運動と健康 ・社会人として（モラルとマナー） ・集団の中での私 ・現場実習に向けて ・現場実習のまとめ ・金銭の管理 ・マイライフスタイル ・学期のまとめ	・セルフデザインの学習の目的を知る。 ・自分で生活管理をしていくために、自身の心得を考える。 ・中学校までの生活との違いを意識する。 ・高校生としての自分を考える。 ・自己の課題を見つめ、目標の立て方を知る。 ・友達の性格や気持ちを考えてまとめる。 ・自分の考えの要点をまとめ、効果的に伝える方法を考える。 ・食事が健康に及ぼす影響について知る。 ・栄養バランスのよい食生活を実践していく方法を考える。 ・運動を継続することが健康維持につながることを知る。 ・具体的な運動計画を考える。 ・場面ごとでの社会人らしいふるまいやマナーについて知る。 ・自分のことに自分で取り組む。 ・周りのことを意識した行動を考える。 ・現場実習について知る。 ・現場実習の目標を考える。 ・職場で気付いたことや感じたことをまとめる。 ・計画的な金銭の使い方を知る。 ・小遣い帳のつけ方を知る。 ・夏休みの生活に目標を持つ。 ・楽しかったことや頑張りを振り返る。	・生徒会選挙立会演説会 ・校内宿泊学習 ・現場実習 ・現場実習報告会（コース） ・夏休みの課題 ・インターンシップ、資格講習
2学期	・学期の予定・係・目標 ・友達を知ろう ・思いやりについて ・働くということ ・現場実習に向けて ・現場実習のまとめ ・アサーティブな会話 ・私の大切なもの（自己の価値観） ・いのちと性① ・マイライフスタイル ・学期のまとめ	・自分の課題を見つめ、目標を立てる。 ・友達の性格や考えていることに興味を持つ。 ・友達が自分とは違う考え方などを持っていることを受け止める。 ・相手の気持ちを考えた関わり方を考える。 ・働くことの意味について考える。 ・現場実習の目標を考える。 ・職場で気付いたことや感じたことをまとめる。 ・自他の主張をともに大切にした会話の仕方を知る。 ・自分の周りにはかけがえのない大切なものがあることに気付く。 ・いのちの尊さについて考える。 ・生命が誕生するしくみを知る。 ・自分とみんなの「性」を大切にしたふるまいについて考える。 ・冬休みの生活に目標を持つ。 ・楽しかったことや頑張りを振り返る。	・現場実習 ・現場実習報告会（高等部） ・冬休みの課題
3学期	・学期の予定・係・目標 ・人との距離感（パーソナルスペース） ・３年生の体験談 ・学期・年間のまとめ	・自分の課題を見つめ、目標を立てる。 ・場面に応じた距離の取り方を知る。 ・自他がともに心地よく感じる距離を考える。 ・３年生が今までどのように進路を考えてきたのかを知り、進路を自分で切り開いていこうとする気持ちを高める。 ・１年間を振り返り、自らの取り組みを肯定的に受け止める。 ・２年生に向けて自分の目標を考える。	・３年生の言葉

2年生中心課題「自己理解」

	単元	ねらい	関連する行事・取組
1学期	・オリエンテーション（2年生のセルフデザイン） ・「わたしの」生活の心得 ・学期の予定・係・目標 ・立会演説会に向けて ・役割に責任を持って ・現場実習に向けて ・現場実習のまとめ ・友達との付き合い ・自分史 ・ 今までの自分 ・何かやってみよう（生涯学習） ・マイライフスタイル ・学期のまとめ	・セルフデザインの学習の目的を確認する。 ・自分で生活管理をしていくために、自身の心得を考える。 ・自己の課題を見つめ、目標を立てる。 ・友達の性格や気持ちを考えてまとめる。 ・自分の考えの要点をまとめ、効果的に伝える方法を考える。 ・一人一人が役割に責任を持って取り組むことで、集団として成し遂げることができることに気付く。 ・現場実習の目標を考える。 ・仕事に対する自分の適性などを振り返りまとめる。(どのような働き方があっているか。次の実習でやってみたい仕事内容は何か。) ・自分も相手も大切にした付き合い方を考える。 ・異性の友達との適切な関わり方を知る。 ・自分がかけがえのない存在であると意識する。 ・今まで生きてきた中で、価値あるさまざまな経験をしてきたことに気付く。 ・自分にとって大切な人が、さまざまな場面で支えてくれていることに気付く。 ・自分が興味を持っていることや、やるべきことを自分から実行できる。 ・夏休みの生活に目標を持つ。 ・楽しかったことや頑張りを振り返る。	・生徒会選挙立会演説会 ・校内宿泊学習 ・現場実習 ・現場実習報告会（コース） ・アビリンピック等 ・夏休みの課題 ・インターンシップ、資格講習
2学期	・学期の予定・係・目標 ・自分を知ろう ・悩んだときは ・現場実習に向けて ・現場実習のまとめ ・心の葛藤 ・食と健康② ・マイライフスタイル ・学期のまとめ	・自分の課題を見つめ、目標を立てる。 ・さまざまな側面を持つ自分に気付く。 ・自分の持っている価値観に気付く。 ・具体的なストレスへの対処方法を知る。 ・周囲に自分の支えとなる人がいることを知る。 ・今までの現場実習や学校生活を振り返り、実習の目標を考える。 ・今までの実習も含めて振り返り、自分がやりがいを感じることや適性についてまとめる。 ・自分の心の中には、同時に複数の気持ちが存在することを知る。 ・どのような気持ちであっても自分の大切な気持ちだと意識する。 ・生活習慣病について正しく知り、予防する食生活を考える。 ・冬休みの生活に目標を持つ ・楽しかったことや頑張りを振り返る。	・現場実習 ・現場実習報告会（高等部）
3学期	・学期の予定・係・目標 ・自分の進路 ・働く上で大切なこと ・３年生の体験談 ・学期・年間のまとめ	・これまでの自分を振り返り、今の自分の課題を見つめ、学期の目標を設定する。 ・今までの自分の取り組みを振り返り、将来の夢や生活スタイル、就きたい職業などを考える。 ・仕事をするときに心がけることや余暇との違いについて考える。 ・３年生が今までどのように進路を考えてきたのかを知り、進路を自分で切り開いていこうとする気持ちを高める。 ・１年間を振り返り、自らの取り組みを肯定的に受け止める。 ・３年生に向けて自分の目標を考える。	・進路懇談 ・職場見学 ・３年生の言葉

3年生中心課題「将来に向けて」

	単元	ねらい	関連する行事・取組
1学期	・オリエンテーション（3年生のセルフデザイン） ・「わたしの」生活の心得 ・学期の予定・係・目標 ・立会演説会に向けて ・いのちと性② ・修学旅行に向けて ・現場実習に向けて ・現場実習のまとめ ・就職・進学までの流れ ・サービスの利用 ・最上級生として ・マイライフスタイル ・動け！夏休み ・学期のまとめ	・セルフデザインの学習の目的を確認する。 ・自分で生活管理をしていくために、自身の心得を考える。 ・これまでの自分を振り返り、今の自分の課題を見つめ、学期の目標を設定する。 ・友達の性格や気持ちを考えてまとめる。 ・自分の考えの要点をまとめ、効果的に伝える方法を考える。 ・性問題について知り、被害・加害をともに防ぐために、自分にできることを考える。 ・集団行動の際のルールや公共のマナーについて考える。 ・沖縄の自然や文化について知り、修学旅行への期待感を持つ。 ・平和学習を通し、命の尊さや人との関わり方について考える。 ・現場実習の目標を考える。 ・今までの現場実習の経験を振り返り、仕事に対する自分の適性などを考える。 ・自分の希望する職種に対する具体的なイメージを持つ。 ・自己の進路について意思を固める。 ・進路選択、決定までの流れを知る。 ・実際に利用することができる福祉サービスを知り、活用の仕方を考える。 ・学校のリーダーとしての思いやりの気持ちや責任感について考える。 ・夏休みの生活に目標を持つ。 ・自分の進路に対して、夏休みにできることを計画する。 ・楽しかったことや頑張りを振り返る。	・生徒会選挙立会演説会 ・修学旅行 ・現場実習 ・現場実習報告会（コース） ・支援機関ツアー ・夏休みの課題 ・インターンシップ、資格講習、採用試験等
2学期	・学期の予定・係・目標 ・酒・たばこ・薬物と自分 ・現場実習に向けて ・現場実習のまとめ ・食と健康③ ・私の生活設計 ・私の３年間 ・学期のまとめ	・これまでの自分を振り返り、今の自分の課題を見つめ、学期の目標を設定する。 ・酒、たばこ、薬物がもたらす健康への影響について考える。 ・就労を見据えた現場実習として、実習の目標を考える。 ・就労に対して、意思を明確にし、就労実現のためにできることを考える。 ・バランスを考えた食生活計画を立てる。 ・卒業後の生活スタイル（給料の使い方、余暇の過ごし方など）について考える。 ・３年間どのように学校生活や進路について考えてきたのかを振り返る。 ・高校生活最後の学期に向けての目標を考える。	・現場実習 ・現場実習報告会（高等部）
3学期	・学期の予定・係・目標 ・移行支援計画 ・旅行計画 ・私の３年間（1・２年生への講話） ・答辞づくり	・これまでの自分を振り返り、今の自分の課題を見つめ、学期の目標を設定する。 ・就労や卒業後の生活に関わって自分に必要な支援を考える。 ・みんなで思い出づくりができるような旅行を計画する。 ・自分が考えてきたことを自分の言葉で伝える。 ・卒業に向けて気持ちを整理し、卒業後の目標を考える。	・移行支援会議 ・卒業旅行 ・３年生の言葉 ・答辞

・生徒間や学級で課題が挙がったときには、セルフデザインの時間を有効に使って、生徒が自分たちの問題として考えられるようにする。
・この計画は３年間でせまりたい内容を挙げている。実施する時期については、生徒の実態を考える。その他、必要な指導内容については適宜取り入れる。

20 高等部

安全な生活のための「ヘルプカード」と地域協働

自分を守ろう、家族と守ろう、地域と守ろう

岡山大学教育学部附属特別支援学校副校長
（前 岡山県立倉敷まきび支援学校副校長）
金島　一顕

キーワード　●社会に開かれた教育課程　●地域協働活動の充実

1　学校の概要とキャリア教育の取組

岡山県立倉敷まきび支援学校は、知的障害教育部門と肢体不自由教育部門の小学部・中学部・高等部を設置し、開校７年目を迎えた全校児童生徒数321名の特別支援学校である。平成30年７月の西日本豪雨では、すぐ裏の小田川の堤防が決壊し、校舎２階の床上５cm（水深480cm）まで浸水した（写真１）。学校を含む真備地区の浸水範囲は約1,200ha、全壊棟数約4,690棟に及んだ。土曜日の早朝の決壊だったため、幸いにも校内での人的な被害はなかった。令和元年の夏休みに本校舎改修工事が完了し、９月２日から各部門学部共に本校舎で２学期を迎えることができた。被災から２年が経過したが、地域はまだ復興途上である。

被災後１年間は、小学部、中学部、高等部、肢体不自由部が県内の特別支援学校３校を含む４校地に分かれて学校生活を送ることになったため、全校で取り組む学校行事はなくなり、教職員間の共通理解の場は学校運営にかかわる内容のみになった。そのため校舎復旧後は、「被災前に戻す」のではなく、新しいメンバーで「一から新たに作り上げる」方針で臨んだため、被災前までのキャリア教育に関する取組や共通理解は、ほとんど継続できていないのが現状であった。

写真１　水没した校舎

2 生徒の実態

本校の知的障害教育部門の高等部には、就労による社会自立を目指す職業コースと生活コースがある。本事例は、職業コース３年生の事例である。生徒たちは、入学して３か月あまりで被災したため、校内の運動場に建てられたプレハブ校舎で１年間学校生活を送った。また、３年生のときはコロナ禍で多くの行事が中止になり、予定されていた学校生活を送ることができにくかった学年である。しかし、被災を体験し、復興していく真備町を目の当たりにしてきたので、目的に向かって協力するということに関しては活発な意見交換をし、実行することに関して労力を惜しまない学年である。

3 実践の意義

一般的に「防災」とは、「災害を未然に防止すること」と捉えられている。しかし、広義の「防災」には、一般的な「防災」捉えに加えて、災害が発生した場合に被害を最小限に抑える「減災」と、災害によって被害を受けたものをもとの状態に戻す「復旧」が含められる。

地域の復旧・復興が進む中で、学校教育の中ではどのような防災学習に取り組むべきかを検討した。一般的な家庭科や社会科等で取り上げられる学習内容は、「自ら災害に備える、自分の身は自分で守る」という「自助」の学習内容が多い。高等部では、学校が避難所になったときに支援できることを学ぶ実践も見られる。地域で多くの尊い命がなくなった本校では、「自分の命を守る」ことととともに、「共助」や「地域の皆さんと共に命を守る」ことの可視化を地域の防災・減災、本校の防災・減災学習の重要な目的の一つとした。

4 実践の概要と生徒の変化

（１）「防災教育～安全に生活するために～」の取組

被災１年後は、校舎が復旧していなかったことと生徒の心情に配慮して、防災・減災学習には積極的に取り組まなかった。被災から２年が経過した６月に氾濫した小田川が警戒レベル４になった。その日は、生徒は登校してはいなかったが、天候が回復して登校してきた生徒の中から「携帯電話で河川をライブカメラで見た」「自分で避難の準備をした」という発言があった。生徒が危機感を抱いたり、必要性を感じたりするこの時期が、災害・減災を学ぶ機会と捉え、「防災教育～安全に生活するために～」を行った（写真２）。

写真２　授業の様子

まず、災害には火災、地震、津波、洪水、土砂災害等、様々な災害があり、それぞれに

避難の仕方が違うことを確認した。そして、様々な災害から自分の身を守り、安全に生活するためには、①的確な判断、行動選択、②日常的な備え、③家族や家庭・地域社会の安全活動に取り組むことを確認した。学校だけでなく、自分の住居周辺のハザードマップを見て自分の避難場所を確認したときに、「休日に実際に一度見に行っておこう」という発言が生徒から出たことは、話し合いによって防災・減災学習の自分自身に対する意味付け、価値付けができた一つの証であると捉えた。

また、非常用の持ち出しバッグの中身を選んでいったときに、「避難行動に必要なものだけでなく、避難生活に必要なもの」に気付いたり、「自分自身を守るものだけでなく、家族を守るものも必要」という思いをもったり、「実際に入れてみると重すぎて動けない」ことから自分の持ち物の優先順位を発言し合ったりすることができた。自分たちだけで話し合っても、安心できる避難生活を送るためにいろいろな考え方があることを知り、赤ちゃんから高齢者まで幅広い年齢や立場の方がいる避難所はとても大変だということから、「家族や地域など周りへの言葉がけと理解」の大切さを確認することができた。

（2）「ヘルプカード」の取組

被災から２年が経過し、真備町箭田地区にある幼稚園、小中学校、高等学校、支援学校、高齢者施設、民生委員、社協、地域の方などが集まり、助けてほしいことを記入し、いつも携帯しておく「ヘルプカード」の作成に取り組んだ（写真３）。被災したときに、障害のある人たちを含む多くの「災害弱者」といわれる方たちが犠牲になった。二度と同じ悲劇を繰り返さない、災害に強く平時も温かく暮らしやすいまちづくりが防災・減災の基盤であるということが地域の共通した思いであった。「障害者だけ、高齢者だけを対象としていては、地域の防災･減災はうまくいかない」「つながりを深め、支え合い、ことばを掛け合い、助け合うためにはツールが必要」ということから、心と心をつなぐ「ヘルプカード」というツールができた。

写真３　地域の方とのヘルプカード作り

写真４　牛乳パックを使った家づくり

地域の方々と共にヘルプカードを活用した避難体験を実施するにあたって、想定した災害は地震とした。本校は、水害の避難所には指定されておらず、避難所となる可能性があるのは地震が想定されるからである。しかし、

大きな地震を体験したことのない生徒にとって、地震の避難を想起することは難しかった。そこで、事前の学習で、地震の映像を見たり、牛乳パックを使って建物の揺れ方を確かめたりすることにより、地震のときには「頭や身体を守る」ことが一番大切であることを確認することができた（写真4）。

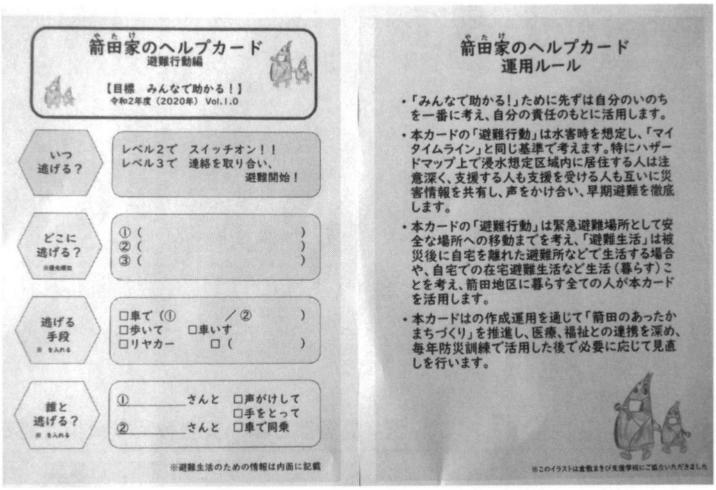
箭田《やたけ》家のヘルプカード
避難行動編
【目標　みんなで助かる！】
令和2年度（2020年）Vol.1.0

いつ逃げる？
レベル2で　スイッチオン！！
レベル3で　連絡を取り合い、
避難開始！

どこに逃げる？
①（　　　）
②（　　　）
③（　　　）

逃げる手段
□車で（①　　　／②　　　）
□歩いて　□車いす
□リヤカー　□（　　　）

誰と逃げる？
①＿＿＿さんと　□声がけして
□手をとって
②＿＿＿さんと　□車で同乗

※避難生活のための情報は内面に記載

箭田《やたけ》家のヘルプカード
運用ルール

・「みんなで助かる！」ために先ずは自分のいのちを一番に考え、自分の責任のもとに活用します。
・本カードの「避難行動」は水害時を想定し、「マイタイムライン」と同じ基準で考えます。特にハザードマップ上で浸水想定区域内に居住する人は注意深く、支援する人も支援を受ける人も互いに災害情報を共有し、声をかけ合い、早期避難を徹底します。
・本カードの「避難行動」は緊急避難場所として安全な場所への移動までを考え、「避難生活」は被災後に自宅を離れた避難所などで生活する場合や、自宅での在宅避難生活など生活（暮らす）ことを考え、箭田地区に暮らす全ての人が本カードを活用します。
・本カードはの作成運用を通じて「箭田のあったかまちづくり」を推進し、医療、福祉との連携を深め、毎年防災訓練で活用した後で必要に応じて見直しを行います。

写真5　「箭田《やたけ》家のヘルプカード」

地域の方と共に行った避難体験では、地震の避難の仕方や気を付ける点を確認し、体育館を使って実際のヘルプカードを使った避難を行った（写真5・6）。被災したときに混乱した避難所の受付であったが、あらかじめ家族と相談して必要な情報を明記してあるヘルプカードを受付で提示することで、とてもスムーズに必要な情報をお互いに把握することができ、避難所で自分のスペースに移動することができた。

また、避難所の受付対応を地域の方と一緒に行うことができ、実際の避難所で自分たちがどのようなことで貢献することができるのかということも体験することができた。実際に受付をしてみてヘルプカードというツールを使うことで、避難してきた方の負担を減らし、避難する方も受付をする方もお互いに落ち着いて応対をすることができることも分かった。そして、ヘルプカードを使った避難体験をすることで、地域の方が学校や子どもたちを理解していただくよい機会となった。地域の方から「地域のことを知り、地域を好きになることが防災・減災を進める上で大切なことですよ」「誰もが、支える側にも、支えられる側にもなりうる。だから、真備町箭田地区にいる人全員が助かるように、お互いさまを分かり合えるヘルプカードを活用しよう」と言われた。

写真6　ヘルプカードを使った避難体験

今回の避難体験でも、自分の思いをうまく伝えられなかったり、周囲の思いを理解できなかったりしたときは、イライラしたり、大きな声が出たりする生徒もいた。その際に「ヘルプカード持ってる？」と尋ねられて「はい」とヘルプカードを差し出すことで、「○○さん、○歳、住所は○○、・・・～ですね」と質問に

答えなくても、受付をしてもらうことができた。生徒からは、「混乱しているときに、ヘルプカードを出してもらうだけで、避難してきた人のことが分かるって楽」「話したことない人に自分のことを説明できないからヘルプカードを差し出すだけで分かってもらえて便利」という発言があった。地域の方と一緒に避難体験や受付体験を行うことで、学校は地域とともに支え合うことができることを実感することができ、生徒は、真備町箭田地区に学校がある幸せを感じることができた。避難体験が終わった後の「自分の住んでいる地域でもヘルプカード使えるかな」という生徒の言葉に、生徒自身が地域で人とつながることの大切さを実感し、学びをつなげたいという気持ちをもったことを確認することができた。

表に学習の展開を示す。

表　高等部３年　安全教育学習指導略案

	場所：体育館、各教室		
目標	・避難所への避難の仕方や、避難所での過ごし方を知ることができる。 ・ヘルプカードを使った避難の仕方を体験することができる。 ・災害非常食の試食をとおして、防災についての関心や意識を高めることができる。		
	学習活動	○教師の支援　☆評価	準備物
13:30	1　挨拶をする。 2　本時の学習内容を知る。 3　災害時（主に地震）の避難について知る。 ・避難所への避難の仕方について知る。	体育館に集まり、クラスごとに整列する。 ○視覚的に分かりやすいよう、パワーポイントを使い、災害時の避難について簡単に説明をする。 ○家にいるときの避難の仕方について知ることができるようにする。	スクリーン PC プロジェクター
13:40	4　ヘルプカードを使った避難を体験する。 ・教師のデモンストレーションを見る。 ・クラスごとに移動し、（ステージ側出入り口から出る）受付へ。消毒、検温、問診をしてヘルプカードから受付カードを出して受付ボックスに入れ、避難所エリアへ移動してクラスごとに座る。	○活動に見通しをもつことができるよう、はじめに教師がデモンストレーションをする。 ○実態に応じて、言葉がけや指さしなどの支援をする。 ・地域の方が受付役をする。 ★職３生徒数名が地域の方とともに受付や記録係をする。	ヘルプカード 長机 受付かご
13:50	5　地域の方の話を聞く。 生徒代表お礼の言葉（職３） －各教室へ移動－	○地域の方に注目できるよう、言葉がけ等をする。	ポット ５台 非常食
14:00	6　災害非常食の試食をする。	○災害非常食を試食することで、避難所での生活について考えることができるようにする。 ★非常食は温かい物もある、おいしい、と感じられるよう、言葉がけや支援をお願いします。	
14:15	7　振り返りをする。（各クラス） 8　挨拶をする。	・非常食が残った場合は、持ち帰る。（配付用プリントあり）	

事後学習に向けて

・どこの避難場所へ行くか、地域の避難所はどこか、持ち出しバッグ等準備物について、家族がバラバラの時の避難の仕方など、家庭で話し合いをしておくとよい。
・話し合ったことをヘルプカードに記入する。
・避難所での過ごし方
・自分が落ち着けるグッズや安心するグッズについて（持ち出しバッグの中身の検討）
・他者に必要な援助を求めること。

その他、準備物についてや、家族がバラバラのときの避難の仕方など、家庭で話し合い

をしておくことを確認した。また、話し合ったことをヘルプカードに記入した。

5 実践者の振り返り・考察

被災を体験し、教師の防災・減災意識は高まり、実践を行ってきたが、それをどのように児童生徒に伝えて学んでいくのかについては、校内で全体的な検討が進んでいなかった。生徒の興味・関心や学習の系統性から学びをつなぐことは大切であるが、防災・減災教育においては、学校だけでなく「地域へ・地域とともに」学びをつないでいくことが必要である。本実践では「ヘルプカード」という共有ツールを作成し、活用することで地域と協働した実践を行うことができた（写真７）。

生徒が地域の方と協働して授業に取り組むことで、より実際的なものとなり、自己有用感が確実に高まることを確認することができた。また、自分を大切にし、周りを理解し、周りの人を大切にする生徒の発言が自然に増え、学級経営や授業規律の面からも、よりよい高まりが見られることが分かった。

6 今後の展望

今回の地域の方々と共に行った避難行動によって、本校の学校安全に関する取組の方向性も明らかになってきたと考えている。ヘルプカードを使った避難行動の実践は、近隣の小学校でも行われ、近隣の学校と地域がコミュニティとして共に防災・減災教育に取り組む予定である。

今後は、防災・減災教育に関することだけでなく、地域を元気にする持続可能な地域貢献活動にも積極的に取り組んでいく予定である。

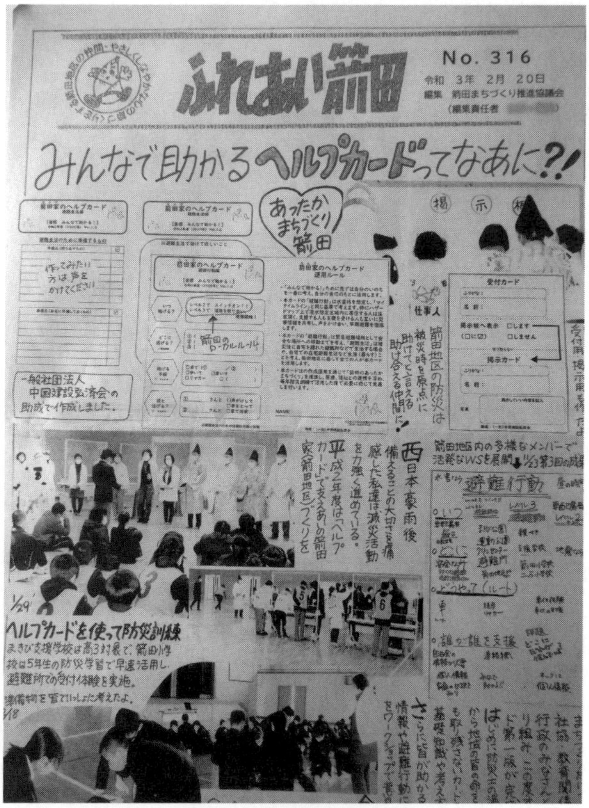

写真７ 地域の広報紙

【参考文献】

岡山県保健福祉部障害福祉課（2020）障害のある人の災害時避難プラン 災害時サポートブック～私の避難プラン～．岡山県保健福祉部資料．

湯井恵美子（2020）地域のみんなのいのちを大切に考える ～SOSカードをみんなで作ろう！～．ヘルプカードで支え合いの箭田家づくり実行委員会資料．

21 高等部

当事者参画による個別の教育支援計画運用

高等部進路指導におけるセルフサポートブック（SSB）の作成

長崎大学教育学部附属特別支援学校教諭　勘田　陽子

キーワード
●キャリアデザイン　●主体的・対話的で深い学び
●キャリア・パスポート

1　学校の概要とキャリア教育の取組

本校は、児童生徒56名（小学部17名、中学部16名、高等部23名：令和２年度現在）が在籍し、校訓「生きる喜び」「生きる力」を掲げている。児童生徒一人一人に応じた適切で効果的な指導をとおして、「生きる喜び」「生きる力」を育み、自分の生き方を自己選択・自己決定して社会に参加・貢献し、生涯を通じて豊かな生活を送ろうとする人間の育成を目指している。

本校はこれまで「自己」に関する研究に長年取り組んでおり、障害の特性や個の実態に応じて自己選択や自己決定ができるよう、一人一人の自己理解力が高まるように、それぞれの段階でキャリア発達を促している。小学部では、身近な人や物とかかわりながら「自分でもしてみよう」という意欲や「もっとしてみたい」という自己主張を育てている。中学部では、他者とのかかわりを広げながら自分のよさや成長に気付けるようにしたり、豊かなコミュニケーションができるように支援したりしている。そして高等部では、自分のできること、できないことを肯定的に捉えて主体的に行動できるような支援や、自分の役割を意識しながら課題解決のための工夫や他者と協力協働できるようにし、積極的に社会参加できる力を育てている。

2　生徒の実態

本稿で紹介する高等部２年生のクラスには、療育手帳Ａ１～Ｂ２を所持する生徒が在籍しており、本校中学部から進学した６名と、長崎市内の中学校から入学した２名（計８名）で構成されている。障害種別は、知的障害のほか、ダウン症、自閉スペクトラム症と様々である。また、卒業後は生活介護事業所、就労継続支援Ａ型・Ｂ型事業所、職業訓練校、一般就労と様々な進路先を視野に入れており、実態差が大きい集団である。高等部１年次よりタイトルに示している「セルフサポートブック」（以下、SSB）の作成に取り組んでおり、

生徒たちの中にもSSBの存在が浸透してきているところである。

本校では、高等部2年生までに産業現場等における実習（以下、現場実習）を3回経験する計画であるが、新型コロナウイルスの影響により2回の実施にとどまっている（実施できなかった1回については次年度実施予定）。現場実習の経験は、卒業後の進路を考える上で重要な材料となるため、生徒の多くが不安を抱いたり残念に思ったりしているが、「次の現場実習までにいろいろな力をつけておきたい」と気持ちを切り替え、日々の教育活動に前向きに取り組んでいる。

3 実践の意義

個別の教育支援計画について藤井・高田屋（2017）は、「関係者による支援会議の開催、活用システムの検討、計画作成における本人や保護者の参画が個別の教育支援計画を有効に機能させる方法である」と報告している。しかし、知的障害のある高等部生徒が計画内容に主体的に参画できる仕組みの検討は、まだ十分になされていない。そこで、高等部における個別の教育支援計画・移行支援計画の効果的な運用法の検討として、「本人・保護者の参画」という点に注目し、特に生徒の参画が不十分であった他機関との引き継ぎの場における活用の改善を目的とした。そして、この課題に対応するために新たな媒体の必要性を感じ、生徒が参画できる「生徒版個別の教育支援計画」＝SSBの作成を試みた。

また、1970年代後半からノーマライゼーションの理念の浸透を背景に、障害のある人々の自己決定に関する研究が始まったが、Wehmeyer & Metzler（1995）は、4,544名の知的障害者を対象とした米国の国民消費者調査を取り上げ、「知的障害者は、日常生活であまり自己決定をしていない」と報告している。特別支援学校高等部の生徒たちは、そのほとんどが「卒業後、自分の強みを生かし、社会の一員として企業や事業所で生きがいをもって働きたい」と思っている。この思いを実現させるためには、進路先とのマッチングがとても重要になってくると考えられる。よりよい進路先とのマッチングを行うためには、「自己理解という心の整理」を行うことに重点を置くことも一つの方法だと考え、自己理解を促す実践としてもSSB作成に取り組んでいくこととした。

4 実践の概要と生徒の変化

（1）実践の概要

① SSBの内容・構成

生徒が作成するSSBは、「1 プロフィール」「2 私の周りのサポーター」「3 得意なこと・苦手なこと」「4 現場実習の履歴」「5 進路決定プロセス」の5つのカテゴリーで構成し、シートは合計16種類の項目からなる（図1）。SSBの内容については、本校の個別の教育支援計画の様式に準拠しており、体裁はA5サイズのリングファイルとし、生徒の作成しやすさを考慮し、授業で使用した学習プリントを綴じていく方法をとった。知的障害のある生徒たちにとって自分を客観視することは容易ではないため、SSB作成にあたっ

ては、自分を取り巻く状況や情報を捉えやすく、イメージしやすくするため、“情報の可視化”ということを大事にした。授業開始時には、SSBは「自分のことをより知るため」、「自分のことをより（相手に）分かってもらうため」に作成するものであることを毎回生徒と確認し、意識付けを図った。併せて、自分に成長・変化が見られた場合は随時更新していくことも確認した。

②　SSBの作成と活用

現在、週２単位時間の各教科等を合わせた指導である「進路」という授業等でSSBの作成及び活用を実施している（令和３年度からは「総合的な探究の時間」を中心に「職業」や「ホームルーム」の時間に作成予定）。または、授業以外に夏季休業中などはSSBを自宅に持ち帰るようにし、保護者が参画する機会を設けている。病院や福祉利用の情報は生徒だけでは記入が難しかったり、情報量が少なかったりするため、保護者と共に自宅で記入や確認をする機会としている。

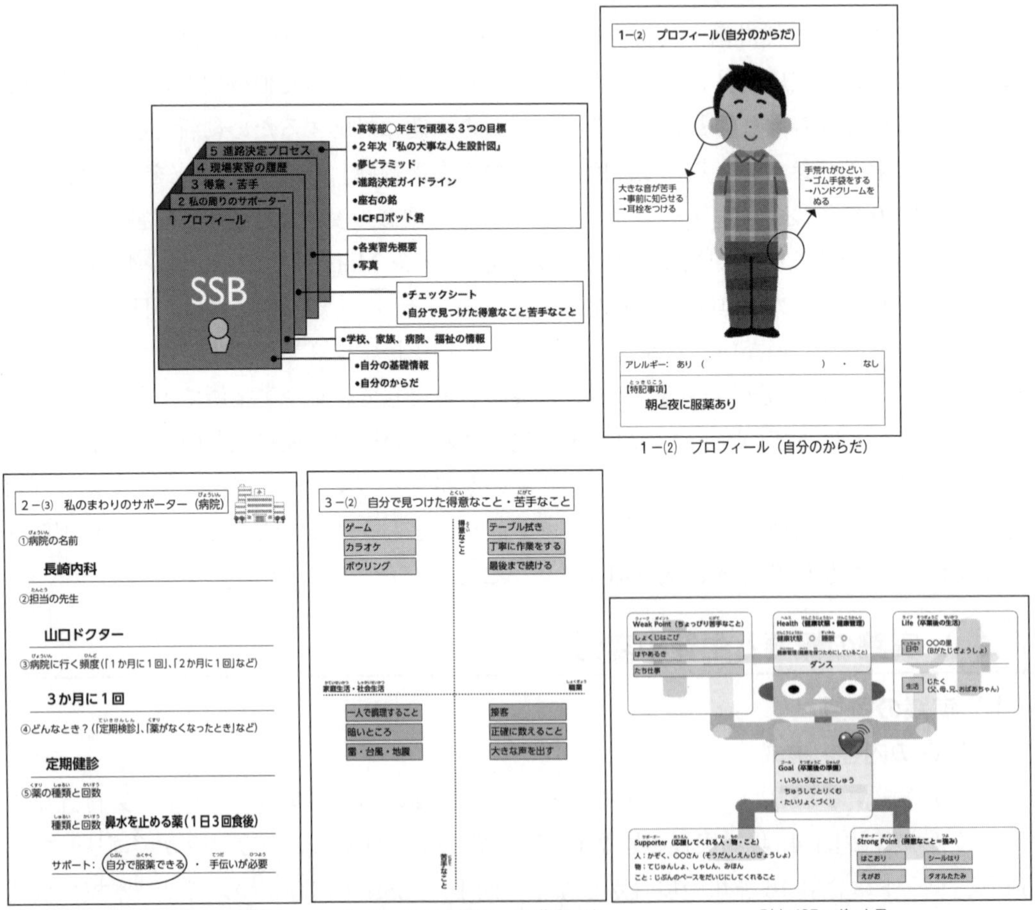

1−(2)　プロフィール（自分のからだ）

2−(3)　私のまわりのサポーター（病院）

3−(2)　自分で見つけた得意なこと・苦手なこと

5(6)　ICFロボット君

図１　SSBの構造と内容例

③　保護者との連携

SSB作成参画にあわせ、保護者との連携を図るため、現場実習中における生徒の変容についてアンケートを実施した（図2）。アンケートをとおして、我が子を見る具体的な視点を示したことで、一支援者としての保護者の我が子を見る目に変化が現れ、連携を強固なものにすることができた。生徒本人と学校だけではなく、保護者も参画する機会を設けることで、三者が同じ方向を向いてよりよい進路決定につなげることができている。

3　登校している生活と実習期間中の生活を比べてみてください。

⑴　体力の消耗度

1 ←疲れていない　3 いつもの状態　4　5 疲れている→

⑵　親子の会話量

1 ←少ない　3 いつもの状態　4　5 多い→

⑶　活動への意欲（起床の様子や準備を自らするかなど）

1 ←低い　3 いつもの状態　4　5 高い→

	1	2	3	4	5
⑴体力	疲れていない		いつもの状態		疲れている
	4	1	8	6	1
⑵会話量	少ない				多い
	0	2	11	3	4
⑶意欲	低い				高い
	1	0	9	5	5

図2　保護者アンケートとその結果

（2）生徒の変化

SSB作成の目的の一つに、本人の自己理解を促すことを挙げていたが、カテゴリー3「得意なこと・苦手なこと」で実施したチェックリストの自己評価を見ると、定期的に繰り返し自己評価を行うことで設問項目や自分自身のことについての理解が進み、妥当性のある自己評価ができるようになった。1年次は、どの項目についても自信満々に「5得意」という最も高い値に○を付けたり、逆に「1苦手」という値に○を付けたりする生徒がほとんどであった。しかし、現場実習の振り返りを丁寧に行ったり、自身の得意なこと・苦手なことを整理したりすることで、自分の力がどれくらいかということがより客観的に理解できるようになってきた（写真1）。今の自分の力を知ることで、自分にはどのような職種が合っているのか、どのような仕事に挑戦できるのかについて考えるようになり、授業中だけではなく、進路相談時に自分の言葉で気持ちを伝えることもできるようになった。

写真1　得意・苦手の順位付け

写真2　ジョブコーチに相談している場面

さらにSSB作成をとおして自分自身に関する数多くの情報を整理する（視覚化する）ことで、自分の特徴（得意なこと・苦手なこと）を学校外の人にも伝えることができるようになってきた。「困ったときに相談するところ」という授業で外部講師としてジョブコー

チを招いて授業を行った。その際、自分の課題を的確にジョブコーチに伝え、仕事をする上で気を付けることや対処方法などについてアドバイスをもらうことができた（写真２）。これまで苦手なことを口にすることに抵抗感があった生徒だが、得意なことだけではなく、苦手なことがある自分も少しずつ受け入れることができるようになり、このような成長が見られたと考える。その他の生徒についても、様々な場面で自分の思いを表出することが増え、卒業後の進路決定に向けて「もっと成長したい」「チャレンジしたい」という前向きでたくましい姿を見ることができた。

5　実践者の振り返り・考察

（１）振り返り

①　本人・保護者の参画

生徒本人がSSB作成を介して自分の情報を的確に整理したり、周囲に伝えたりすることができるようになった。また、保護者もSSB作成にアンケートなどでかかわる機会を得たことで我が子に対する理解をさらに深めることができた。

②　関係機関における活用

現場実習先や卒業後の進路先など関係機関での活用を視野に入れ、「SSB活用冊子」を作成した。まずは、SSBの啓発を進めていきたい。

③　組織的な変化

これまでSSBは筆者が担任をした学年だけで取り組んできたが、少しずつ周りの高等部職員もSSBの取組に興味を抱いたり、生徒の変容などからSSBの効果についても注目したりするようになった。そこで令和３年度からは総合的な探究の時間を中心に、高等部全体でSSBの作成・活用を行う方向となり、現在準備を進めている。部全体で取り組むことで、高等部３年間というスパンの中で扱う内容の検討や時期についての話し合いがより深められるとともに、よりよいものにアップデートしていく体制ができた。

（２）考察

SSBの作成と活用を始めて３年目になるが、SSBの作成過程で生徒たちが自分を知ろうとする姿から「参画する」ということに段階があることについて分かった（図３）。なぜなら１年目のSSB作成段階では、自分を知るということが未熟なため、そもそも参画する段階ではなかった。それゆえ、個別の教育支援計画の内容についても、周囲から知らされるという受け身的な立ち位置であるため、この段階は準備期間にあたると捉えた。しかしこれが２年目になると、SSB作成をとおして少しずつ自分を知るということができるようになり、自分の情報を自ら少しずつ発信できる段階になった。そして３年目はさらにSSBの情報が整理され、自己理解が深まる段階になった。自分から発信することがさらに増え、そのことにより、周りの支援者も個別の教育支援計画を運用しやすい環境が整えられたといえる。

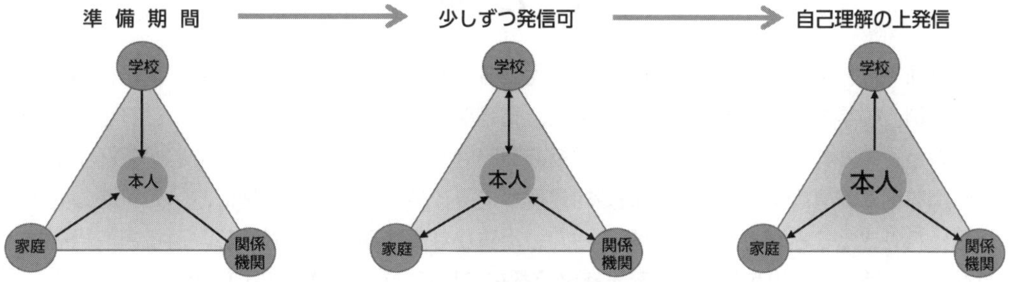

図3　当事者参画への３段階

6　今後の展望

個別の教育支援計画を有効に機能させることや自己理解を高めることを目的に、SSB を作成・活用してきたが、在学中だけで終わらせたくないという思いがある。卒業時に進路先と行う移行支援会議で活用することはもちろんだが、卒業後も心のお守りとしてSSBを所持し、授業開始時に生徒たちと確認したように、自分に成長や変化が見られた場合は随時更新を続けていってほしい。今後、SSB の取組について以下のように進めていこうと考えている。

①　SSB の活用冊子の配付とアップデート

SSB の活用効果を関係機関に評価していただくとともに、進路先が知りたい情報や、卒業後の生活を見据えてどのような力を在学中に強化していくべきかなど外部からの声を多く取り入れ、SSB の内容や活用について校内で検討を重ね、改善し続けていきたい。

②　ポートフォリオ（評価）としての他領域への応用

令和２年度から小・中・高では、文部科学省から都道府県教育委員会に発出された通知によりキャリア教育実践のための効果的なツール「キャリア・パスポート」の取組がスタートしている。今回は、知的障害特別支援学校の進路に関する学習領域において、SSB というツールで実践してきたが、SSB もキャリア・パスポートと同様、ポートフォリオとしての機能を有している。今後は、キャリア・パスポートの取組にも注視しながら、生徒自身が他の学習領域にも応用できるようにしていきたいと考えている。

【文献】
藤井慶博・高田屋陽子（2017）個別の教育支援計画の作成と活用に関する現状と今後の方策～特別支援学校教員に対する質問紙調査から～．秋田大学教育文化学部研究紀要．教育科学部門 72, 93-101.
渡辺大倫、笠原芳隆（2012）ICF を参照した重度・重複障害児の自己決定の機会とその規定要因の検討．特殊教育学研究 ,49（5），469-479.
Wehmeyer, M. L. & Metzler, C. A. (1995) How self-determined are people with mental retardation? The National Consumer Survey. Mental Retardation, 33, 111-119.

ま と め

第２部では、キャリア発達の視点を踏まえ、各地で展開されてきた小学部・小学校の実践を７事例、中学部・中学校の実践を６事例、高等部の実践を８事例紹介した。これらの実践をとおして、多くの知的障害特別支援学校あるいは知的障害特別支援学級において、キャリア発達を促す教育の意義と理念の組織的理解が進み、各学部・学校段階において実践の充実が図られてきたことが分かる。本書で紹介した豊かな実践事例を参考にし、自校の取組を振り返り、組織的な取組を強化し、充実を図る契機にしていただければ幸いである。

全国各地には紹介事例と同様の実践や、さらに発展的に展開した実践がたくさんあるだろう。さらに現在はICT環境の整備により、様々な形での発信が可能となっているので、今後の積極的な公開と発信、そしてそれを機に各地・各校がつながることを期待したい。各地の学校・学級がつながることで相互刺激となり、実践の化合・融合が図られ、児童生徒にとって手応えのある学びが促進されるなど、今後より発展的な取組が期待される。

さて、これらの実践事例の中身に目をとおすと、まさに知的障害教育は新学習指導要領が示す「社会に開かれた教育課程」「育成を目指す資質・能力」「主体的・対話的で深い学び」「カリキュラム・マネジメント」の４つのキーワードにつながる、児童生徒一人一人のキャリア発達を促す実践が多様な形で展開されていることが確認できる。この流れは、第１部の論説で述べたように、新学習指導要領の目指す方向性と軌を１つにしたものと言える。したがって戸惑うことなく、まずは新たに示された上記のキーワード等の定義の正しい理解に努めるとともに、これまでの自校の取組を捉え直し、さらなる充実に向けて連携・協働していくことを目指していただきたい。

繰り返しになるが、知的障害教育においては、個人のもつ現時点の知識・技能等の能力だけで学びを限定的なものと捉えずに、環境を整えていくことや、必然性や意味のある豊かな活動を創意工夫することで、児童生徒一人一人の社会的・職業的自立に向けた教育実践を積み重ねてきた経緯がある。

このような中、昨今は豊かな実践に含まれている、あるいは単元や指導の形態を越えてつながっているであろう、各教科等の目標・内容を明確化し、効果的な配列や学びの関連付けを図り、「教育活動全体」をとおして「組織的・計画的」な取組の充実を図っていくことがより求められている。併せて学習上又は生活上の困難の改善・克服を目指す自立活動の教育課程全体の中での効果的な位置付けと具体的実践の見直し、さらには小・中学校等における各教科と同様に、知的障害教育の各教科においても観点別の学習評価による教育活動の一層の充実が求められている。

これらのことが求められていることについて「なぜ・なんのため」を問うていくと、これら自体が目的なのではなく、これらを手段として児童生徒一人一人の学びの一層の充実を図ることが目的であることが分かる。そのため、目の前の児童生徒一人一人の学びの姿を捉えることが出発点となり、教育課程を軸とした教育活動全体の見直しまでの視野をもつことが必要とされる。

ここではいずれも主語は教師ではなく、児童生徒であることに留意したい。すなわち、実践のしやすさや評価のしやすさだけで捉えることのないよう、児童生徒を中心とした議

論を重ね、取組を進めることが肝要となる。そのための各教科等の目標・内容の明確化であり、自立活動の取組の充実であり、観点別の学習評価等の効果的な活用なのである。

改めて各学校における資質・能力の明確化やその育成を目指したカリキュラム・マネジメントの促進、児童生徒一人一人の「学びへの着目と主体的・対話的で深い学びの視点を踏まえた授業等の改善、社会に開き、地域との連携・協働を強化することが求められている背景とその目的を確認し、その先を意識していただきたい。これらの諸課題の解決にはチームとしての力が不可欠であり、「自分たちごと」として捉えていく必要がある。

本書のいくつかの実践で触れられているように、全国各地の学校現場では、新型コロナウイルス感染症というこれまでになかった危機的状況と向き合い、現在も感染防止に向けた「新たな生活様式」への対応が求められている状況にある。また、コロナ禍により、教育活動への大きな影響と制約が生じている。このことは知的障害という学習上又は生活上の困難のある児童生徒の学習上の特性を踏まえ、「具体的かつ実際的な状況」で「為すことによって学ぶ」ことを大切にし、豊かな実践を展開してきた知的障害教育にとって大きな障壁となる課題であったと言える。しかしながら、各学校現場では、先生方がチームとなり、「自分たちごと」としてこの問題を捉え、知的障害のある児童生徒の学びを止めることなく、ICT の活用をはじめ、新たな創造に努めるなど、「できない」ではなく「どうすればできるのか」を常に考え、尽力してきている。これこそが教師のチームとしての力であり、学校の力、教育の力であると考える。

最後に、現在すべての学校種別・段階において作成と活用が求められているキャリア・パスポートについて、今後期待されることについて少しだけ言及したい。

キャリア・パスポートの趣旨を理解し、その適切な活用について検討し、試行していくことは、特別支援学校において従前から作成してきた個別の諸計画のあり方を見直し、本書の主要テーマである「キャリアデザイン」としてのよりよい活用にもつながっていくはずである。

現在筆者がかかわっている特別支援学校のキャリア・パスポートの活用に向けた取組例を挙げると、ポートフォリオ機能による児童生徒の想起と言語化を促進する有効性や、可視化・具体化・共有化するためのツール開発による効果、また、書字だけにこだわらず、写真データや動画等によっていわゆる重度の児童生徒に働きかけるツールとして ICT 活用の有効性等が報告されている。さらには対話のための時間を教育課程に位置付けることによる目標設定と振り返りの機会確保や、その実践による児童生徒の「いまの学びと将来」をつなぐことの効果等も挙げられている。

これらは個別の諸計画のキャリアデザインとしての活用や、各教科等における指導計画の個別最適化を図る上での課題の解決に資するものと考える。令和の日本型学校教育の1つの形として求められている「個別最適な学び」と「協働的な学び」の一体化を目指すうえで、この「キャリアデザイン」の視点と「カリキュラム・マネジメント」の視点が不可欠である。今後の学校現場での取組の充実に期待したい。

（菊地 一文）

監修・編集委員

監　修

菊地　一文　　弘前大学大学院教授

編集委員

山本　和彦　　全国特別支援学校知的障害教育校長会会長
東京都立青峰学園校長

柳澤　由香　　全国特別支援学校知的障害教育校長会事務局長
東京都立石神井特別支援学校校長

桐生　昭文　　全国特別支援学校知的障害教育校長会事務局
東京都立田園調布特別支援学校校長

中山　啓　　全国特別支援学校知的障害教育校長会事務局
東京都立品川特別支援学校校長

村山　孝　　全国特別支援学校知的障害教育校長会事務局
東京都立田無特別支援学校校長

山﨑　久美　　全国特別支援学校知的障害教育校長会事務局
東京都立葛飾特別支援学校校長

（令和２年度）

太田　正明　　全国特別支援学校知的障害教育校長会事務局
東京都立白鷺特別支援学校校長

（勤務校・役職は令和３年 11 月現在）

執筆者

はじめに

山本　和彦　　全国特別支援学校知的障害教育校長会会長

第１部　理論編

菊地　一文　　弘前大学大学院教授

第２部　実践編

01　鎌田　美帆　　岩手県立宮古恵風支援学校教諭

02　小川　征利　　岐阜県立揖斐特別支援学校教諭

03　宮崎　歳子　香川県立香川丸亀養護学校教諭

西山　雅代　香川県土庄町立土庄小学校教諭
（前 香川県立香川丸亀養護学校教諭）

森下　祐子　香川県立香川丸亀養護学校教諭

04　阿部　直也　大分県立中津支援学校教諭

05　渋谷　規子　宮城県立名取支援学校名取が丘校教諭

06　伊藤　学　秋田大学教育文化学部附属特別支援学校教諭

07　井上　久美子　東京都立水元特別支援学校主任教諭
（前 東京都江東区立有明小学校主任教諭）

鈴木　多恵　東京都江東区立有明小学校主任教諭

08　平野　彩夏　千葉県立夷隅特別支援学校教諭

09　品川　貴紀　福井県立福井南特別支援学校教諭

東　敬雄　福井県立福井南特別支援学校教諭

10　小田　麻子　広島県立呉南特別支援学校教諭

11　土居　克好　愛媛大学教育学部附属特別支援学校教諭

井上　真佐子　愛媛大学教育学部附属特別支援学校教諭

12　土肥　美恵　大阪府立東住吉支援学校教諭

田中　隆樹　大阪府立東住吉支援学校教諭

西川　真由　大阪府立東住吉支援学校教諭

13　田外　真也　北海道札幌市立東栄中学校教諭

14　熊谷　英利子　北海道小樽高等支援学校教諭

15　飯田　里佳子　福島県立相馬支援学校教諭

富村　和哉　福島県立相馬支援学校教諭

16　宮田　愛　前 東京都立府中けやきの森学園主幹教諭

17　古江　陽子　千葉県立特別支援学校流山高等学園教諭

18　山崎　春奈　静岡県立富士特別支援学校富士宮分校教諭

山下　憲市　静岡県立富士特別支援学校富士宮分校教諭

19　北岡　大輔　和歌山大学教育学部附属特別支援学校教諭

20　金島　一顯　岡山大学教育学部附属特別支援学校副校長
（前 岡山県立倉敷まきび支援学校副校長）

21　勘田　陽子　長崎大学教育学部附属特別支援学校教諭

コラム / 実践編を読むにあたって / 各章解説 / まとめ

菊地　一文　前掲

（令和３年11月現在）

知的障害教育における「学びをつなぐ」キャリアデザイン

―本人の「思い」や「願い」を踏まえた「深い学び」の実現に向けて―

2021 年 12 月 10 日　初版第 1 刷発行
2022 年 3 月 24 日　初版第 2 刷発行

■監　　修　菊地 一文
■編　　著　全国特別支援学校知的障害教育校長会
■発 行 人　加藤 勝博
■発 行 所　株式会社 ジアース教育新社
〒 101-0054　東京都千代田区神田錦町 1-23　宗保第 2 ビル
TEL：03-5282-7183　FAX：03-5282-7892
E-mail：info@kyoikushinsha.co.jp
URL：https//www.kyoikushinsha.co.jp/

■表紙デザイン　宇都宮 政一
■本文デザイン・DTP　株式会社 彩流工房
■印刷・製本　シナノ印刷 株式会社
Printed in Japan
ISBN978-4-86371-609-4
○定価は裏表紙に表示してあります。